指向核心素养的学科作业设计
与实施指导丛书

丛书主编　赵德成　李春密　张玉峰

XIAOXUE SHUXUE
ZUOYE SHEJI

小学数学作业设计

刘克臣 ◎ 本册主编
孙海燕 ◎ 本册副主编

教育科学出版社
·北京·

本 册 主 编　刘克臣
本册副主编　孙海燕
本 册 编 委　刘克臣　孙海燕　徐兴鹏　李明荃　王楠捷　谢　蕾　张　文　郭　帅

出 版 人　郑豪杰
责 任 编 辑　金　鑫
版 式 设 计　宗沅书装　吕　娟
责 任 校 对　马明辉
责 任 印 制　叶小峰

图书在版编目（CIP）数据

小学数学作业设计 / 刘克臣本册主编. —北京：
教育科学出版社，2024.1
（指向核心素养的学科作业设计与实施指导丛书）
ISBN 978-7-5191-3626-0

Ⅰ.①小…　Ⅱ.①刘…　Ⅲ.①小学数学课－学生作业
－教学设计　Ⅳ.①G623.502

中国国家版本馆CIP数据核字（2023）第239547号

指向核心素养的学科作业设计与实施指导丛书
小学数学作业设计
XIAOXUE SHUXUE ZUOYE SHEJI

出 版 发 行	教育科学出版社			
社　　　址	北京·朝阳区安慧北里安园甲9号	邮　　编	100101	
总编室电话	010-64981290	编辑部电话	010-64989276	
出版部电话	010-64989487	市场部电话	010-64989009	
传　　　真	010-64891796	网　　址	http://www.esph.com.cn	
经　　　销	各地新华书店			
制　　　作	北京思瑞博企业策划有限公司			
印　　　刷	河北鹏盛贤印刷有限公司			
开　　　本	720毫米×1020毫米　1/16	版　　次	2024年1月第1版	
印　　　张	24	印　　次	2024年1月第1次印刷	
字　　　数	352千	定　　价	65.00元	

图书出现印装质量问题，本社负责调换。

推荐序

构建指向核心素养的
作业设计理论与实践体系

近年来，随着我国教育改革的不断深化，一些长期制约教育事业发展的体制机制壁垒逐渐得到破解，一大批基层改革创新的经验、做法不断涌现，教育面貌正在发生格局性变化。其中，中小学生的"减负"工作就是教育改革过程中面临的一个大课题，也是推动教育回归本源、助力教育生态重塑的关键性举措之一。

2021 年 7 月，中共中央办公厅、国务院办公厅印发《关于进一步减轻义务教育阶段学生作业负担和校外培训负担的意见》（简称《意见》），指出要全面提高学校教学质量，同时全面规范管理校外培训机构，优化教育生态，减轻学生作业负担与校外培训负担，缓解教育中的焦虑情绪，推动形成科学合理的教育教学模式。可以说，国家出台"双减"政策是深刻影响我国教育改革的战略性举措，是青少年健康成长的转型之路，它不仅回应了当下我国基础教育亟须解决的问题，在一定程度上推动了我国基础教育生态的重构，同时也对包括课内外教学、作业管理、考试与评价等在内的教育诸环节提出了新的要求，为培养德智体美劳全面发展的社会主义建设者和接班人创造了条件。

长期以来，作业的育人功能被严重窄化。在我国中小学教学实践中，作业主要承担了"练习与巩固课堂知识"这一功能，导致学生被困于大量费时、低效的重复性、单一性作业之中，参与热情不高，甚至丧失对学习的兴趣。那么，在"双减"政策下，如何将学生从繁重的课业中解放出来，同时又实现"提质增效"呢？ 这是不少一线教师面临的困惑与难题。《意见》明确提出，要在健全作业管理机制、分类明确作业总量、提高作业设计质量、加强作业完成指导，科学利用课余时间上下功夫。作业作为教学的重要组成部分，是培养核心素养及各学科素养的重要途径和手段。只有设计出有效、适度的高质量作业，才能充分激发学生的学习兴趣、巩固学习效果、发展学生的思维能力，从而真正发挥作业的育人功能。

近些年，随着课程改革与课程研究的不断深入，尤其在义务教育阶段新课程标准颁布之后，作业的教学诊断与教学改进功能逐渐引起了教育行政部门、教育工作者的密切关注，各方试图以作业设计为突破口，深化对作业设计的理论认识，提高作业设计的质量，丰富作业设计的实践，以此助力教育教学改革，提升学校教育质量，落实立德树人的根本任务。

在这样的背景下，教育科学出版社组织专家、学者编写的这套"指向核心素养的学科作业设计与实施指导丛书"是适时的，更是满足实践急需的。一方面，丛书依据国家政策对作业设计的新要求，针对学校、教师最为迫切的作业问题，指出了引领作业设计发展方向的新理念、新思路，深入探讨了作业设计促使深度学习真正发生的原理与机制，构建了指向核心素养的作业设计理论与实践体系；另一方面，丛书根据不同学段、学科的特点，提炼出了符合核心素养要求、具备创新特色的作业设计的具体路径与策略，并借助一系列优秀的作业设计案例，引导一线教师真正掌握作业设计的规范流程和设计方法。事实上，优质的作业设计不仅要发挥巩固所学、拓展思考和整合课堂教学内容的基本功能，同时还必须充分体现情境性、开放性、创新性、个性化等设计原则。我相信，在这套丛书的指导下，教师们能够设计出激发学生自主学习、探究实践的动力，让深度学习真正实现的高质量作业，从而将发展核心素养落到实处。

　　当然，核心素养视域下的作业设计发展和创新不可能一蹴而就，对于作业设计理论和实践研究的深化仍需要更多的教育工作者贡献智慧、不断探索。我衷心地希望，这套丛书能够起到"先行者"和"探路人"的作用，在此基础上不断涌现出更多关于新时代作业设计的理论研究与实践创新，大大丰富我国高质量教育建设体系中的相关理论成果，满足教育实践中的现实需求，切实帮助一线教师提高作业设计水平，让作业回归"立德树人"这一最本真的功能，让学生能够通过作业真正学习知识、提升能力、提高素养，成为能学、乐学之人，砥砺品格，增长本领，最终成长为社会发展、国家建设、民族复兴的栋梁之材。

　　我相信，本套丛书的出版，对于丰富作业设计的基本理论和实践策略，进一步引领一线教师探索核心素养导向的作业设计，充分发挥作业在育人中的独特作用，都具有重要的指导意义和参考价值。

目 录

Contents

第一章

数学作业设计
概述

本章概览

　　本章第一节对比分析了国内外文献，阐述了数学作业的定义和特点。依据内容指向、功能、使用对象等不同标准，参照项目化作业设计等热点问题对数学作业的分类、数学作业的功能进行了梳理。

　　第二节从政策文件要求和对数学目标体系的解读出发，梳理作业设计的新要求和新理念从核心素养、大概念、作业结构和评价四个方面论述了作业设计的新方向。

　　第三节阐述了作业设计的主要经验和问题并分析了影响作业设计有效性的主要因素。此外，本节还对不同学段的学生特点进行了简要分析，将作业设计的理论和具体的作业设计案例相联系，提出了作业设计的侧重点。

第一节 数学作业的定义、特点、分类与功能

一、作业的内涵界定

（一）作业内涵分析

1. 国内对于作业内涵的认识

《教育大辞典》中关于作业有这样的论述："根据教师要求，学生在课外时间独立进行的学习活动。"[①]对于新中国成立以来中小学课程标准中关于作业的表述，国内学者研究发现，作业一直被定位为课堂教学的补充和延续。也就是说，我国传统作业主要是为了复习和巩固课内所学，是继续课堂学习的一种方式。

现阶段在我国，传统作业观和后现代作业观共存。新课程理念强调作业

---

① 顾明远. 教育大辞典（增编合订本）[M]. 上海：上海教育出版社，1998：904-905.

活动设计，以培养学生习惯、提高学生学科素养为导向。也就是说，作业有了新的视角，涉及的领域更加广泛。

综上所述，多数国内学者们把作业看作学习的延伸，认为作业是教师依据一定的目的布置给学生，用来巩固所学、培养学习习惯、发展学科素养的一种学习任务。

2. 国外对于作业内涵的认识

19世纪德国教育家赫尔巴特正式提出课后要运用和实践所学的知识，家庭作业由此应运而生。此后家庭作业被认为是课内学习的延续，逐渐被教师和学生所认同[①]。19世纪德国教育家福禄贝尔和20世纪意大利教育家蒙台梭利把作业作为学前教育的重要内容，重视作业活动对现实生活的价值[②]，认为教育是为了现实生活做准备的，格外重视作业与生活的连接。

在国外，多数教育家认为作业有以下两个特点。一是与课内学习相互补充。西班牙学者 Perrenoud 就将作业称为学生"在家工作时间"，作业可以开展具有一定选择性的开放活动，以补充课堂上进行的学校课程。二是重视作业的实践性。夸美纽斯认为要给学生提供练习，让他们"从实践中去学习"。[③]杜威则强调实践性作业，学生要在做中学，教师要设计实用性强的作业。例如，作业应涉及丰富的领域，缝纫编织、劳动农作、阅读旅行等活动体验都可以看作完成作业的一种方式。教师借助活动，设计有目的的作业和课程，能更好地激发学生主动参与的兴趣，并帮助他们在体验中积累活动经验。

3. 作业内涵的对比分析

国内外对作业内涵界定的相同之处是认为作业多是在非教学时间完成的（见表1-1-1）。但是，具体到作业设计的目的、完成的形式上，国内外的界定存在一定的差异。国内学者更倾向于将作业看作课堂教学的辅助和延伸。国外学者则是把作业看作课程的一部分，重视作业与教学、作业与课程体系之

---

① 汪亮.小学生课后作业问题研究：家庭作业的设计与评价 [J].海外英语，2010（2）：91.

② 熊焰.试评福禄贝尔和蒙台梭利的幼儿园"作业"观 [C]//中国地方教育史志研究会，《教育史研究》编辑部.纪念《教育史研究》创刊二十周年论文集（16）——外国教育思想史与人物研究.西南师范大学教育系，2009：4.

③ 王月芬.重构作业：课程视域下的单元作业 [M].北京：教育科学出版社，2021：08.

间的联系。在作业的呈现形式上，既包括学习任务又包括实践活动。

表 1-1-1 国内外作业内涵比较

比较项目	国内界定	国外界定
定位	作为课堂教学的延伸	作为课程的组成部分
作用	以巩固所学为主，培养习惯、提高素养	是一种学习任务（包括活动）、重视应用与实践
实施时间	非教学时间	非教学时间
实施空间	以教室、家庭为主	涉及学校、家庭、社会
实施形式	以学生独立完成为主	独立完成与合作完成并进

综合来看，作业主要是学校教师依据一定的目的布置给学生并且利用非教学时间完成的任务。[①]第一，它不仅包括学生个人完成的，也包括团队任务；第二，作业设计是有目的有意识的，强调作业的功能性；第三，强调作业在非教学时间完成，既包括在校完成的作业，又包括了学生在家庭、社会等范围完成的作业；第四，作业是由学校教师布置，不包含其他机构或个人布置的任务。

到了现代，国外对作业的一些认识和国内对作业内涵的界定逐渐接近。国内外的作业研究人员力争让学生通过作业了解相应的课程思想，力争驱动有效的作业设计，让花费在作业上的时间尽可能与取得的学业成绩成正比。

总之，作业的设计要基于课程整体的大背景，把作业看作实现课程整体目标的有效载体，综合考虑作业、教学与评价三者的关系，依托课程标准共同促进学生数学核心素养的发展。

（二）作业与教学、评价的关系

作业和教学、评价的关系紧密，如图 1-1-1 所示。这是基于课程整体视域下存在的一种关系，通过作业、教学与评价综合互联，来实现课程整体目标的意义与价值。

---

① 王月芬.作业内涵的比较、分析与界定 [J].基础教育课程，2014：14-17.

图 1-1-1　课程视域下的教学、作业和评价关系示意图

在课程视域下，作业和课堂教学被看作同等重要的两个部分，也就是说作业和教学不是两块孤立的部分，而是互补的，作业对课堂教学有巩固作用，对教学内容也有拓展作用。作业反馈成为连接教学关系的重要纽带，教学关系从课堂延伸到课外；教师从与一个教学班的学生群体互动延伸到与个体学生的面对面交往；从学科知识中心转向学生的实际获得。[①]

作业和教学都是以评价为导向展开的。除了以评价为导向设计教学活动，还要特别注意的是评价贯穿教师设计作业、学生完成作业的全过程。教师应当重视学生完成作业解答的过程评价，从学生解题的过程中发现学生的优点和不足，有针对性地开展教育辅导，让学生不仅知道作业的答案，更在做作业的过程中了解自己"缺什么"、需要"补什么"、还可以"讲什么"。[②]作业、教学、评价三者相互影响共同实现对课程价值的探究。

二、作业的分类

（一）关于作业类型的国外研究

与中国学者的作业分类相比，国外学者更注重作业的实践性。在美国，有学者按照"练习性作业、预备性作业、延伸性作业、创新性作业"四类去

---

① 于晓静，郭学军.教学关系视角下作业设计的挑战与应对 [J]. 现代教育，2022（8）：45-48.
② 戚昌厚.国内外关于作业设计的研究与启示 [J]. 人民教育，2022（24）：44-48.

进行作业设计。在英国，教师会按照完成方式来设计不同的作业，比如实践作业、书面作业、表演作业、口头作业等[①]。在德国，有些学者将作业分为四类：巩固知识和技巧类；扩大知识领域类；系统化知识和技巧类；运用知识和技巧独立解决问题类。也有些西方国家只制定教学大纲和考试说明，没有固定教材，教师根据学校课程和学生情况设计作业，因此更偏向设计拓展和创造性的作业。

综合来看，西方作业设计更关注学生的个性发展，偏重培养学生应用能力和创造性思维。

（二）关于作业类型的国内研究

不同于国外常见的几种作业分类，我国在作业的分类上可以说是百花齐放。有学者认为，如果按照作业布置顺序划分，可分为：预习类、课堂类、课后类。

1. 预习类作业

教师在向学生讲授新课之前，围绕教学重点给学生设置学习问题，让学生结合自己的体会进行作答的一种作业。具体看，预习类作业还能细分成以下两种。

（1）基础预习作业

这种预习类作业，包括扫清字词或概念的问题以及对教材的阅读并圈画重点知识与内容，学生还可以在网上搜集资料，了解更多的过程和原理。主要是让学生有接触新知识的心理准备，从而降低学习难度、培养良好的学习习惯。

（2）调查实践作业

针对学科中一些学生不知道的知识和现象，安排学生提前调查或了解。这样的预习作业可以让学生在观察或调查中，带着问题思考，是发展理性思维的一种方式。

---

① 戚昌厚．国内外关于作业设计的研究与启示 [J]．人民教育，2022（24）：44-48.

2.课堂类作业

课堂类作业是指教师在上课时布置学生当堂进行操练的各种练习，包括书面作业、口头作业还有动手操作作业等。

3.课后类作业

课后类作业是指在课后完成的作业。旨在引导学生在学习之后，对所学知识进行整理、巩固和强化。作业的及时性和系统性影响了课后作业的质量。学生及时巩固所学内容，也有助于教师在下一次的教学过程中及时调整教学。

从数学学科角度看，以上三种类型的作业都有着清晰独特的作用，可以统筹安排这些作业的比重，让其发挥各自优势的同时相互补充。预习类作业适用于在学习任务难度较大时布置，比如在系统学习破十法之前，教师让学生画图说明凑十法的原理，这会为课堂中学生理解新的方法和原理提供支撑。再比如认识人民币之前，布置去超市用纸币购物的实践活动，让学生在体验中积累相关的活动经验，有助于课堂上系统的认识与理解。课堂类作业及时性较强，能准确巩固课上所学并发现、理解难点，在课堂教学中出现频次较高。课后类作业是最为常见的一种作业形式，随着作业设计研究的不断深入，课后作业的形式正在悄然变化，除了以往的书面作业，还有实践活动、专题探究等多种作业形式。

也有学者认为，按照作业呈现形式可分为：书面类作业和实践活动类作业。

1.书面类作业

传统作业多以书面作业的形式呈现，教师让学生把思考的过程和结果呈现在书面上，并通过批改的方式进行反馈。

2.实践活动类作业

这类作业强调用亲身感受来获取知识或加深对知识的理解。参照新课标对实践活动的介绍，可以发现实践活动类作业又可以细分为主题活动类作业和项目化学习类作业。在第一、第二、第三学段主要采用主题活动类作业，第三学段则可以适当采用项目化学习类作业。

（1）主题活动类作业

主题活动类作业是融入数学知识的作业。在这里学生透过活动学习和理解数学知识，感悟知识的意义。比如北京市西城区西师附小的老师们在三年级学习了位置以后，给学生布置制作美食地图的实践作业，图1-1-2为学生作品展示。学生们享受美食乐趣的同时要先思考怎样把美食位置清楚地描述给大家，之后面对着实际位置和地图呈现之间的转化，既要身体力行走一走看一看，又要查阅资料保证准确性，最后反复加工调整绘图。

图1-1-2　学生作品展示

再比如北京市西城区三里河第三小学的李明荃老师给学生设计了制作手工沙漏的活动作业，鼓励学生自己量出1分钟对应的小沙粒数量并尝试制作能够计时2分钟、5分钟的沙漏，在操作过程中感知度量单位的意义与价值。如图1-1-3为时间沙漏制作流程图。有了以上这些实践活动的经验，学生会更彻底地把所学知识内化为自己的理解。

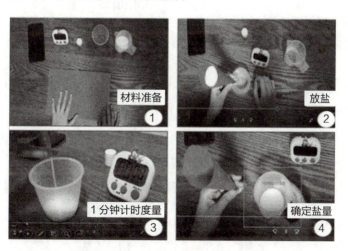

图1-1-3　时间沙漏制作流程图

（2）项目化学习类作业

项目化学习类作业是以学科知识为中心，跨学科整合的一种作业形式。它通过"问"驱动，引导学生借助生活中的资源展开主题探究性的作业。这类作业给学生提供活动的时间和空间，避免作业单一化、碎片化。[1]具体可分为以下两种类型。

①问题探究类作业

教师结合单元学习重点，提供具体的问题和情境，让学生先做出各种假设、猜测，再从分析、归纳、推理等探究活动中完成验证，引导学生在解决问题的全过程中获得成长。

例如，在学习"有余数的除法"之前，教师布置了一个探究作业，如图1-1-4所示。围绕分糖果的情境抛出问题，学生可选择不同的猜想。通过作业任务设计，引导学生经历分小棒的探究活动，验证猜想。在这个探究作业中，学生获得对除数和余数关系的朦胧感知，为课上进一步探究除数与余数的关系打下坚实基础。

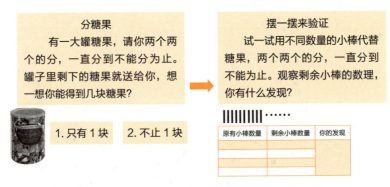

图1-1-4　探究类作业活动

②生活体验类作业

教师根据学生的生活经验，将生活问题转化成项目问题，在解决问题的过程中，帮助学生建立可接受、易理解的数学模型。例如朝阳区呼家楼小学的老师设计了《"偷水"的净水器》的作业活动[2]，聚焦家庭净水器的工作原

① 夏雪梅 . 素养时代的项目化学习如何设计 [J]. 江苏教育，2019（22）：7-11.

② 张克攀 . 节约用水 综合实践课："偷水"的净水器 [J]. 中小学数学（小学版），2018（7）：43-45.

理，让学生研究了净水器浪费水的情况，如图 1-1-5 所示。感知数学不应仅限于书本知识，更应该在解决实际问题的过程中体会数学的作用。

（1）介绍家庭净水器的工作原理。

（2）测试家庭净水器：废水与净水的比。（废水：净水）
它指的是单位时间内净水机（纯水机）的废水与产生纯水的体积比。（即废水量：净水量）
（3）统计、计算自己家庭（人口数量）一天净水器所产生的废水量。
我们用净水器接一杯水就要排出 2—5 杯的废水，接 1 升水就要排出 2—5 升的水。
废水量：净水量 =3：1
我们家四口人，白天没有人在家，平均每天用 4 升水，那就会排出 20 升左右的废水，相当于一桶大号桶装水，大号桶装水是 19 升。

图 1-1-5 《"偷水"的净水器》作业活动

项目化学习类作业是开放性的，要把生活中的问题转化成数学问题并进行有效的思考。这个过程培养了学生的模型意识、应用意识，对于核心素养的发展也有积极作用。

综上所述，实践类作业是相对传统作业的一种延展方式。值得注意的是，教师不能为了凸显实践功能刻意设计实践作业，而应该让学生依托实践活动，经历生成问题、解决问题的过程，最终获得实际的成长。

三、作业的功能

作业是由教师依据课程目标和学生掌握教材内容的需要，有目的、有计划地编制并指导学生完成的，作业具备以下几个功能：

第一，产生新的思考。学生在认真完成作业的过程中，回顾自己所学习的内容。通过系统的作业设计，学生会更清晰所学内容的重点和难点，在温习中产生新的思考和体验，从而迸发出更多的理性思维。

学生学习了推理的相关知识后，有教师仿照 2022 年 PISA 测试中的题目改编了铺墙砖主题的作业设计，帮助学生在真实情境下进一步发展数学思维（具体作业设计详见第四章章首案例）。

第二，评价学习效果。通过有效的作业设计，帮助学生系统反思所学的内容中存在哪些漏洞，帮助学生发现问题、梳理问题，逐步学会带着问题去思考，在查缺补漏的过程中提升学科素养（具体作业设计详见第七章章首案例）。同时，教师可以根据学生作业中出现的问题和进步之处，了解学生的学习状况，从而更精准地改进教学。

第三，培养元认知和自我调控能力。元认知是对个体自身认知过程的再认识，包括了对个体思维和解决问题过程的调控能力。教师设计的作业要引导学生关注自己解决问题的过程（具体作业设计详见第七章第二节布置图示作业案例图 4-2-3），调动学生有意识的反思和调节自己的状态，从而提升数学学科素养。

我国教育学者王月芬也指出，在平时的课堂教学中，学生的认知过程受教师影响较多，而学生完成课后作业时，尤其是完成一些综合性、问题解决类的作业时，能更好地发展元认知能力。教师通过呈现不同梯度的长作业，给学生自主选择作业的机会，学生在完成自选作业的过程中，有意识地调控时间和状态，修正对自己能力水平的认知，选择更适合自己的作业（具体作业设计详见第一章第三节作业设计案例分析表 1-3-1）。

第二节
数学作业设计的新理念和新方向

一、作业设计的依据和新理念

（一）政策文件对作业设计提出的新要求

以习近平新时代中国特色社会主义思想为指导，落实立德树人根本任务，是党和国家对教育提出的指导思想。[①]在作业设计与实施的过程中，教师要落实立德树人的根本任务。数学作业不仅要让学生收获知识与技能，更要实现对学生理想信念和价值观的引领，发挥育人的价值。

2021年7月24日，中共中央办公厅、国务院办公厅印发了《关于进一步减轻义务教育阶段学生作业负担和校外培训负担的意见》（又称"双减"）。该意见提出，要切实提升学校育人水平，有效减轻义务教育阶段学生过重作业负担和校外培训负担。

同年 12 月 21 日，教育部召开新闻发布会，强调在落实"双减"工作中，校内减负提质是根本之策。一手抓减负，一手抓提质。学校要强化"三个提高"：提高作业管理水平、提高课后服务水平和提高课堂教学质量。

中共中央、国务院在《中国教育现代化 2035》中明确提出推行启发式、探究式、合作式等教学方式，在《关于深化教育教学改革全面提高义务教育质量的意见》中又增加了"重视情境教学""开展研究型、项目化、合作式学习"等内容。

综上所述，教师要充分解读政策的含义和目的，开展多样的作业设计。关注活动化、游戏化、生活化的作业设计。重视借助生活情境创设作业，让学生在发现问题、解决问题的过程中积累学习经验和数学思想。此外，教师还要根据不同学段的学生特点，尝试设计单元主题类作业，积极开展跨学科的项目化作业设计，引导学生综合运用数学学科知识解决实际问题。

（二）数学目标体系视角下的作业设计新理念

《义务教育数学课程标准（2022 年版）》是国家课程的纲领性文件，它体现了国家对不同阶段的学生在知识与技能、过程与方法、情感态度与价值观方面的基本要求，体现了课程的价值取向，是基本的教育思想。

小学数学作业设计要严格根据《义务教育数学课程标准（2022 年版）》，关注学生年龄特点和认知水平，设计出体现发展数学素养导向的作业。数学目标体系是依托《义务教育数学课程标准（2022 年版）》建构出来的符合教学逻辑的目标框架[1]。如果把目标体系比喻成一个螺旋上升的结构，那么顶层就是数学"三会"。

具体来说，数学"三会"是指：会用数学的眼光观察现实世界；会用数学的思维思考现实世界；会用数学的语言表达现实世界。[2]这是数学学科所有具体目标的终极目标。通往"三会"目标的下一层是过渡性目标，就是平

---

[1] 孙晓天，张丹. 义务教育课程标准（2022 年版）课例式解读小学数学 [M]. 北京：教育科学出版社，2022：37.

[2] GB/T 16980.1-2022，义务教育数学课程标准 [S]. 北京：北京师范大学出版社，2022：11.

时常说的 11 个核心素养，包括数感、量感、符号意识、运算能力、几何直观、空间观念、推理意识、数据意识、创新意识、应用意识和模型意识。最底层是为了达成核心素养的支撑性目标，就是我们熟知的"四基"和"四能"。"四基"是指基础知识、基本技能、基本思想和基本活动经验；"四能"是指发现问题和提出问题的能力，分析问题和解决问题的能力。[①]几者之间的关系如图 1-2-1 所示。

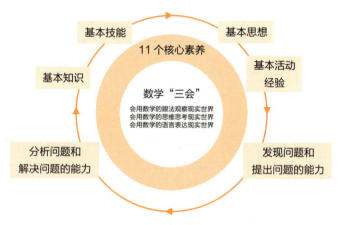

图 1-2-1 "三会"、核心素养、"四基"与"四能"之间的关系

　　新的作业设计鼓励依托教学活动，促进学生发现问题、提出问题，让学生经历学习、探索、总结的过程，提炼出自身的想法和体验。当这样的作业周而复始地开展，学生的思想和体验就能得以延续和复制，最终会凝聚成宝贵的数学基本思想和基本活动经验。

　　数学的基本思想、活动经验与核心素养贯通互联。比如，人教版数学一年级下册认识小括号一节，就聚焦了符号意识培养，这既是一种数学思想，又表现为一种核心素养。再比如人教版数学一年级上册 9 加几的作业设计，着重对计算的过程和方法进行梳理，既是一种活动经验的积累，又是对核心素养（运算能力）的提升。

　　可见，数学目标体系是数学作业设计的重要依据，教师在设计具体课时作业时，要以融合的态度串联体系中的各层级目标，让课时作业设计不仅是

---

① 中华人民共和国教育部．义务教育数学课程标准 [S]．北京：北京师范大学出版社，2022：2.

巩固"四基"、发展"四能"的有效载体，更要与学生核心素养的发展相关联，共同指向数学"三会"的终极目标。

（三）学业质量标准带给作业设计的新理念

1. 学业质量标准的概念

《义务教育数学课程标准（2022年版）》将学业质量标准界定为"学生在完成课程阶段性学习后的学业成就表现，反映核心素养要求[①]"。学业质量关注了学生学习之后的实际获得，基于学生的实际表现来反观学习中的过程与结果，是对学生学习表现的整体刻画。学业质量标准的设定有助于学生养成独立思考、探究质疑等学习习惯，更有助于学生初步形成自我反思的意识。

2. 学业质量标准对作业设计的意义

学业质量标准是落实核心素养的重要环节，因为学业质量标准具体说明了如何在学业上落实核心素养。它向上贯彻核心素养，向下对接课程内容，直接指导教材。

学业质量标准指导教师进行作业设计与评价。《义务教育数学课程标准（2022年版）》中的学业质量标准整合了特定课程领域的知识、技能、方法和观念，对学生学习目标进行了整体描述和界定。这种学业质量标准不再以学科知识点为大纲，不再按识记、理解和应用划分学业水平，而是采用整合、实践的观点来建立科学合理的数学学业质量评价与保障体系。[②]也就是说，学业质量标准分学段描述了相应的核心素养发展水平。所以不同学段的数学作业，要参照具体学段的学业质量标准描述进行系统整体的设计，体现出数学学科特有的观念与思维。相应地，数学作业评价也要参照学业质量标准的具体描述来系统设计与之对应的评测问题，这样可避免单一维度水平的作业评价走向。

---

① 中华人民共和国教育部.义务教育数学课程标准[S].北京：北京师范大学出版社，2022：80.

② 史宁中，曹一鸣.义务教育数学课程标准（2022年版）解读[M].北京：北京师范大学出版社，2022：263.

二、数学作业设计的新方向

（一）确立核心素养导向的作业目标

作业目标必须符合学科课程标准的规定，体现作业内容与达成具体核心素养的一致性。也就是说，教师要了解具体的作业内容和其所培养的核心素养之间的联系。

比如，在确定认识时间主题的作业目标时，就要关注学生量感、推理意识的形成。核心素养的培养离不开"四基""四能"的支撑，它们是发展核心素养的重要途径。数学学科的作业要以"四基""四能"为设计路径，依托核心素养设计具体的作业目标，最终指向"三会"的终极目标。

教师在设计作业时，还要有一根清晰的主线，即教学目标与作业目标、作业目标与作业内容要持续关联。当然，教学目标和作业目标的关系也不完全是一一对应的，作业目标还要根据课程目标和学生实际情况动态调整。此外，从核心素养的视角看，同一主题之间、不同的作业目标之间也存在着紧密的联系，它们彼此影响又共同促进了核心素养的发展。所以，在作业设计时要用联系的眼光看待作业目标，这是一个综合思考的过程。

（二）基于大概念设计体现结构化特征的作业

1.什么是大概念

大概念可以被界定为反映专家思维方式的概念、观念或论题，它具有生活价值。[1]大概念标志着专家思维的形成，以往的小概念常常只反映专家结论，两者的关系像冰山模型那样（见图1-2-2）[2]。大概念是不同层次的概念集合，有了清晰的概念层次体系，才能为教学、作业和评价的设计奠定清晰的基础。图1-2-3以时间教学为例，梳理了大概念的层级体系。

以大概念为核心的结构化作业设计要求教师理解概念层级体系，自主架

---

① 刘徽.大概念教学素养导向的单元整体设计[M].北京：教育科学出版社，2022：33-39.

② 同①：5.

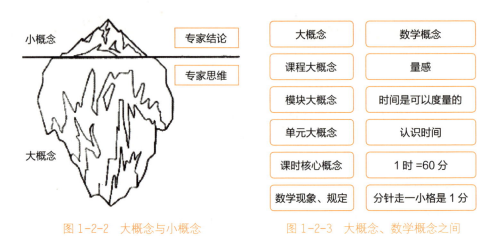

图 1-2-2　大概念与小概念
之间的关系

图 1-2-3　大概念、数学概念之间
的关系示意图

构学习内容的框架，组织和开展教学任务。教师要以大任务、大问题统领整个学习过程，帮助学生改变"单一知识"的零散状态，这不仅是简单搭建知识之间的联系，更是以严密的逻辑体系呈现学习内容，这对教师的作业设计提出了较高的要求。

2. 如何基于大概念设计作业层次

大概念作业设计要依托学生的生活经验发展核心素养。教师要思考：学生完成作业后，在生活中能获得哪些收获。比如在学习认识人民币的内容后，教师设计作业时，可以站在单元教学的视角思考：经过这一单元的学习，学生以后可以迁移哪些知识？哪些数学方法可以灵活运用到生活情境中去？通过这些思考，教师基于发展学生货币量感的大概念，逐步对接单元的具体概念、确定关键问题、落实学习任务序列，最终帮助学生获得专家化的思想和方法，如图 1-2-4 所示。

这一单元设计了三大板块的主题活动任务：筹备文具店、购物初体验、超市开业与盘点，与之对应的是由五项任务内容组成的任务序列，这些设计都在透过活动本身帮助学生获得观察、表达现实世界的方法。

（三）作业结构凸显关联与进阶

作业结构反映了作业目标、内容、类型、时间等方面的整体分布情况，体现作业各要素之间的关联性。作业结构可以分为外在结构和内在结构两大方面。

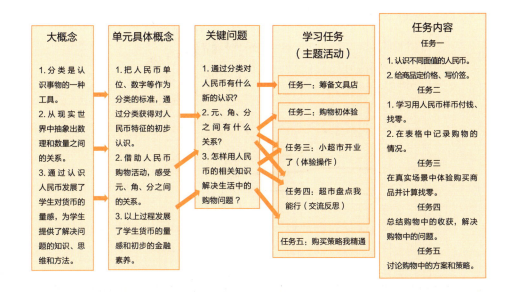

图 1-2-4　认识人民币单元主题活动框架

作业设计的外在结构体现在以下两个维度：

第一，关注学科结构。也就是要特别关注学科的基本原理、概念及其之间的关系。目的是让学生探究、理解其中的道理，最终对所学知识有一个整体的把握，甚至了解学科结构。这样一来，学生在以后的学习中可以更好地迁移、运用，从而解决难度更高的问题，更新自己的认知结构。

第二，延伸教学结构。教学结构不仅仅是由每个教学环节所构成的，换个视角来看，由教到学再到评的过程也是一种教学结构。教师借助评价来反观学生的学业水平达成情况，然后设计新一轮有效的作业活动，促成教、学、评一体化的良性循环。

作业设计的内在结构体现在以下两个维度：

第一，依托作业关联，整合内容结构。设计作业时，要进行整体分析。站在体现数学学科本质、服务未来生活的高度将数学作业体系结构化。作业不仅承载了本课时的学习任务，更强化了对学科本质的理解。教师要引导学生从概念、原理之间的联系出发，搭建网络化作业结构。

例如，针对人教版数学的还原问题，在使用画图解决问题的同时，也凸显了对加法模型的理解。如图 1-2-5 所示，教师设计作业时，要从结构化的

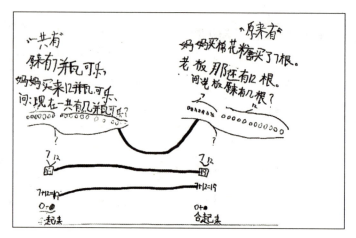

图 1-2-5　整合"求一共"问题和"求还原"问题的作业设计

视角展开设计，把前面学习的"求一共"问题和"求还原"问题整合起来，让学生对比分析这两类问题的联系，最终深化对加法模型的理解，着重培养学生的模型意识。可见，结构化作业的进程，再次提升了学生的核心素养。

第二，依托核心素养，注重作业进阶（具体作业设计详见第四章第二节作业设计进阶策略系列案例）。作业要切实帮助学生提升数学核心素养，具体分为三个阶段。第一阶段，创设真实情境，培养推理意识。这样的作业鼓励学生在生活情境中寻找数学问题，体会数学是认识世界、表达世界的工具，这是提升学生核心素养的重要基石。第二阶段，经历猜想—验证的全过程。这一阶段的作业就是依托活动，发展学生的"四能"，建立起提升核心素养的真实路径。第三阶段，注重有条理的表达，做到有理有据。这一阶段的作业鼓励学生关注表达过程，尝试有条理、有依据的表达，重视对表达方法的梳理，以推动推理意识的形成。学生在完成作业的过程中，不断丰富对推理问题的认识，最终将这些思考沉淀成数学的基本思想，将完成作业的体验转化成数学基本活动的经验，可见这样的进阶作业设计又一次把"四能"和"四基"架构成完整闭环，促进了学生核心素养的发展。

总之，教师要按照一定的逻辑关系开展条理清晰的作业设计，逐步唤醒学生已有经验，引导学生经历问题的解决过程，感受数学学习策略，内化数学思想，不断提升数学学科的核心素养。

（四）依托数学活动，将"四基"与核心素养串联起来

设计数学活动作业是新课标倡导的一种方式，旨在通过有意义的数学活动逐步落实学生的"双基"，在活动体验中整理相关的数学基本思想、收获相关的基本活动经验。也就是说数学活动好似一个底层触发器，在活动中学生产生有意义的体验，进而串联上述的"四基"，最终指向核心素养的发展，如图 1-2-6 所示。

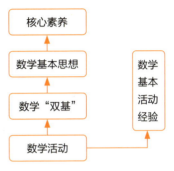

图 1-2-6 数学活动促进
"四基"与核心素养的发展[①]

明确了上述串联关系，让学生透过作业活动体会知识发生、发展的全过程。借助活动类作业，帮助学生强化数学的观察、思考、表达方式，最终内化为数学的心理特征与思维品质。依托活动串联学生的体验和思考，不能仅仅限于对知识的理解和识记，更要以整合的视角、利于实践的态度去承载活动。

此外，在设计作业的过程中，除了给学生留出独立思考的空间，还应鼓励学生提出问题，组织学生集体交流。学生通过交流，可以从不同角度获得更深入的思考。总之，让学生依托活动作业，经历发现问题、提出问题、分析问题、解决问题的过程，逐步探索出解决问题的完整路径。

（五）深挖作业评价的激励和导向价值

挖掘并分析作业问题，使教师的作业评价有理有据，也为后续调整教学提供了有力保障。因此，教师要注重对作业的批改和分析，这是了解学生情况、改进教学的有效途径，也是激励学生进步的有效契机。可以根据作答情况调整题目难度和题目顺序，甚至重设作业结构，重视教、学、评一体化，让作业设计、实施、评价形成有效的良性循环，在作业分析中，进一步提高作业设计的质量。

---

① 史宁中，曹一鸣.义务教育数学课程标准（2022 年版）解读 [M].北京：北京师范大学出版社，2022.

第三节
数学作业
设计流程及策略

一、作业设计的研究分析

（一）小学数学作业设计的主要经验

在小学数学作业设计中，教师对作业的科学性和作业时间的把握相对较好，对作业目的性的把握还需要提升，对于如何从生活中设计作业以及设计多样性的作业关注较少[①]。具体来说，作业设计的经验如下：合理使用教材配套材料，使得作业设计有科学依据；作业量较适中，使得学生完成作业时间合理；注重作业的分层，很多教师在作业设计中都注重难易分层，这确保了作业难度适宜。

[①] 王月芬，张新宇.透析作业：基于 30000 份数据的研究 [M].上海：华东师范大学出版社，2014，10：185.

（二）小学数学作业设计的主要问题

1. 作业目标和作业内容关联性不强

具体有以下两种情况。一是教学内容与作业目标脱节[①]。比如，教学内容是认识钟表，而作业目标是理解"1时＝60分"。学生刚刚认识了表盘的结构，还不能系统研究时间单位之间的关系，这样的作业目标已经脱离原有的教学内容。二是教学内容与作业内容不对应，教师当天教学的内容和学生作业不能很好对应上，使得当天所学得不到充分巩固，也就忽略了学而时习之的重要意义。

从一线教学实际情况来看，教师在作业设计时较重视学生知识技能的培养，而对实践操作类的目标落实得不够具体，缺乏将作业目标和作业内容关联起来的意识和方法。

2. 作业内容缺乏分层

目前学生作业还存在堆积内容的现象，缺乏分层与选择。这与教师以往布置统一化作业的习惯有关，还与教师对学生群体的差异重视不够有关。教师在实际教学中应尽可能为学生提供自主选择作业的机会，毕竟学生对自身的认知水平有一定的认识，可以选择更适合自己的作业去完成。

3. 作业类型比较单一

目前大部分作业类型还比较单一，多是以书面作业为主。这与教师平时布置作业的习惯有关，形成了作业类型的定势。目前教师对于多样化作业设计还比较陌生，缺乏设计多样化作业的相关方法和经验。

（三）影响作业有效性的主要因素

1. 作业目标

作业目标主要反映作业要实现的功能和作用，包括学段作业目标、单元作业目标、课时作业目标等。教师要综合课程目标、教学目标和学生的个体差异来整体设计，所以作业目标设计是一个动态调整的过程。例如，一堂课

---

① 王月芬，张新宇．透析作业：基于30000份数据的研究 [M].华东师范大学出版社，2014，10：188-189.

结束后学生的掌握情况会影响课后作业目标的制定，当然这也不是绝对的，因为作业目标不仅体现教学目标，还要基于课程目标有更深入的设计。

2. 作业时间

要科学预估作业时间。一些学校通过让教师试做一遍作业的方式，保证作业的质量和科学性，同时可以更加科学地预估学生完成作业所需的时间[1]。教师还可以更多地关注学困生的完成作业时长，关注他们在完成作业时的实际困难，从而综合预估作业时长。

3. 作业结构

作业结构很大程度上影响了作业的功能。首先，可借助数据来规划作业结构。统计不同的作业内容、类型和难度所占的比例，参照客观数据来规划和调整作业结构。当然作业的内容和难度是否合适，没有固定的比例作为依据，要切实结合课程标准、学生实际情况做出调整。其次，要系统思考作业之间的联系。具体看，作业联系可细分如下：同一单元不同作业之间的联系；同一作业主题在不同学段之间的联系；不同学科在同一学段之间的联系（跨学科作业）；不同作业类型（新授作业、复习作业）之间的联系。

总之，有效的作业设计要让作业与作业之间相互借力，教师要把作业背后有价值的数学思想和方法聚合成系统，让作业设计发挥出"1 加 1 大于 2"的实效。

4. 作业差异

设计作业要考虑学生的差异，以满足不同学生的需要。首先，可以根据学生的不同认知特点来设计不同的作业。教师在布置作业的时候，有意识地涉及各种类型，以满足不同学生的需要[2]。比如，鼓励学生多角度地观察生活中的事物，再提出一个数学问题并解答；学生可以选择自己喜欢的方式提交作业，拍照片、画一幅图、手工小制作等都可以。

其次，给学生提供不同的学习支架满足差异。比如在设计"9 加几"的作业时，可以提供不同梯度的作业，具体如图 1-3-1 所示。第一关：算一算 9+1+5 的得数。第二关：提供一张不完整的 9+6 算理说明图，让学生先在图

---

① 王月芬 . 重构作业——课程视域下的单元作业 [M]. 北京：教育科学出版社，2021，6：142.

② 同①：163.

上圈一圈，再填写缺失的部分。第三关：要求学生自己写出 9+6 的算理说明图。

图 1-3-1　不同梯度的作业设计

具体设计作业时，教师可以依托学情分析，客观了解学生的已有经验和知识基础，针对学生理解不清的难点内容重点设计。总之，尊重个体差异，知道学生在哪个水平，下一步该走向哪里，才能更有效地设计作业。

5. 作业批改与分析

作业的批改与分析是了解学生学习状况和改进作业设计的关键一步。首先，教师要给学生反馈有效信息。比如在学生的错误旁边分析错误原因或者给出改进的思路，这样能促进学生进一步思考。其次，教师要养成记录、分析学生作答情况的习惯。对于可以量化的作业，教师要统计错误率找到学生理解的难点，这是进一步设计作业的依据。对于开放性作业，教师可用主观分析的方式来记录学生的作答。这类作业的分析，能反映出学生核心素养发展的更多层面，这为教师后续讲评辅导、再设计作业都提供了鲜活的依据。

二、作业设计的着力点和侧重点

（一）优化作业设计的着力点

1. 设计开放性的作业问题

作业的问题设计有一定的弹性空间，教师设计的问题要包含不同的思考路径，也就是说鼓励多设计开放性的问题。例如教师可以设计这样的问题："你能介绍'11～20各数的认识'的相关知识吗？你打算从哪些方面介绍呢？"不同的学生就会给出难度各样的介绍，有介绍计数器产生及含义的，有介绍 10 个一变身 1 个十过程的，还有介绍读法写法的。总之，弹性设计作业问题可以促发学生产生更深入的思考和表达。

问题的设计要重视学生经验的获得和交流，学生有相应的体验和感悟，才能有内容去分享，有道理去传递。比如鼓励学生把几和第几的区别和联系讲给弟弟妹妹听，同时也可以提出自己不明白的地方，这样就给学生提供了一个讲出自己理解的空间。

把设计问题的权利交给学生。例如在学习加法后，教师可以鼓励学生在生活中找一找用加法解决的问题。有学生就提出了"校园里有多少棵树"的问题，校园里的树木比较多，一年级的学生计数起来并不容易，教师可以给学生分成小组，在小组内商量计算树木的办法，然后分组实践交流，最后班内总结。这样设计出的问题与生活紧密联系，激活了学生的思维。

2. 重视解题过程的说明

作业设计要力争把学生的思维过程外显出来，教师可以引导学生使用画图、创意表演秀等方式来表达自己的理解。这里的重点是多问学生"为什么"，学生在解释说明的过程中，自然会呈现数学思维的发展路径。而当这样的作业频繁出现后，学生会建立属于自己的表达方式，随着交流反思，形成具有一定数学逻辑的表达习惯。如图 1-3-2 所示，教师可以设计这样的作业。

你知道小猫咪已经吃了多少条鱼吗？你是怎么知道的？
请在下面写一写或者画一画来说明。

图 1-3-2　作业设计举例

3. 作业结果的呈现保持开放性

重视问题解决结果的呈现[①]。换言之，没有统一的标准答案，学生上交的作业都是"未知的精彩"，每份作业代表着学生自己的理解。与此同时，不同学生的思维层次是有差异的。在开放性作业中，每个理解层次的学生都能得到发展，学生甚至可以把作业当作一个抒发情感的平台。

教师设计了一份多角度观察的主题作业，学生提交的作品各式各样：有的同学拍照片记录了小区停放的汽车，可以按照油车和电车来区分，还可以按照黑色和白色来区分，如图 1-3-3 所示；有的同学根据家里的饮料瓶设计了一份小报，按照材料、颜色、饮品种类三个方面统计了饮料瓶的数量，还表达了自己"开水果店"的梦想，如图 1-3-4 所示；还有的同学，分享了自己家庭成员结构图，提出了 6 个不同的观察视角，最终学生写到这些观察视角都在解决"几＋几＝几"的问题，如图 1-3-5 所示，可见学生已经能从具体问题中抽象出数学模型了。教师以开放的态度设计作业，不给学生设置"作业的标准答案"，在允许弹性、开放自主的作业氛围中，促进各层次学生数学思维的发展。

图 1-3-3　多角度观察——汽车篇

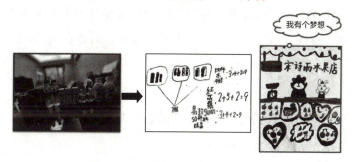

图 1-3-4　多角度观察——饮料篇

① 刘善娜，周春萍. 单元视角下数学探究性作业设计 [M]. 北京：教育科学出版社，2022：7.

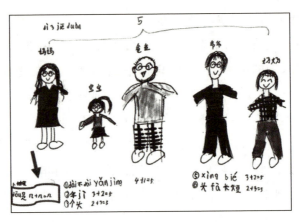

图 1-3-5　多角度观察——家庭成员篇

4. 丰富作业类型，重视学生差异

作业要体现多种类型，激发学生做作业的兴趣。教师要设计开放类、综合实践类等类型的作业。在作业内容、呈现方式等方面都应该具有创新意识和可操作性。

对每个学科的作业而言，作业的设计需要关注学生差异，关注每一个学生的发展，无论是作业的目标内容、难度水平，还是做作业的时间、具体情境，均鼓励设计多样路径，实现均衡发展。在评价环节，也倡导多角度的评价，整合教师评价和学生自评，使学生通过多元评价认识自己的不同维度。

5. 作业难度与时长要适宜

作业设计要避免难度过高或过低两种极端。教师要依据学生实际，设计符合所任教班级学生实际情况的作业。对作业难度的判断要准确，不同难度的作业题量要分配合理。教师在进行作业设计时要对学生完成作业的时间有充分预设和严格规定，要考虑大多数学生完成各课时作业的平均时间综合制定，保证学生完成作业的时间在合理的范围内，确保学生的休息时间。

（二）不同学段数学作业设计的侧重点

第一学段（一至二年级）：

1. 活动化作业设计

一、二年级这一阶段的作业内容多以活动为主。因为学生在生活中特别是幼儿园环境中积累了大量的活动经验，并且这些经验多是具体形象、生动活泼的。所以，设计第一学段的作业要从学生原有的活动经验入手，以活动带动学生在体验中生长新的思考。比如通过让小学生剪正方形、长方形、圆形、三角形，让学生在实践中区分这四个图形，这种方法不仅锻炼了他们的动手能力，还增强了他们学习的兴趣。[①]

2. 游戏化作业设计

第一学段的学生多是充满好奇心的，教师布置实践类作业，特别是游戏类型的作业，能够很好地维持这种好奇心。比如学生喜欢的 24 点游戏，一方面能帮助学生巩固加减法和乘除法，另一方面能训练学生的多样性思维；再比如"四巧板"活动，既能锻炼学生的动手能力，又能发展学生多角度观察的数学思维；还比如布置制作简易日晷的作业，既能激发学生的创意，又能培养学生的量感。

3. 生活化作业设计

美国著名教育家杜威认为，教育是和生活融为一体的，教育在生活中进行，生活是教育的内容。这一观念强调了教育与生活相结合的必然性和重要性。

学生的理解是存在差异的，教师要因材施教，充分设计生活化的作业来契合学生差异。以开展主题活动类作业为例，认识人民币前，教师可以设计让学生去超市购买食材的作业。用指定的面额（20 元）购买食材，记录价格（先花了多少元，又花了多少元）并找零。依托生活探究类活动，设计"可触摸的作业"，丰富学生对人民币的认识。

第二学段（三至四年级）：

按照相关规定，小学三至六年级书面作业平均完成时间不得超过 60 分钟。学生能力是有差异的，教师要均衡设计作业，让不同学生在不同的能力程度上实现发展，具体来说第二学段的作业设计存在以下特征。

1. 作业设计要有目标导向

在新课程理念下，教育目的是多元开放的，教师在设计作业时要做到心中有数。选择从哪些方面开展作业活动，通过活动着力发展学生的哪些素

[①] 王丽霞. 论小学低段趣味数学作业设计的实践研究 [J]. 新课程，2020（1）：206-207.

养，这些都应该在设计活动前做好精细打算。只有作业目标精准，才能更有效地依托作业推动学生发展。

2. 作业设计要适量适度

适当的作业量一般是以中等学生的作业效率和作业难度作为标准的，但也不能一概而论，因为学生在完成作业效率方面存在差异，教师还应该针对不同能力层次的学生增加或减少作业量。开展个性化作业调整，可以提高学优生的作业难度或降低学困生的作业难度，保证不同学生的作业量以及完成作业的时长大致均衡。

3. 作业设计要体现差异

除了完成习题册上的题目，教师还可创设一些有针对性的题目，以契合不同层次的学生。比如设计综合性强的作业，以满足学优生的学习需求；设计难度低、易完成的基础作业，以适应学困生的学习需求。不同层次的作业题使作业不仅紧扣教学目标和教学重点，还有利于学生横向和纵向打通知识间的联系，培养学生形成系统的知识网络。

第三学段（五至六年级）：

第三学段的学生有一定的好奇心和求知欲，初步建立了数学自信心。学生也初步学会用数学的眼光观察现实世界，能将所学的知识应用于解决现实生活中的问题。可以说，学生的模型意识和应用意识已悄然形成。在这一学段，更要重视对学生数学素养的培养，具体可依据如下几个方面展开设计。

1. 发挥学生主观能动性

第三学段的学生已经具备基本的学习能力，可以参与到作业的设计中来，这也是教师充分发挥学生主体地位的一种表现。把作业设计的主动权交给学生一部分，比如让学生根据自己的学习情况设计作业，或者根据自己容易出错的题目设计一些防止大家都出错的习题作为作业，学生设计作业的过程相当于梳理问题的过程，这样便可以鼓励学生学会发现问题、解决问题。

当然，学生设计的作业不一定系统全面。但是，学生设计作业的过程就是对旧知识的梳理过程和对新知识的探究过程，这里涉及学生的独立思考与合作交流。创设机会让学生参与作业的设计，还能激发学生的学习兴趣和主观能动性。

2. 与第四学段对应的数学素养衔接

对于第三学段的孩子来说，数学素养已经得到了不同程度的发展和培养。依托作业设计，帮助学生们在学科素养上再上一层楼，就显得尤为重要了。教师的眼光也应该是长远的，要基于学生下一阶段的发展设计作业，渗透数学思想和方法。

可以尝试单元整体作业设计，凸显作业与作业之间的内在联系。整体分析作业内容的本质，分析整个单元作业对应哪些具体的核心素养。有了对作业设计的整体把握，再分步实施指导每个课时的作业设计。

3. 为促进深入的思考服务

数学作业的形式要丰富多样。在这个学段，可以开展跨学科的主题式作业和项目化作业，让学生在实践、探究、体验、合作的过程中感悟数学的基本思想和方法。作业设计还要重视情境设计和问题的提出，有了真实的作业情境，可以引发学生提出合理的数学问题并产生相应的数学思考，让学生依托作业活动，养成积极探究的习惯和客观理性的思维方式。

三、核心素养视角下的作业设计案例分析

教师可以基于核心素养视角统摄作业设计，用更高的占位来综合考虑作业设计这项活动。接下来，以人教版数学教材中"解决问题"板块的作业设计为例，分享作业设计的一些思考。

1. 依托核心素养，立体化建构作业

纵观"解决问题"栏目的设置，可以发现这七类问题对应了不同数学素养目标，但又相互关联（见图 1-3-6）。

前 4 个问题帮助学生学习用数学的眼光观察现实世界：先是"看图说意"，再是学习用抽象符号表示加减法，随后给出文字信息，让学生解决其中的数学问题。这样的安排逐层递进，以发展数学眼光为核心目标。

后 3 个问题重视对数学思维的培养。"排队问题"帮助学生体会到可以通过画图来帮助思考，"多角度解决问题"强化了加法模型的结构，"还原问

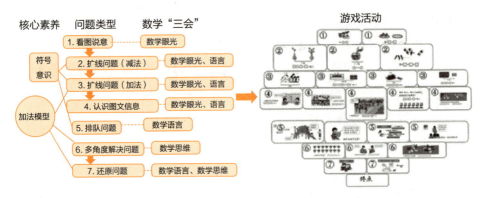

图 1-3-6 "解决问题"栏目对应的数学素养和游戏活动

题"则要综合使用画图策略和加法模型来解决问题。

可以把这七类问题"纵贯线"串联设计成游戏活动的形式。这样的作业设计是基于核心素养的。聚合看似不相关的作业，却以专家思维沟通本质联系。

下面介绍对应的"数学乐园"游戏规则：1. 石头剪刀布，谁赢了谁先走。2. 每走一格都要答题，答对了才能停在那里，答错了要后退一格。3. 按照 1、2、3······7 的顺序走，先到达终点者获胜。学生也可以根据自身情况制作不同内容的游戏卡片（见图 1-3-7）。

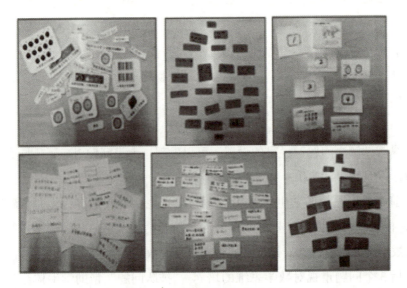

图 1-3-7 "数学乐园"游戏卡片

值得说明的是，后3个问题的思维含量呈螺旋式上升（见图1-3-8），需要"立体化建构"。下面简述"排队问题"和"还原问题"的作业案例。

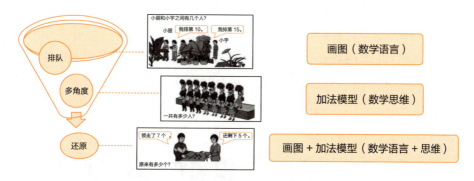

图1-3-8 纵贯线里的"螺旋上升"

排队问题，文字信息较多、呈现形式复杂，并且学生以往的经验是用加法或减法解决问题，对于处理"之间"的问题，缺乏经验基础。而画图策略的引入，给迷茫困顿的学生打开了一扇窗。

教师可设计"我说你画"的作业如图1-3-9所示。具体步骤如下：

师：11个小朋友排一排，从前往后数，涛涛是第2个。找到涛涛，把〇涂黑。

师：改一改呢，涛涛前面有2个人，涛涛后面有7个人，一共有几人？

师：再改一改，从前往后数，涛涛是第2个，从后往前数，涛涛是第5个，一共有几个人？

11个小朋友排一排，从前往后数，涛涛是第二个。

改：涛涛前面有2个，后面有7人，一共有几人？

再改：从前往后数，涛涛是第2个，从后往前数，
涛涛是第5个，一共有几个人。

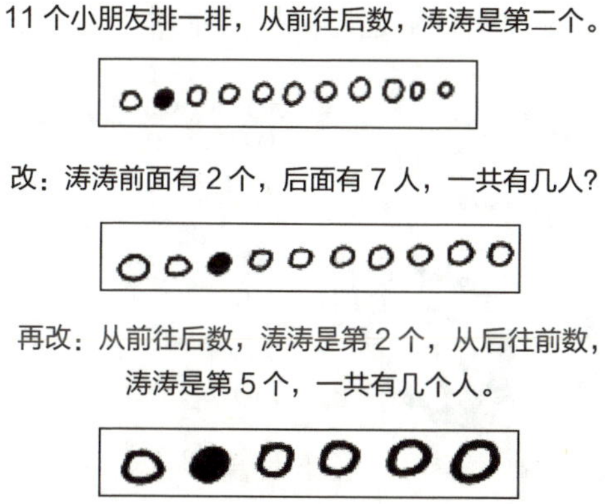

图1-3-9 "我说你画"作业设计

总之，学生经历了这样的学习过程，会更加意识到画图策略是击破学习难点的有力支架。

设计这类作业要重视两点：第一，激发学生兴趣。对于一年级的学生来说，兴趣尤其重要，大脑不兴奋，做什么都不在状态。[1]第二，"水到渠成"，放慢脚步。学生画图需要一个感知的过程，确保切实的体验和经历，才有可能被学生接纳，最终内化成自己的宝贵经验。"我说你画"的作业，由教师逐步报送信息，降低了题目的复杂程度，逐步引导学生画图，就是把"水"引流过来，使学生在画图中萌发"智慧"。

关于还原问题，可增加"表演"作业设计，帮助学生建立部分与整体的表象，学生通过说一说、演一演的渐进体验，为理解加法模型积累宝贵的经验，如图 1-3-10 所示。

图 1-3-10

和家人一起表演情境剧，参考脚本如下：

学生：亲爱的哥哥，请给我一些橘子吧。

哥哥：好的，这 4 个送给你吧，现在，只剩下 4 个了。

学生：哥哥你原来有多少个橘子呢？

也可以鼓励学生自己创编新的表演脚本。

此外，还可建立起还原问题和一共问题的联系，让学生发挥创造力编"一共和原来"的故事，切实理解还原问题的本质（见图 1-3-11）。

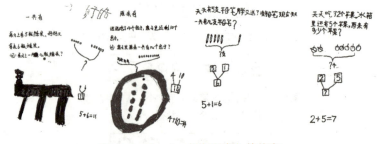

图 1-3-11　"一共和原来"的故事

---

① 刘善娜. 小学数学这样教：一年级 [M]. 武汉：长江文艺出版社，2022：116-117.

从学生作品可以看出，孩子们认为"原来有"和"一共有"是有联系的，回答这两个问题都是把两部分合起来，可见学生对加法模型产生了更深刻的理解。

2. 依托生活中的"长作业"，让断续的数学思维得以延续

核心素养视角下的作业设计，要注重数学与生活的联系。利用布置"长作业"的机会，教师可以分阶段设计作业。

以多角度解决问题为例，每一阶段都对应不同的实践和体悟，学生可以自选参与。在进阶的过程中，教师立体化建构作业设计，引导学生追求数学方法上的融通。具体看，多角度观察的作业设计可分为如下三个阶段（见表1-3-1）。

表 1-3-1

第一阶段：公布我的发现
1. 找一找生活中能从多角度观察的事物，用照片记录下来，再说一说可以从哪些角度进行观察。
第二阶段：呈现我的思考
2. 请你根据生活中的发现，创编一个数学故事（可以写，可以画），提出问题并解答。
第三阶段：强化问题结构
3. 创设一个多角度观察的小制作或者小画报，回答如下问题： （1）说一说，你是怎样进行多角度观察的？ （2）对比这些办法，你发现什么相通的道理吗？

教师要鼓励学生自主发现、设计与实践。一方面培养学生的创新意识，另一方面帮助学生在自主的空间里找到乐趣。

小熙同学在第一阶段准备了一张自己和弟弟去动物园的合影（图1-3-12），她发现可以从坐着和站着、男生和女生两个不同角度提出问题。

图 1-3-12　多角度观察的作业设计第一阶段

　　小寓选择了第二阶段的展示（图 1-3-13），他画了一幅小区楼栋图并提出问题：怎样数房间呢？他提供了不同的方案：一层一层地数，那就是4+4+4+4；一个单元一个单元地数，那就是 8+8；按开灯关灯数，那就是10+6。学生如此奇妙的童趣视角，让教师看到了作业设计的价值。

图 1-3-13　多角度观察的作业设计第二阶段

　　第三阶段的作业目的是让学生们探究不同方法之间的联系。对于一年级的学生来说，这样的作业抽象程度较高。我们暂不对学生的思维活动做统一要求，若出现别出心裁的想法，也不妨抓住思维的小火苗。教师可呈现一个引导问题：对比这些办法，你发现了什么相通的道理？

如图 1-3-14 所示，这幅作品中闪动着思维的火花，孩子写了"部分加部分等于总数"。教师利用这个契机追问全班，大家理解他说的"总数"是什么意思吗？学生有的说总数就是"合起来"；有的说总数就是"整体"。通过交流，学生对加法模型有了更深刻的理解。

图 1-3-14　多角度观察的作业设计第三阶段

从后续上交的作业看，学生能感悟出作业背后的道理，比如柚子同学写到"都用几＋几＝几"（见图 3-1-15），璐璐同学的"海底世界"作业中提到"都使用加法"（见图 3-1-16），可见学生们通过进阶的长作业，逐步加深了对加法问题的理解。

图 1-3-15

图 1-3-16

很多时候学生的思考是点状分布、断断续续的，可能是一闪而过的灵感，也可能是一个快想通还没有想通的问题，教师要做的就是尽可能把这些点状分布的思考串联成线。长作业的设计就是一个契机，把点状的思考串联成线性思考，再进一步地将线性思考聚合形成网络化思考，让数学学习充满惊喜和乐趣。

3.重视教、学、评一体化，让作业设计形成完整路径

核心素养视角下的作业设计，要关注作业设计和评价设计的关联性。简言之，要聚焦作业设计与评价背后共同的核心素养。

以认识时间为例，教师首先把目标定位为量感培养和推理意识来设计作业，这样就可以把多样的学习目标梳理出层次和要点。其次，再分析目标间的联系，总结出关键问题。最后，基于关键问题对接学生评价。具体流程如图 1-3-17 所示。

图 1-3-17 关联性作业评价流程图

关键问题的生成过程如图 1-3-18 所示，确定好关键问题，就以此为依据设计具体的评测问题。这些评测问题反馈出的结果再和作业设计相关联，形成了一条教、学、评有效衔接的设计路径。

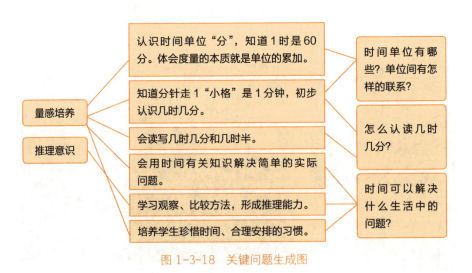

图 1-3-18 关键问题生成图

表 1-3-2

知识点 2：时与分的关系					
评测形式：书面评测					
问题 2 请你在下面说明：为什么 7：55 的时针会靠近 8 呢？					
解释方向	具体描述		具体图片	人数	比例
方向一：分针时针的运动关系	类型 1	想象再过 5 分钟		10	33.33%
	类型 2	用分针的位置来说明时针的情况		3	10%
	类型 3	强调时针的运动过程是缓慢且不间断的		8	26.67%
方向二：相似情况类比	用 8：55 或 6：55 的经验类比 7：55			7	23.33%
并未作答		无	2	6.67%

表 1-3-3

这节课带给你哪些活动经验？请你写一写				
经验类型	具体情况	实际图片	人数	比例
拨表相关经验	从4时拨到4时半，从4时半拨到5时	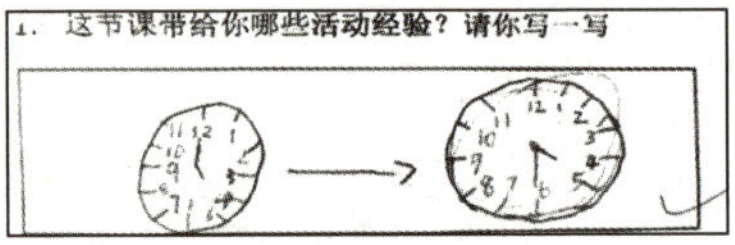 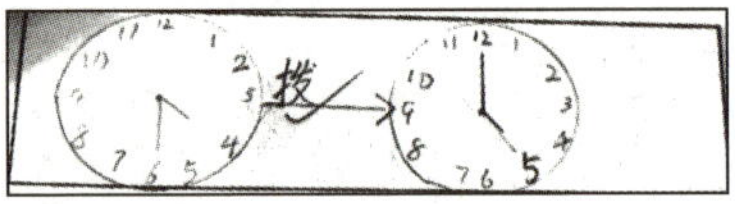	10	33.33%
时和分的关系	1时=60分，时针分针同时动	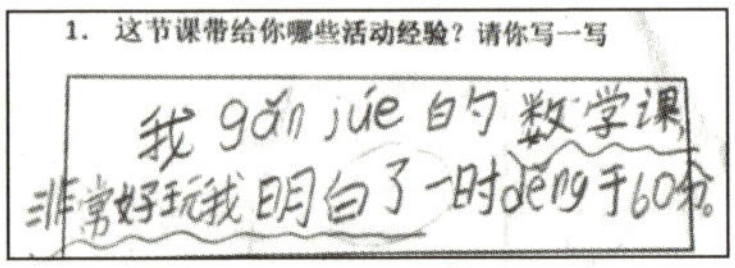	9	30%
半时的认读方法	哪个才是正确的半时	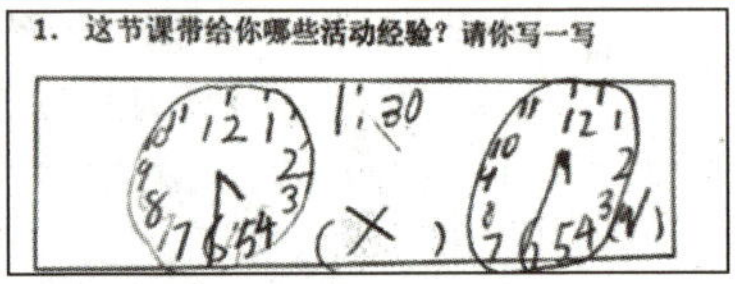 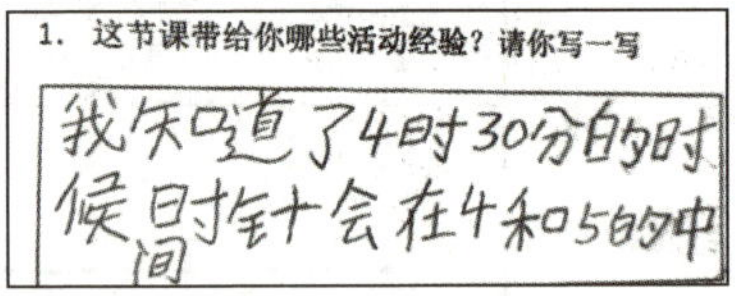	4	13.33%
接近时间的认读方法	7时55分的时针更靠近8	 	5	16.67%
不知道	空白	空白	2	6.67%

表 1-3-4

知识点4：认识时间的应用
评测形式：书面评测
下面哪个时间亮亮在练琴？请圈出正确的时间图片。

时间	3:00~3:20	3:30~4:00	4:10~4:35	4:45~5:30
活动	读书	练琴	做作业	玩

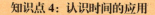

续表

知识点4：认识时间的应用		

（　）时（　）分　　　　　　（　）时（　）分

上题的设计有两个目的：

其一，检验学生动态拨表后，能否感知时刻与时刻的联系，能否把某一时刻准确对接到相应的时间段里。

其二，将静态的时刻动态呈现，为后续学习经过时间做好准备。

错误类型	错误率	具体错例
认读左侧时间	3.33%	4：35
认读右侧时间	10%	3：20和5：20
圈出练琴时间	10%	圈右侧时间

表1-3-2、表1-3-3和表1-3-4展示了依托核心素养、聚焦关键问题设计评价的案例，下面从微观层面来介绍评价表的设计思路。

综合分析课程标准和教学参考可以知道，还原问题要讲清楚两个重点：一是能使用画图策略，清晰呈现数学信息；二是能反映加法问题的结构。所以在设计表格时，教师要着重从以上两个维度推进。再把这两个维度细分为3个不同的水平（见表1-3-5）。这样可以使教师清楚地看到学生处于哪个阶段，下一步引导学生走向哪里，为相应的作业设计提供可靠依据。

表1-3-5

评价内容	评价标准			
	评价要素	水平1	水平2	水平3
还原问题	外显方式—画图	只能简单画一画，没能画全有效的数学信息	能用画图完整呈现数学信息，没能对数学信息进一步加工	清晰表达数学信息，能画出自己对问题的理解（标记信息之间的联系）

续表

评价内容		评价标准		
还原问题	内隐思想—加法结构	只能用简单语言描述自己画了什么，没有提出加法问题	能借助所画内容展开说明、列出加法算式，欠缺对加法结构的理解	能说明自己的画图过程和意图，准确分析背后的加法结构
	体验程度	参与	积极参与	参与热情高并不断完善自己的作品

对比学生提交的不同作品，可以看到同样是画图问题，左图（见图1-3-19）作品处于水平二，学生能清晰呈现数学信息，但是画图作品中没有标记信息之间的联系。

再看右图作品（见图1-3-20），除了标记飞走的小鸟、树枝上剩下的小鸟，学生还用大扩线和小问号等符号呈现了信息之间的关联。通过课后采访，我们发现右图学生对加法结构的理解更深入，学生能准确说出求原来有几只鸟就是把飞走的和剩下的两部分合起来。而左图学生对加法结构的表述还不清晰。

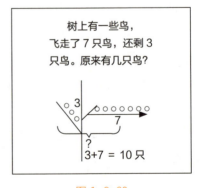

图1-3-19　　　　　　　　　　　　　图1-3-20

评价表能有效帮助师生进行学习的诊断和反馈。此外，教师还可以鼓励学生自评，引导学生站在第三方的视角感知自己的学习历程。如果学生年龄较小，也可以用给星星涂色的方式开展自评活动（见图1-3-21）。

以评价促进体验，让体验积累成宝贵的经验活动。学以留痕，让作业评价反馈出的宝贵信息，成为学生成长进步的坚实动力。坚持在核心素养视角下设计作业，力争实现教、学、评一体化的目标。

图 1-3-21

思考与实践

通过本章的介绍，相信你对作业的功能与分类有了一定的了解，对作业设计的新理念和新要求也有了一定的认识。请参照本章具体作业案例，尝试完成下列问题：

1. 聚焦一个数学核心素养，从发挥作业设计的评价功能视角，设计一份作业和评价量规，根据量规的反馈结果，谈一谈后续学生培养的着力点。

2. 对比统一单元的不同课时作业设计，删除重复性作业内容，明晰作业间的进阶与关联，整合形成新版作业设计。

3. 选择你所教的一个单元内容，设计一份活动性长作业，促进学生在本单元不同阶段持续发展数学思考。

推荐学习：

【1】刘善娜 . 小学数学这样教一年级 [M]. 武汉：长江文艺出版社，2022.

【2】王月芬 . 重构作业：课程视域下的单元作业 [M]. 北京：教育科学出版社，2021.

【3】刘徽 . 大概念教学素养导向的单元整体设计 [M]. 北京：教育科学出版社，2022.

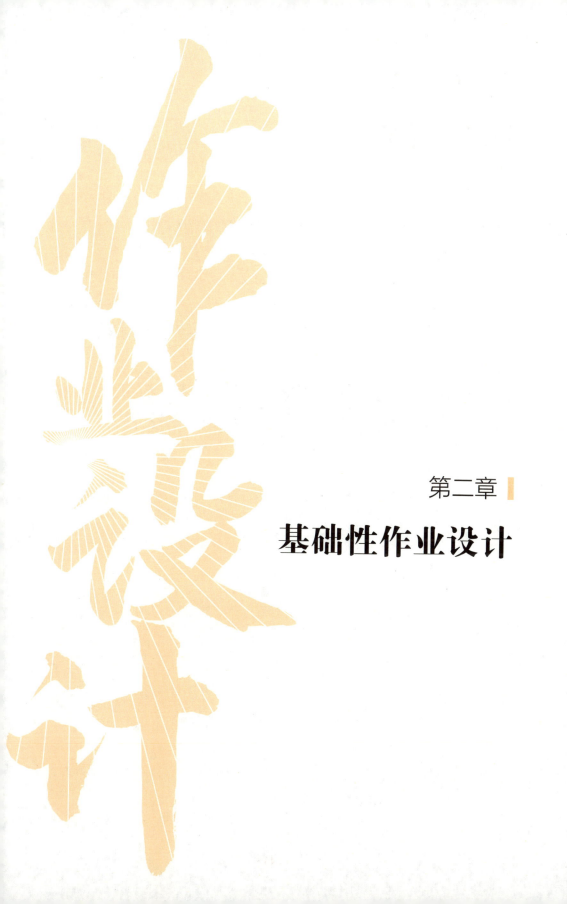

第二章

基础性作业设计

本章概览

　　1.基础性作业是指以课程标准设定的学习目标为前提设计的作业，是教学活动中非常重要的部分，是检测教师的教和学生的学习效果的中介。合理设计和布置好基础性作业，能够切实减轻学生的学业负担。

　　2.在《义务教育数学课程标准（2022年版）》的总目标中，"四基""四能"位于其中的前两条，可见"四基""四能"是学生应该达成的基本要求。因此，在第一节中，明确"四基""四能"的基本要求，有利于基础性作业的设计。

　　3.基础性作业的设计要以"四基""四能"为目标。第二节中，着重介绍了旨在提升学生"四基""四能"的基础性作业设计策略。

案例导入

"数"享出行

党的二十大报告提出，积极稳妥推进碳达峰、碳中和，深入推进能源革命。十年来，我国碳排放强度下降了 34.4%，扭转了二氧化碳排放快速增长的态势。进步小学的很多老师也积极响应国家号召，每天尽量绿色出行，减少碳排放。图 2-1 是李老师某次骑单车出行的详情。请解答下面的问题。

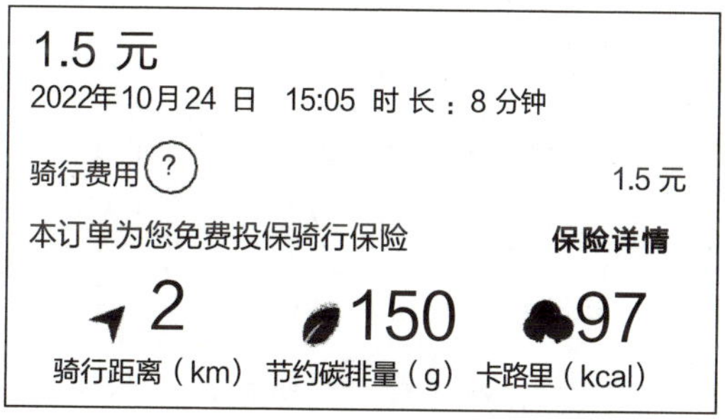

```
1.5 元
2022年10月24日  15:05  时长：8分钟

骑行费用 (?)                          1.5 元
本订单为您免费投保骑行保险     保险详情

  ▶ 2        🍃 150        🍀 97
骑行距离（km）  节约碳排量（g）  卡路里（kcal）
```

图 2-1

（1）照这样的速度，李老师每天从家到学校需要骑行 12 分钟，她家离学校有多远？

（2）这天，李老师出门比平时晚了 2 分钟，要想按原来的时间到达学校，她骑自行车的速度应该是多少？

（3）通过上面的两道题，我有这样的发现：_____

_____。

在这组题目中，我们能够看出第（1）问是应用数量关系和运算正确求出结果的基本练习，这是典型的行程问题在实际生活中的应用，是学生应该掌握的基础知识和基本技能。

第（2）问是一道结合实际情况根据路程和时间求速度的问题，显然也是用到了数量关系和运算的知识，但这一问更能够提高学生发现、提出、分析和解决问题的能力。

根据部分学生对第（3）问的作答情况，可以发现学生能够感受到在路程不变的情况下，时间越短，速度就越快，这也渗透了反比例的思想。我们能够看出学生在第（3）问中基本思想得到了更好的发展。

《义务教育数学课程标准（2022 年版）》中的课程总目标这样写道：（1）获得适应未来生活和进一步发展所必需的数学基础知识、基本技能、基本思想、基本活动经验。（2）体会数学知识之间、数学与其他学科之间、数学与生活之间的联系，在探索真实情境所蕴含的关系中，发现问题和提出问题，运用数学知识和其他学科的知识与方法分析问题和解决问题。（3）对数学具有好奇心和求知欲，了解数学的价值，欣赏数学美，提高学习数学的兴趣，建立学好数学的信心，养成良好的学习习惯，形成质疑问难、自我反思和勇于探索的科学精神[①]。老师们可以看到前两条就是学生应该达到的"四基""四能"要求。

在《义务教育数学课程标准（2022 年版）解读》中，也对《义务教育数学课程标准（2022 年版）》中的三条总目标进行了具体的解读："四基"是对义务教育阶段学生数学学习的整体基本要求。问题解决能力的培养是体现数学学科特征的重要目标，几乎所有国家和地区的数学课程标准都会将培养学生问题解决能力作为目标之一[②]。

① 中华人民共和国教育部 . 义务教育数学课程标准 [S]. 北京：北京师范大学出版社，2022：4.
② 史宁中，曹一鸣 . 义务教育数学课程标准（2022 年版）解读 [M]. 北京：北京师范大学出版社 2022.

作业作为教学的一部分，更应该明确"四基""四能"的基本要求，这也有利于学习目标的达成。因此，小学数学基础性作业应该与课程目标一致，基于"四基""四能"目标下的作业设计就是小学数学基础性作业。

第一节
小学数学"四基"
"四能"的基本要求

一、"四基""四能"

　　《义务教育数学课程标准（2022年版）》课程理念中，确立核心素养导向的课程目标：以学生发展为本，以核心素养为导向，进一步强调使学生获得数学基础知识、基本技能、基本思想和基本活动经验（简称"四基"），发展运用数学知识与方法发现、提出、分析和解决问题的能力（简称"四能"），形成正确的情感、态度和价值观[①]。

　　在《义务教育数学课程标准（2022年版）解读》中，将课程的总目标分为三点："四基""四能""情意"[②]。"四基"中的基础知识、基本技能是数学课程目标中传统的"双基"，侧重数学学习的结果。《义务教育数学课程标准（2011年版）》（以下简称《2011年版课标》）的重要贡献是将"双基"拓展到

---

① 中华人民共和国教育部.义务教育数学课程标准[S].北京：北京师范大学出版社，2022：4.

② 史宁中，曹一鸣.义务教育数学课程标准（2022年版）解读[M].北京：北京师范大学出版，2022.

"四基"，增加了基本思想、基本活动经验，侧重数学学习的过程，在经历过程中积累基本活动经验，感悟数学思想。"四能"中的分析问题能力、解决问题能力更侧重结果，而发现问题和提出问题则体现了问题形成的过程。可见"四基""四能"目标既体现结果性要求，也体现过程性要求，表明数学课程目标过程与结果并重。

从学习中，我们有这样的收获，"四基"更加强调基础和基本，是学生完成学习之后，应知应会的内容。

二、"四基""四能"在数学课程内容的四个领域的基本要求和作业设计途径

义务教育阶段数学课程内容由数与代数、图形与几何、统计与概率、综合与实践四个学习领域组成。下面对这四个领域，从主题、内容、要求、途径、核心素养体现的角度展开说明。其中途径是能够直接巩固对应主题的作业类型，具备一定的基础性和针对性的练习。具体安排如表 2-1-1，表 2-1-2，表 2-1-3，表 2-1-4 所示。

表 2-1-1

领域	数与代数	
主题	数与运算	数量关系
内容	整数、小数和分数的认识及四则运算	用符号（包括数）或含有符号的式子表达数量之间的关系或规律
要求	经历由数量到数的形成及算理和算法的探索过程，理解和掌握数的概念及算理、算法	经历在具体情境中运用数量关系解决问题的过程，感悟加法模型和乘法模型的意义
途径	计算练习：口算、竖式计算、脱式计算（能简便的要简便运算） 例如： 3+2=　　2+7=　　10-9=　　3+6= 7-4=　　8-4=　　6+4=　　10-7= 6+3=　　5+5=　　1+8=　　8+2= 9-4=　　7+3=　　9-8=　　5-5=	解决问题：根据题目中所给信息提出问题，培养学生提出问题的能力 例如： 邮局邮寄信函的收费标准如下表。 表见下方

计费单位	收费标准 / 元	
	本埠	外埠
100 g 及以内的，每 20 g（不足 20g，按 20g 计算）	0.80	1.20

续表

领域	数与代数

计算下面各题，怎样简便就怎样计算。

2.02×8.5　　　　　$1.25+4.6+0.75$

$1.6 \times 7.5 \times 1.25$　　　　56×1.25

$3.4 \times 7 \times 1.5$　　　$0.8 \times 0.25 \times 0.4 \times 12.5$

列竖式计算。

$410+250$　　　$970-480$　　　$340+370$

$360+240$　　　$280-160$　　　$630+290$

$450-260$　　　$800-150$

数的基本概念相关练习及了解算理掌握情况的练习

例如：

把 8 个 ● 平均分成 4 份，1 份是 ● 总数的 $\dfrac{(\quad)}{(\quad)}$，有（　）个；2 份是 ● 总数的 $\dfrac{(\quad)}{(\quad)}$，有（　）个。

$$\begin{array}{r} 3\ 2\ 4 \\ \times\quad 2\ 2 \\ \hline 6\ 4\ 8 \\ 6\ 4\ 8 \leftarrow \\ \hline 7\ 1\ 2\ 8 \end{array}$$

竖式中箭头所指部分表示（　）。

A. 2 个 324 是 648

B. 20 个 324 是 648

C. 20 个 324 是 6480

续表

计费单位	收费标准 / 元	
	本埠	外埠
100 g 以上部分，每增加 100 g 加收（不足 100 g，按 100 g 计算）	1.20	2.00

（1）小亮寄给本埠同学一封 135 g 的信函，应付邮费多少钱？

（2）小琪要给外埠的叔叔寄一封 262 g 的信函，应付邮费多少钱？

（3）你还能提出其他数学问题并解答吗？

核心素养体现	形成数感、符号意识　形成运算能力和推理意识	形成模型意识和初步的应用意识

表 2-1-2

领域	图形与几何	
主题	图形的认识与测量	图形的位置与运动
内容	认识立体图形和平面图形，测量线段的长度，计算图形的周长和面积	确定点的位置，认识图形的平移、旋转、轴对称
要求	学生经历从实际物体抽象出几何图形及统一度量单位的过程，认识图形的特征，感悟点、线、面、体的关系。积累观察和思考的经验。基于度量单位理解图形的长度、角度、周长、面积、体积	学生结合具体情境判断物体的位置，探索用数对表示平面上点的位置。认识平移、旋转、轴对称的特征，体会运动前后图形的变与不变
途径	列式计算：求图形的周长或面积 例如： 计算下面每个图形的面积。 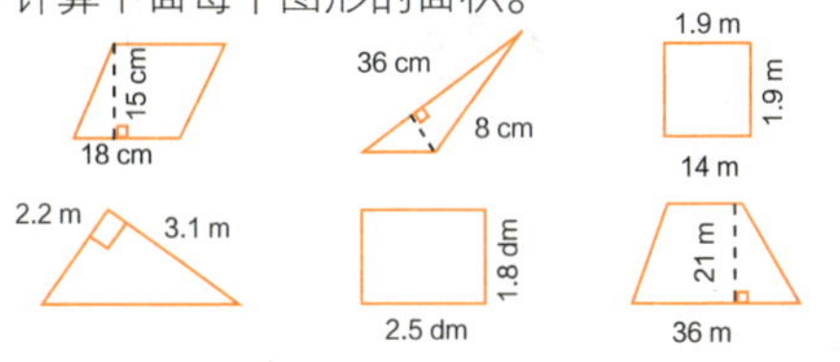 15 cm 18 cm 36 cm 8 cm 1.9 m 1.9 m 14 m 2.2 m 3.1 m 1.8 dm 2.5 dm 21 m 36 m 根据图形的概念和特征完成练习 例如： 右面是用一副三角板拼成的角，∠ 1+∠ 2 是（　）。 A.45°　B.60° C.75°　D90° 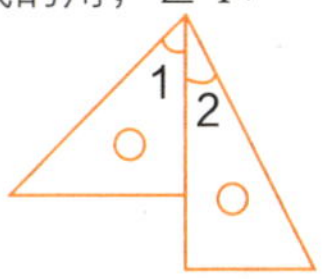 1 2	尺规作图：在方格纸或点子图中按要求做 例如： 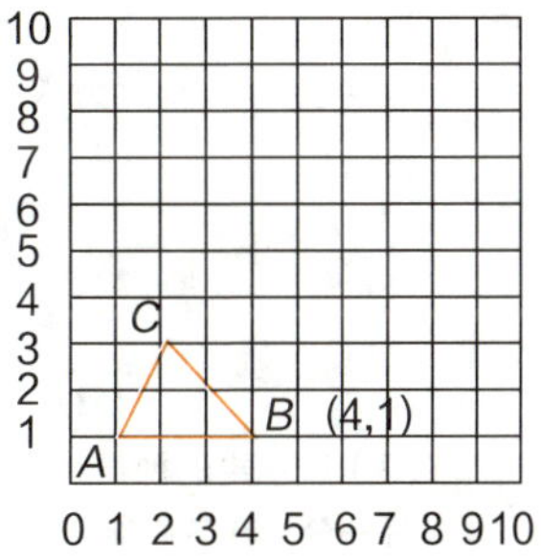 10 9 8 7 6 5 4 3 2 1 C B (4,1) A 0 1 2 3 4 5 6 7 8 9 10 （1）先用数对表示三角形各个顶点的位置，再分别画出三角形向右和向上各平移 5 个空位后的图形 （2）用数对表示平移后图形顶点的位置，说一说你发现了什么
核心素养体现	形成空间观念、量感和推理意识	逐步形成空间观念和几何直观，增强应用意识

表 2-1-3

领域	统计与概率		
主题	数据分类	数据的收集、整理与表达	随机现象发生的可能性
内容	根据信息对事物进行分类	数据的收集，用统计表、平均数、百分数表达数据	通过实验、游戏等活动，让学生了解简单的随机现象
要求	学生经历从事物分类到数据分类，从中感悟对事物共性的抽象过程	让学生初步感受现实生活中存在大量数据，其中蕴含着有价值的信息，利用统计表和统计量可以呈现和刻画这些信息	经历实验和游戏的过程，感受并定性描述随机现象发生可能性的大小，感悟数据的随机性
途径	分类整理：找到分类标准并进行分类 例如： （1）按水果的种类分一分，在下面涂一涂、填一填。　（2）按卡片的形状分一分，在下面涂一涂、填一填。 🍐（　　）个　　○（　　）个 🍎（　　）个　　□（　　）个 🍑（　　）个　　△（　　）个 口头语言描述分类的过程 例如： 你是怎样整理家里的书架的？ 说说你分类整理的标准。	实践作业：可以布置单元长作业，设定作业时间为几天 例如：对本班同学们喜欢的运动、喜欢的菜品等进行数据收集、整理，也可以绘制成统计图或统计表	实验作业：布置参与实验的作业 例如：制作转盘，规定旋转的次数，并记录结果；也可以是课堂里的掷色子、抛硬币的实验作业，积累活动经验

续表

领域	统计与概率		
核心素养体现	为统计学习打好基础	形成初步的数据意识	形成数据意识

表 2-1-4

领域	综合与实践
主题	重在解决问题，以跨学科主题学习为主
内容	学生在实际情境和真实问题中，运用数学和其他学科的知识与方法，经历发现、提出、分析和解决问题的过程
要求	学生经历解决实际情景和真实问题的过程，感悟数学知识之间、数学与其他学科之间、数学与科学技术之间、数学与社会生活之间的联系。积累活动经验，感悟思想方法
途径	实际问题：解答生活中的实际问题（题目一定是现实生活中的真问题） 例如： 城市居民家庭全年用水量（自来水）划分为三档，水价分档递增。具体如下。 ①第一阶梯：户年用水量不超过 180 立方米，水价为 5 元 / 立方米，其中水费 2.07 元 / 立方米，水资源费 1.57 元 / 立方米，污水处理费 1.36 元 / 立方米； ②第二阶梯：户年用水量在 181 ~ 260（含）立方米，水价为 7 元 / 立方米，其中水费 4.07 元 / 立方米，水资源费 1.57 元 / 立方米，污水处理费 1.36 元 / 立方米； ③第三阶梯：户年用水量在 260 立方米以上，水价为每立方米 9 元 / 立方米，其中水费 6.07 元 / 立方米，水资源费 1.57 元 / 立方米，污水处理费 1.36 元 / 立方米。 记录一下你家一个月的用水量，并根据上面的水价标准，计算一下你家一个月的水费。

续表

领域	综合与实践
	综合问题：运用所学知识解决综合问题，考查学生的学习能力等
途径	某旅行社推出"农家乐"两日游，并制定了 A、B 两种不同的收费方案。王叔叔和李叔叔两家人决定结伴出游。  王叔叔家 **A 方案** 成人：110 元 / 人 儿童：半价 李叔叔家 **B 方案** 团体：80 元 / 人 （5 人以及 5 人以上才能购买） （1）如果选择 A 方案，那么需要付多少元？ （2）如果 A、B 两种方案可以混合使用，那么最少需要付（　　　）元。
核心素养体现	形成和发展模型意识、创新意识

第二节
基础性作业
设计策略

本节整理了以提升"四基""四能"为目标的作业设计现存的一些问题，并通过案例的形式为老师们展现基础性作业设计的策略，希望能给老师们一些启发。

一、以提升"四基""四能"为目标的作业设计现存问题

（一）教师对基础性作业设计不够重视

2013 年，上海市教委教研室以原主任徐淀芳为负责人、王月芬为主持人，开展了义务教育阶段作业设计与实施现状的大型调研[①]，并将作业这一系统划分为几个环节：作业设计、作业完成、作业批改、作业统计分析、作业讲评和辅导等。结果显示，在只任教 1 个班级的情况下，各学科教师平均

---

① 王月芬. 重构作业：课程视域下的单元作业 [M]. 北京：教育科学出版社，2021：6.

每天花费在作业各环节的总时间为 2.5 小时。所有学科教师在作业设计上花费时间都是相对比较少的，而教师用于作业批改的时间均要明显多于其他环节的时间。

更值得一提的是：通过不同教龄教师花费在作业上的时间进行单因素方差分析，小学阶段 $F=0.015$，$p=0.247 > 0.05$；初中阶段 $F=0.468$，$p=0.759 > 0.05$，不存在显著差异。这说明不同年龄的教师花费在作业上的时间并没有显著差异，教师没有随着教龄的增加，提高对作业设计环节的重视。

调查表明，一线教师还是将更多的精力投入日常教学备课、上课和作业批改环节，没有增强作业设计能力的意识，而对于基础性作业设计方面，教师下的功夫更少。

（二）基础性作业缺乏创新性

"双减"政策实施之后，学校做出了很大的调整和变化，更加注重作业的布置和设计。但公立学校使用的教辅材料是按照上级要求统一为学生订购的，这些订购的练习册确实为一线教师布置作业提供了资源，可也正因为如此，基础性作业的设计缺乏一线教师根据学情所需的自我创新性，更多的是延续使用。

（三）基础性作业与之后课程无法有效衔接

教师设计作业内容时，更多的是对课堂知识的巩固，希望学生能够通过练习掌握当堂课的重难点，很少会和下节课的知识进行有效的衔接，导致不能形成课堂＋作业＋课堂这样的有效形式，不能让作业发挥承上启下的作用。

二、以提升"四基""四能"为目标的作业设计策略

以提升"四基""四能"为目标的基础性作业设计，要注意四方面的问题：一是在作业设计时，制定单元和课时作业目标，并保证其与教学目标相一致，同时要根据学生课堂学习效果适当进行调整。二是在作业设计时，关

注单元和课时的重难点和易错点，适当增加或者调整作业内容和时间，帮助学生更好理解单元和课时核心内容。三是在作业设计时，可以关注单元作业和实践作业的设计，创新作业类型，增加作业的趣味性。四是在作业设计时，关注下节课的内容，能够做到有效连接，让作业成为每节课之间的纽带，让学生感受数学知识之间的密切联系。

（一）夯实基础知识、基本技能的作业设计

"四基"中的基础知识、基本技能是数学课程目标中传统的"双基"，侧重数学学习的结果。《义务教育数学课程标准（2011 年版）》的重要贡献是将"双基"拓展到"四基"。1952 年颁布的《中学数学教学大纲（草案）》中首次明确提出"基础知识"和"技能"的要求，"双基"一词并未提出①。同年颁布的《小学算数教学大纲（草案）》中提出：保证儿童自觉地和巩固地掌握算术知识和直观几何知识，并使他们获得实际运用这些知识的技能②。这是小数数学"双基"的最初形式。"双基"的提出已经有 71 年了，可见"双基"的重要性。

对于"双基"的内涵界定，学术界持统一观点，把基础知识界定为：数学中的基本概念、基本性质、基本法则、基本公式、基本定律和基本定理。把基本技能界定为：按照一定的程序与步骤进行运算、推理、作图、处理数据等心智活动方式③。

下面我们将从理解基本概念的作业设计、提高运算能力的作业设计和运用基本公式的作业设计三个方面，以案例的形式呈现夯实基础知识、基本技能的作业。

1.理解基本概念的作业设计

吴正宪在《小学数学教学基本概念解读》中说过：尽管我们可以在教学方式上大做文章，但是对数学基本概念的准确理解与把握却是学生走进数

① 杨豫晖.数学双基教学的发展、争鸣与反思 [J].中国教育学刊，2010（5）：34-30.

② 课程教材研究所.20 世纪中国中小学课程标准·教学大纲汇编·数学卷 [M].北京：人民教育出版社，2001.

③ 宋乃庆，张奠宙.小学数学教育概论 [M].北京：高等教育出版社，2008.

学大门、认识数学现象的重要基石。由此可以看出，把握数学基本概念进行教学设计和作业设计的重要性。下面我们对小学数学的基本概念按照整数概念、小数概念、分数概念、比和比例、几何概念进行梳理，如表2-2-1、表2-2-2、表2-2-3、表2-2-4、表2-2-5所示，帮助老师们梳理把握概念本质，这也将有助于作业设计。

表 2-2-1

整数概念
整数：整数是数系中最基本的一种数，即正整数、零、负整数的统称。（人教版六年级下册第六单元"整理和复习"中"数的认识"）
自然数：表示物体个数的1，2，3，4，5，6，7，8，9，10，11……都是自然数。一个物体也没有，用0表示。0也是自然数。（人教版四年级上册第一单元"大数的认识"中"数的产生"）
基数、序数：自然数有两方面的含义，用来表示事物的多少为基数；表示事物的次序为序数。（人教版一年级上册第三单元"5以内数的认识和加减法"中的"第几"）
数位、计数单位、数级：没有具体描述，只是通过填写的方式认识数位。（人教版四年级上册第一单元"大数的认识"出现了数位顺序表）
等于、大于和小于："等于"是表示两部分对等的式子。"大于"和"小于"则是在扩展学生的知识面中认识的
因数和倍数：在整数除法中，如果商是整数且没有余数（或者说余数为0），我们就说除数是被除数的因数（也称约数），被除数是除数的倍数。（人教版五年级下册第二单元"因数和倍数"）
奇数和偶数：整数中，是2的倍数的数叫作偶数（0也是偶数），不是2的倍数的数叫作奇数。（人教版五年级下册第二单元"因数和倍数"中"2、5、3的倍数"）
质数和合数：一个数，如果只有1和它本身两个因数，这样的数叫作质数（或素数）。一个数，如果除了1和它本身还有别的因数，这样的数叫作合数。（人教版五年级下册"因数和倍数"中的"质数和合数"）
公因数和最大公因数：没有给出明确的定义，而是从方法上列举出两个正整数的所有因数，再找到它们公有的因数和其中最大的公因数。（人教版五年级下册第四单元"分数的意义和性质"中的"约分"）
公倍数和最小公因数：没有给出明确的定义，而是从方法上列举出两个正整数的一部分倍数，再找到它们公有的倍数和其中最小的公倍数。（人教版五年级下册第四单元"分数的意义和性质"中的"通分"）

续表

整数概念
分解质因数和质因数：每个合数都可以由几个质数相乘得到。其中每个质数都是这个合数的因数，叫作这个合数的质因数。把一个合数用几个质因数相乘的形式表示出来叫作分解质因数。（人教版五年级下册第四单元"分数的意义和性质"）
加、减、乘、除：把两个数合并成一个数的运算，叫作加法。已知两个数的和与其中一个加数，求另一个加数的运算，叫作减法。求几个相同加数的和的简便运算，叫作乘法。已知两个因数的积与其中一个因数，求另一个因数的运算，叫作除法。（人教版四年级下册第一单元"四则运算"）
一级运算和二级运算：在四则运算中认识加减法是一级运算，乘除法是二级运算。
速度、时间、路程：一共行了多长的路，叫作路程；每小时（或每分钟）行的路程，叫作速度；行了几小时（或几分钟等），叫作时间。（人教版四年级上册第四单元"三位数乘两位数"）

表 2-2-2

小数概念
小数：像 3.45、0.85、2.60 和 36.6 这样的数叫作小数。（人教版三年级下册第七单元"小数的初步认识"）用米尺测量桌面的长度，先量得 1m，余下的部分不够 1m，可以用小数表示。（人教版四年级下册第四单元"小数的意义和性质"）
小数的数位、计数单位：在人教版四年级下册"小数的意义和性质"完善了小数部分的数位顺序表
循环小数：一个数的小数部分，从某一位起，一个数字或者几个数字依次不断重复出现，这样的小数叫作循环小数。（人教版五年级上册第三单元"小数除法"中的"循环小数"）
循环节：一个循环小数的小数部分，依次不断重复出现的数字，就是这个循环小数的循环节。（人教版五年级上册第三单元"小数除法"中的"循环小数"）
有限小数和无限小数：小数部分的位数有限的小数是有限小数。小数部分的位数无限的小数是无限小数。（人教版五年级上册第三单元"小数除法"中的"循环小数"）

表 2-2-3

分数概念
分数：像 $\frac{1}{2}$、$\frac{1}{3}$、$\frac{1}{4}$、$\frac{1}{5}$ 这样的数，都是分数。人教版三年级上册第八单元"分数的初步认识"把单位"1"平均分成若干份，这样的一份或几份都可以用分数来表示。（人教版五年级下册第四单元"分数的意义和性质"）

续表

分数概念
分数单位：把单位"1"平均分成若干份，这样的一份或几份都可以用分数来表示，表示其中的一份的数叫作分数单位。(人教版五年级下册第四单元"分数的意义和性质")
真分数和假分数：分子比分母小的分数叫作真分数。分子大于或等于分母的分数叫作假分数。(人教版五年级下册第四单元"分数的意义和性质"中的"真分数和假分数")
带分数：像 $2\frac{1}{5}$、$1\frac{3}{4}$ 这样由整数和真分数合成的数叫作带分数。(人教版五年级下册第四单元"分数的意义和性质"的"真分数和假分数")
约分：把一个分数化成和它相等，但分子和分母都比较小的分数，叫作约分。(人教版五年级下册第四单元"分数的意义和性质"中的"约分")
最简分数：$\frac{4}{5}$ 的分子和分母只有公因数 1，像这样的分数叫作最简分数。(人教版五年级下册第四单元"分数的意义和性质"中的"约分") **通分**：把异分母分数分别化成和原来分数相等的同分母分数，叫作通分。(人教版五年级下册第四单元"分数的意义和性质"中的"通分") **倒数**：乘积是 1 的两个数互为倒数。(人教版六年级上册第三单元"分数除法"中的"倒数的认识")

表 2-2-4

比和比例
比：教材中没有对比进行具体的定义，只是描述了两个量的比，包括同类量的比和不同类量的比。(人教版六年级上册第四单元"比")
前项、后项和比值：在两个数的比中，比号前面的数叫作比的前项，比号后面的数叫作比的后项。比的前项除以后项所得的商，叫作比值。
百分数：百分数表示一个数是另一个数的百分之多少，如 40% 表示一个数是另一个数的 $\frac{40}{100}$。百分数也叫作百分率或百分比。[人教版六年级上册第六单元"百分数（一）"]
打折：商店有时会采用打折销售的方式，降价出售商品，俗称"打折"。[人教版六年级下册第二单元"百分数（二）"中的"折扣"]
成数：成数表示一个数是另一个数的十分之几，通称"几成"。[人教版六年级下册第二单元"百分数（二）"中的"成数"]

续表

比和比例
应纳税额和税率：我们生活中常接触的税收种类主要有消费税、增值税和个人所得税等几类。应缴纳的税款叫作应纳税额，应纳税额与各种收入（销售额、营业额……）中应纳税部分的比率叫作税率。[人教版六年级下册第二单元"百分数（二）"中的"税率"]
本金、利息和利率：存入银行的钱叫作本金；取款时银行多支付的钱叫作利息；单位时间（如1年、1月、1日等）内利息与本金的比率叫作利率。[人教版六年级下册第二单元"百分数（二）"中的"利率"]
比例： $\dfrac{2.4}{1.6} = \dfrac{60}{40}$ ，像这样表示两个比相等的式子叫作比例。（人教版六年级下册第四单元"比例"中的"比例的意义"）
项、外项和内项：组成比例的四个数，叫作比例的项，两端的两项叫作比例的外项，中间的两项叫作比例的内项。（人教版六年级下册第四单元"比例"中的"比例的基本性质"）
解比例：根据比例的基本性质，如果已知比例中的任何三项，就可以求出这个比例中的那个未知项。求比例中的未知项，叫作解比例。（人教版六年级下册第四单元"比例"中的"解比例"）
成正比例的量和正比例关系：两种相关联的量，一种量变化，另一种量也随着变化，如果这两种量中相对应的两个数比值一定，这两种量就叫作成正比例的量，它们的关系叫作正比例关系。（人教版六年级下册第四单元"比例"中的"正比例"）
成反比例的量和反比例关系：两种相关联的量，一种量变化，另一种量也随着变化，如果这两种量中相对应的两个数乘积一定，这两种量就叫作成反比例的量，它们的关系叫作反比例关系。（人教版六年级下册第四单元"比例"中的"反比例"）
比例尺：一幅图的图上距离和实际距离的比，叫作这幅图的比例尺。（人教版六年级下册第四单元"比例"中的"比例尺"）

表 2-2-5

图形与几何
线段、直线和射线：一根拉紧的线，绷紧的弦，都可以看作线段。把线段向两端无限延伸，就得到一条直线。把线段向一端无限延伸，就得到一条射线。（人教版四年级上册第三单元"角的度量"中的"线段、直线、射线"）
角：从一点引出两条射线所组成的图形叫作角。（人教版四年级上册第三单元"角的度量"中的"角"）
平角和周角：一条射线绕着它的端点旋转半周，形成的角叫作平角。一条射线绕着它的端点旋转一周，形成的角叫作周角。（人教版四年级上册第三单元"角的度量"中的"角的分类"）

续表

图形与几何
平行线和互相平行：在同一平面内不相交的两条直线叫作平行线，也可以说这两条直线互相平行。（人教版四年级上册第五单元"平行四边形和梯形"中的"平行与垂直"）
互相垂直、垂线和垂足：两条直线相交成直角，就说这两条直线互相垂直，其中一条直线叫作另一条直线的垂线，这两条直线的焦点叫作垂足。（人教版四年级上册第五单元"平行四边形和梯形"中的"平行与垂直"）
距离：从直线外一点到这条直线所画的垂直线段最短，它的长度叫作这点到直线的距离。（人教版四年级上册第五单元"平行四边形和梯形"）
平行四边形：两组对边分别平行的四边形，叫作平行四边形。（人教版四年级上册第五单元"平行四边形和梯形"）
高和底：从平行四边形一条边上的一点向对边引一条垂线，这个和垂足之间的线段叫作平行四边形的高，垂足所在的边叫作平行四边形的底。（人教版四年级上册第五单元"平行四边形和梯形"）
梯形、等腰梯形和直角梯形：只有一组对边平行的四边形叫作梯形。两腰相等的梯形叫作等腰梯形。有一个角是直角的梯形叫作直角梯形。（人教版四年级上册第五单元"平行四边形和梯形"）
四边形、长方形和正方形：教材中没有给出具体的定义，四边形的特征是有4条直的边，有4个角。长方形的特征是对边相等，有4个直角。正方形的特征是4条边都相等，有4个直角。（人教版三年级上册第七单元"长方形和正方形"）
三角形：由3条线段围成的图形（每相邻两条线段的端点相连）叫作三角形。（人教版四年级下册第五单元"三角形"）
两点间的距离：两点间所有连线中线段最短，这条线段的长度叫作两点间的距离。（人教版四年级下册第五单元"三角形"）
锐角三角形、直角三角形和钝角三角形：三个角都是锐角的三角形叫作锐角三角形。有一个角是直角的三角形叫作直角三角形。有一个角是钝角的三角形叫作钝角三角形。（人教版四年级下册第五单元"三角形"中的"三角形的分类"）
长方体和正方体：教材中没有给出具体的定义，而是总结了长方体和正方体的特征。（人教版五年级下册第三单元"长方体和正方体"）
圆：教材中没有给出具体的定义，是从画圆的活动中来认识圆。（人教版六年级上册第五单元"圆"）
圆心、半径和直径：用圆规画圆时，针尖所在的点叫作圆心。连接圆心和圆上任意一点的线段叫作半径。通过圆心并且两端都在圆上的线段叫作直径。（人教版六年级上册第五单元"圆"中的"圆的认识"）

续表

图形与几何
圆周率：早就有人研究了圆的周长与直径的关系，发现任意一个圆的周长与它的直径的比值就是一个固定的数，我们把它叫作圆周率，用字母 π 表示。（人教版六年级上册第五单元"圆"中的"圆的周长"）
圆柱：教材中展示了很多生活中圆柱形的物体，然后指出：上面这些物体的形状都是圆柱体，简称圆柱。（人教版六年级下册第三单元《圆柱和圆锥》中的《圆柱的认识》）
圆柱的底面、侧面和高：圆柱是由 3 个面围成的。圆柱的上、下两个面叫作底。圆柱周围的面（上、下底面除外）叫作侧面。圆柱的两个底面圆心之间的距离叫作高。（人教版六年级下册第三单元"圆柱和圆锥"中的"圆柱的认识"）
圆锥：教材中出示了生活中很多圆锥体的物体，然后指出：上面这些物体的形状都是圆锥体，简称圆锥。（人教版六年级下册第三单元"圆柱和圆锥"中的"圆锥的认识"）
周长：封闭图形一周的长度，是它的周长。（人教版三年级上册第七单元"长方形和正方形"中的"周长"）
面积：教材中没有给出具体的定义，通过比一比哪个面大来认识面积。（教版三年级下册第五单元"面积"）
表面积：长方体或正方体 6 个面的面积之和，叫作它的表面积。（人教版五年级下册第三单元"长方体和正方体"中的"长方体和正方体的表面积"）
底面积：长方体或正方体底面的面积叫作底面积。（人教版五年级下册第三单元"长方体和正方体"中的"长方体和正方体的体积"）
体积：物体所占空间的大小叫作物体的体积。（人教版五年级下册第三单元"长方体和正方体"中的"长方体和正方体的体积"）
容积：像太空舱、粮仓、油桶、盒子等所能容纳物体的体积，通常叫作它们的容积。（人教版五年级下册第三单元"长方体和正方体"中的"容积和容积单位"）

　　在梳理整个小学数学基本概念之后有这样的发现，有些概念是列举和描述性定义，不是属性定义，但我们能够从中发现核心词帮助理解概念，因此我们在进行作业设计的时候，可以抓住这些关键词的理解和辨析，从而帮助学生真正掌握概念的内涵。

　　在人教版一年级上册的第七单元"认识钟表"中，学生认识了分针和时针，可以布置如下作业，让学生分清楚分针是比较细和长的针，时针是比较粗和短的针。

图 2-2-1 和图 2-2-2 的时间写对了吗？如果不对，请你改正过来吧！

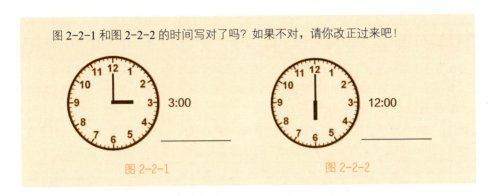

图 2-2-1   图 2-2-2

在人教版一年级上册第六单元"11～20 各数的认识"中，学生对数概念的认识经历了从一位数到二位数的飞跃，对数位和计算单位的认识也经历了飞跃和突破，因此在作业设计中，也要体现这一飞跃的重要性，案例如下。

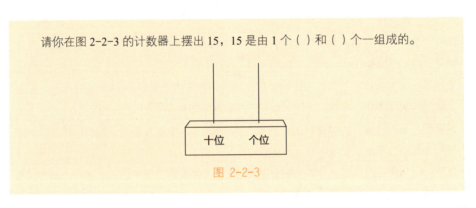

请你在图 2-2-3 的计数器上摆出 15，15 是由 1 个（　）和（　）个一组成的。

十位　　个位

图 2-2-3

在人教版一年级下册第四单元"100 以内数的认识"中更是可以这样延续数位和计算单位相关概念的练习，我们可以将题目进行变式，让学生充分认识和理解数位和计算单位，案例如下。

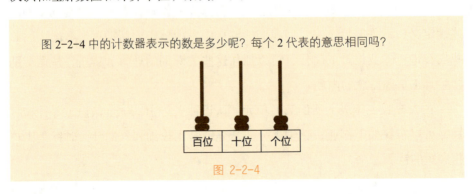

图 2-2-4 中的计数器表示的数是多少呢？每个 2 代表的意思相同吗？

百位　十位　个位

图 2-2-4

在人教版二年级上册第三单元"角的初步认识"中，学生们认识直角、锐角和钝角之后，可以设计如下作业，让学生进一步深化概念的理解。

请你在图 2-2-5 的七巧板中找到一个直角、一个锐角和一个钝角，并把它们标注好。

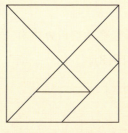

图 2-2-5

在人教版二年级下册第七单元"万以内数的认识"中学习了"算盘"，可以继续设计理解数位和计数单位的作业，可以说，数位顺序表是小学数学学习数的认识时一个特别好的抓手，学生认识、熟悉和牢记数位顺序表后，对数就会有清晰的整体的认识。

先说出图 2-2-6、图 2-2-7、图 2-2-8 中算盘上表示的数是多少，再说一说它们的组成。

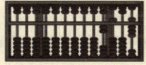
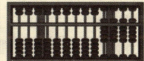

图 2-2-6　　　　　　　图 2-2-7　　　　　　　图 2-2-8

在人教版三年级上册第七单元"长方形和正方形"中，学生学习完四边形、长方形和正方形的概念后，教师可以抓住概念中的关键词语，设计如下辨析作业，帮助学生理解三者的特征及关系。

下面的说法正确吗? 正确的画 "√", 错误的画 "×"。

（1）四边形有 4 条直边, 有 4 个直角。（　　　　）

（2）四个角都是直角的四边形, 不是长方形, 就是正方形。（　　　　）

（3）长方形和正方形都是四边形。（　　　　）

（4）邻边相等的长方形一定是正方形。（　　　　）

在人教版三年级上册第七单元"长方形和正方形"中, 学习了"周长", 可以围绕周长概念中的"封闭图形"和"一周"等关键词设计数学作业, 从而让学生深入理解概念。

图 2-2-9 中的各图形, 哪些是封闭图形? 请用彩笔描出它的周长。

图 2-2-9

在学习完人教版三年级下册第五单元"面积"后, 学生非常容易跟周长混淆, 特别是对利用公式求出面积和周长, 甚至到了高年级, 学生还会出现用周长公式求面积的问题。抓住学生易错点设计对比性作业题组, 从概念的理解和熟练运用公式两个角度进行设计, 让作业起到辨析周长和面积的作用, 解决学生概念混淆的难题, 具体案例如下。

请你用彩笔描出图 2-2-10 和图 2-2-11 两个图形的周长, 再换个颜色的彩笔涂出下面图形的面积, 然后计算出它们的周长和面积。

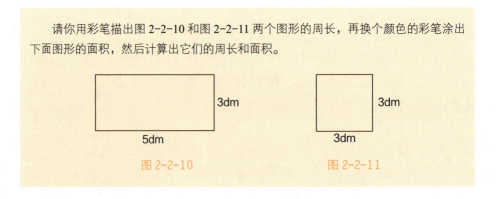

图 2-2-10　　　　　　图 2-2-11

如图 2-2-12 所示，一个长方形被分成了甲、乙两个图形，下面关于甲、乙的面积和周长的大小关系判断正确的是（ ）。

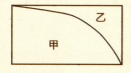

图 2-2-12

A. 甲的面积＞乙的面积，甲的周长＞乙的周长

B. 甲的面积 = 乙的面积，甲的周长＜乙的周长

C. 甲的面积 = 乙的面积，甲的周长 = 乙的周长

D. 甲的面积＞乙的面积，甲的周长 = 乙的周长

图 2-2-13 的四个图形中，周长和面积都相等的两个图形是（ ）。

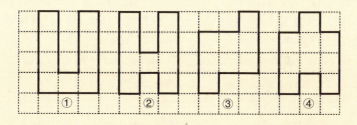

图 2-2-13

A. ①和④　B. ②和③　C. ②和④　D. ③和④

用边长为 5cm 的两个正方形拼成一个长方形，长方形的周长是（ ）cm，面积是（ ）cm²。（可以画图帮助自己思考）

上面的 4 道辨析作业题组的设计意图非常明确，直指学生的公式易混盲区，引导学生记忆公式应该在理解概念的基础上进行，帮助学生全角度认识图形特征。第一小题是巩固学生对概念的理解。第二小题和第三小题是将周长和面积放在同一个图形中，学生应该根据概念的本质进行辨析，如何比较两个图形的周长和面积的大小关系。第四小题学生画出来的图形是由两个正方形组成的，如图 2-2-14 所示，本题的意图是让学生求出新组合成长方形的长和宽，从而求出长方形的周长和面积。或者可以利用两个正方形的面积就等于合

图 2-2-14

成长方形的面积，根据图形的特征用正方形的边长乘 6 求出合成长方形的周长，但一定要清楚中间的那条竖边不属于长方形的周长。

小学数学 作业设计

　　人教版四年级上册第一单元的"大数的认识"，是在学生小学学习了三年数的认识，积累了一定的知识和技能后，进行的一次阶段性的总结和梳理。设计阶段性总结归纳提升的作业时应关注此次对数位、计算单位、十进制和数级的总结，让学生能够站在整体的角度思考数的认识的一致性，也就是数的十进位值制，整体把握数的概念。

　　2021 年 5 月 11 日，第七次全国人口普查结果公布。全国总人口为十四亿四千三百四十九万七千三百七十八人，其中：普查登记的大陆 31 个省、自治区、直辖市和现役军人的人口共 1411778724 人；香港特别行政区人口为七百四十七万四千二百人；澳门特别行政区人口为六十八万三千二百一十八人；台湾地区人口为二千三百五十六万一千二百三十六人。

　　（1）请你写出上面横线上的数。

　　_____

　　（2）你能用不同的方式表示 1411778724 吗？

　　（3）请你把香港特别行政区、澳门特别行政区和台湾地区的人口数按照从小到大的顺序排列。

　　_____

　　（4）全国总人口数省略亿位后面的尾数，求出它的近似数。

　　_____

　　我们可以看出，这样一组作业题所涵盖的知识是比较全面的。第（1）问巩固了大数的读写法。第（2）问学生可以用数的组成来表示 1411778724，巩固了数位和计算单位的知识。第（3）问巩固的是大数的大小比较。第（4）问巩固了大数的改写。还可以布置第（5）问：

　　（5）你能用算盘表示出澳门特别行政区人口数吗？如果家里有算盘可以尝试摆一摆，没有算盘也可以画一画。

可以用这道题作为学习下节新课"算盘"的桥梁，实现课堂＋作业＋课堂的有效连接。

在人教版四年级上册学习了"角"，对于角的概念：从一点引出两条射线所组成的图形叫作角，学生更加关注两条射线，而没有真正明白两条射线所形成的夹角才是角。了解学生对概念的错误认识，在作业设计时，对错误认识进行修正，这正是教师布置作业的目的。例如，下面这道作业设计，就能够引导学生从关注角概念中的两条射线，到关注两条射线间的夹角。

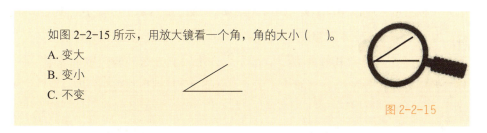

如图 2-2-15 所示，用放大镜看一个角，角的大小（　　）。
A. 变大
B. 变小
C. 不变

图 2-2-15

人教版五年级下册学习了"奇数和偶数"，学生对于奇数和偶数的概念并不陌生。因为生活中我们会说单数和双数，因此在设计基础作业时，根据学生对知识的掌握情况，可以将奇数和偶数的性质作为设计作业的从发点，在实际问题中灵活运用熟悉的概念。例如，我们可以设计这样的作业：

打开任意一本书，正文部分左右两页码的和可能是（　　）。
A.74　　　　　　B.80　　　　　　C.85

首先学生要知道打开任意一本书，正文部分左右两页码一定是相连的两个自然数，也就是一个奇数和一个偶数，而奇数＋偶数＝奇数。这样应用概念的作业设计，一定是综合的，此作业题还涉及自然数的概念。小学阶段，随着年级的升高，学生面对的问题越来越综合，因为学生解决生活中的实际问题不是只用到单一学科的单一知识，这也是我们在教学中鼓励跨学科综合的原因。

五年级下学期学习"分数的意义"，学生会认识到分数这个概念是比较丰富的，有时候可以表示一种关系，也就是平时我们说的"率"；有时候它

也可以表示一种数量,就是我们平时说的"量"。这是个非常重要的知识,是学生应该掌握的基本概念,因此可以设计如下的作业:

> 把 7 千克糖果分别装在 3 个糖果盒里,平均每个糖果盒装这些糖果的（　　　）,每个糖果盒装（　　　）千克的糖果。

显然,第一个空考查的是用分数表示一种关系,而第二个空则是将分数作为一种数量,应该用总数除以份数得到每份数。虽然是一道小小的填空作业题,但是能够考查学生对重点知识的掌握情况,从而发挥作业的诊断作用。

学习了"真分数和假分数"后,学生知道了真分数和假分数的概念,区分二者需要比较分子与分母的大小关系。因此可以设计这样的作业:

> 要使 $\dfrac{a}{10}$ 是真分数, $\dfrac{a}{9}$ 是假分数, a 应该是几?

从第一个条件入手, $\dfrac{a}{10}$ 是真分数,那么就必须具备分子比分母小的特点, a 可以是 1～9 当中的数。如果 $\dfrac{a}{9}$ 是假分数,必须具备分子大于或等于分母的特点,可以等于 9,或者大于 9,因此 a 只能是 9。这道题帮助学生意识到假分数的概念是分子大于或等于分母,学生有时候容易忽略等于分母这个条件。

六年级上学期学习了圆的概念,我们可以布置如下画圆图案的实践操作型作业,让学生在使用圆规画圆的过程中,理解"圆,一中同长也"的概念,同时培养学生学习数学的兴趣。图 2-2-16 甲、乙、丙、丁是学生的作品。

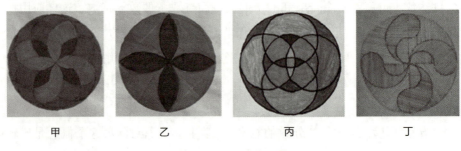

甲　　　　　乙　　　　　丙　　　　　丁

图 2-2-16　学生作品展示

对于人教版六年级上册第三单元"分数除法"第一课时"倒数的认识"一课，很多同学在学习完倒数的概念之后，依然认为倒数就是把这个分数倒过来，因此，可以设计这样的练习题，帮助学生理解：乘积是1的两个数互为倒数。

下面各数的倒数求的对吗？把不正确的改正过来。

（1）$1\dfrac{2}{3}$的倒数是$1\dfrac{3}{2}$。（　　　　）

（2）$0.25 \times 4 = 1$，所以0.25和4互为倒数。（　　　　）

（3）假分数的倒数是真分数。（　　　　）

六年级上学期学习了"比"后，可以设计如下作业，帮助学生理解比和各部分的名称：

比的前项与后项相除等于5，那么这个比的比值是（　　　　）。

以上的具体案例帮助老师们梳理了如何通过概念的核心词来设计作业。设计辨析型作业题组、阶段性整体感知归纳作业题群、完善和修正对概念错误认知的作业题目、对熟悉概念进行综合运用的作业题目，从而通过作业了解学生对概念的掌握和应用情况，根据作业的反馈设计和选择数学练习课的内容，让作业真正起到帮助学生学习的作用。

2. 提高运算能力的作业设计

小学阶段是一个人运算能力的主要形成期，如何培养学生准确、迅速、灵活的计算能力是小学数学教学中的一项重要任务。义务教育阶段的运算能力主要涉及三个问题：一是"如何算"，即对算法与运算程序的运用，表现为运算的熟练性；二是"为什么可以这样算"，即对算理的理解，表现为运算的合理性；三是"怎样算得更好"，即对算法的优化，表现为运算的灵活性。

接下来我们把小学数学中数的运算部分如表2-2-6、表2-2-7、表2-2-8、表2-2-9所示，按照算法、算理和算法优化三方面的知识进行整理，方便老师们抓住培养运算能力的关键来设计作业。

表 2-2-6

加法运算			
	算法	算理	算法优化
整数加法	相同数位对齐，从个位加起，如果某个数位上的数的和满十或者超过十，就向前一个数位进 1	相同的计数单位相加	加法交换律：$a+b=b+a$ 加法结合律：$(a+b)+c=a+(b+c)$
小数加法	小数点对齐（也就是相同数位对齐），再按照整数加法的方法进行计算，从最末位加起，满十进 1，最后在得数里点上小数点，使它与横线上的小数点对齐	相同的计数单位相加	
分数加法	同分母分数相加，分子相加，分母不变。计算结果能约分的要约分 异分母分数相加，先通分，然后按照同分母分数相加的方法进行计算。计算结果能约分的要约分 带分数相加，先把整数部分和分数部分分开相加，再把得到的结果合并起来。计算结果能约分的要约分	相同计数单位相加；如果不是相同的计数单位要通过通分，转换成相同计数单位后再相加	

表 2-2-7

减法运算			
	算法	算理	算法优化
整数减法	相同数位对齐，从个位减起，被减数哪一位上的数不够时，就从前一位退 1 当十，和本位上的数加在一起再减	相同的计数单位相减	减法的运算性质：$a-b-c=a-(b+c)$
小数减法	小数点对齐（也就是相同数位对齐），再按照整数减法的方法进行计算，最末位减起，被减数的某一位不够时，要从前一位借 1 当十；最后在得数里点上小数点，使它与横线上的小数点对齐	相同的计数单位相减	

续表

减法运算			
	算法	算理	算法优化
分数减法	同分母分数相减，分子相减的差作为分子，分母不变。计算结果能约分的要约分 异分母分数相减，先通分，然后按照同分母分数相减的方法进行计算。计算结果能约分的要约分 带分数相减，如果被减数的分数部分比减数的分数部分大，先把整数部分和分数部分分开相减，再把得到的差合并起来；如果被减数的分数部分比减数的分数部分小，就需要跟被减数的整数部分借1，把分数部分变成假分数，之后把整数部分和分数部分分开相减，最后把得到的差合并起来。计算结果能约分的要约分	相同计数单位相减；如果不是相同的计数单位要通过通分，转换成相同计数单位后再相减	减法的运算性质： $a-b-c=a-(b+c)$

表 2-2-8

乘法运算			
	算法	算理	算法优化
整数乘法	多位数乘一位数，用这个一位数依次去乘多位数的每一位，哪一位上乘得的积满几十，就向前一位进几 多位数乘多位数，先用其中一个多位数每一位上的数分别去乘另一个多位数，用哪一位上的数去乘，乘得的数的末位就要和那一位对齐，然后把每次乘得的数相加	利用点子图，让学生理解就是将其中一个因数分解成整百数、整十数和一位数乘多位数再相加。也就是计数单位和计数单位个数之间的运算	乘法交换律： $a×b=b×a$ 乘法结合律： $(a×b)×c=a×(b×c)$ 乘法分配律： $a×(b+c)=a×b+a×c$
小数乘法	先按照整数乘法的计算方法计算，求出它们的积；再看两个因数一共有几位小数，就从积的右边起数出几位，点上小数点，如果位数不够，用0补足	整数乘整数就是在运算计数单位的个数，找小数点的位置就是在确定计数单位	

续表

乘法运算		
	算法	算理	算法优化

	算法	算理	算法优化
分数乘法	分数乘整数，用分数的分子和整数相乘的积作为分子，原来的分母作为分母。为了计算方便，能约分的要先约分，然后再相乘 分数乘分数，用分子相乘的积作为分子，分母相乘的积作为分母。为了计算方便，能约分的要先约分，然后再相乘 分数乘法中有带分数，通常先把带分数化成假分数，然后再相乘。在计算过程中，能约分的要先约分	分子相乘确定计数单位的个数，分母相乘确定新的计数单位	乘法交换律： $a \times b = b \times a$ 乘法结合律： $(a \times b) \times c = a \times (b \times c)$ 乘法分配律： $a \times (b + c) = a \times b + a \times c$

表 2-2-9

除法运算		
	算法	算理	算法优化

	算法	算理	算法优化
整数除法	除数是一位数的除法竖式方法，从被除数的最高位除起，除到被除数的哪一位，就把商写在那一位的上面，如果不够商 1，就在这一位上商 0；每次除得的余数必须要比除数小，并且在余数右边一位写下被除数在这一位上的数，继续除 除数多位数的除法竖式方法，从被除数的最高位除起，除数有几位就看被除数的前几位，如果前几位比除数小，就要多看一位；除到被除数的哪一位，就把商写在那一位上面；哪一位不够商 1，就在那一位上商 0；每次除得的余数必须比除数小，并且在余数右边一位写下被除数在这一位上的数，再继续除	平均分不同数位上的计数单位的数量，得到的数是几，就是相应数位上的计数单位的数量	除法的运算性质： $a \div b \div c = a \div (b \times c)$

续表

除法运算		
算法	**算理**	**算法优化**
小数除法 除数是整数的小数除法计算方法，可以直接按照整数除法的计算方法来计算，商的小数点要与被除数的小数点对齐。如果除到被除数的末位仍有余数，就在余数后面加 0，再继续除。如果除到某一位时，余数为 0，所得的商是有限小数；如果除到某一位时，商的数字出现循环，商就是无限循环小数，除法可以停止在某一适当的小数位上，得到近似数 除数是小数的小数除法计算方法，根据商不变的规律，先移动除数的小数点使它变成整数，再把被除数的小数点向右移动相同的数位，最后按照除数是整数的除法进行计算	利用商不变的规律确定计数单位的个数，如果哪位不够除，就利用数的相邻单位之间的进率是 10，把它转化成更小的计数单位再继续分	除法的运算性质：$a \div b \div c = a \div (b \times c)$
分数除法 除以一个数等于乘这个数的倒数	借助具体情境让学生明白算理。如人教版教材：	

注：在四则运算中，观察数据特点，使用运算定律或运算性质进行凑整，使得计算结果更加简洁，这也属于优化算法。

在基础作业的设计中，一定要关注学生熟练算法的过程。基础性的计算练习是必不可少的。以四年级上册为例，涉及的作业题目有口算、竖式计算、脱式计算、简便运算，这些都是非常基础的计算类作业题目，是我们在

进行计算单元教学以及日常教学和练习中持续关注的内容。下面列举出了一组题目:

口算练习:

24×5=	25×4=	70×40=	3200÷8=
35+24=	125−80=	157×1=	480×0=
0÷20=	1400÷20=	69×100=	70−0=
125×8=	26×4=	16×5=	25×6=

竖式计算:

213×13=   405×80=   962÷28=

4900÷800=   1.93+7.64=   5.03−2.5=

脱式计算。(能简便运算的要简便运算)

125×33×8   128×23−28×23

14.6+2.97+5.4+6.03   2500÷[(345−255)÷18]

在口算练习中，有 $24×5$ 和 $25×4$ 这样易错的题目，也有涉及 0 和 1 这样特殊数的口算练习，同时还涉及本学期的相关口算。例如：四年级上册学习了商不变的规律，在练习中也会训练此内容。当然也会借助口算题目复习这之前所学的内容，因此，口算题目还会涉及本学期之前所学的内容。口算是计算的基础，是培养计算技能的重中之重。竖式计算的训练是对口算技能的补充，"口算有困难，竖式来帮忙"的意识要慢慢深入学生内心。在计算练习中也会设计有层次的练习：如常规竖式计算、因数或被除数中间有 0 的竖式计算、因数或被除数末尾有 0 的竖式计算。让学生经历并熟练由一般到特殊再回到一般的普适性算法。

脱式计算更是在口算和笔算训练的基础上，增加了计算的难度和数量，学生要明确运算顺序，按照正确的运算顺序正确计算出结果。同时对于运算定律的掌握和应用也会进行相应训练。运算律是在四年级下学期学习的，对于此阶段的学生而言，乘法分配律的模型是比较难建立的，其原因主要是乘法分配律的模型比较丰富，用字母表示如下：

$a×(b+c)=a×b+a×c；a×b+a×c=a×(b+c)；$

$a×(b-c)=a×b-a×c；$

$a×(b+c+d)=a×b+a×c+a×d；$

$a×(b+c-d)=a×b+a×c-a×d。$

以成年人的角度观察这些模型，只是在基本模型的基础上，稍微有一点变化，道理还是完全一样的。但是对于小学生来讲，运算定律中有了一点的变化，他们可能就认为是新知识，并不能真正深入理解其中的联系。此外，学生会出现将乘法分配律 $a×(b+c)=a×b+a×c$ 与乘法结合律 $a×(b×c)=(a×b)×c$ 模型相混淆的现象，图 2-2-17、图 2-2-18 和图 2-2-19 是学

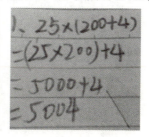

图 2-2-17   图 2-2-18   图 2-2-19

生因为运算律混淆而导致的错误。

对于这两种运算定律，学生存在混淆和迷思现象。因此，教师可以设计如下作业，鼓励学生应用多种方法进行简便运算。在应用多种方法进行计算的过程中深化模型的建立过程。

用乘法结合律和乘法分配律两种方法简算下面各题。

48×125　　　　　　　　　　　　　　　72×125

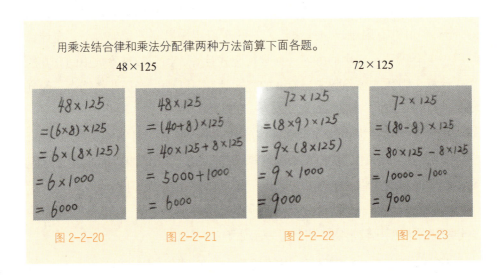

图 2-2-20　　　　图 2-2-21　　　　图 2-2-22　　　　图 2-2-23

图 2-2-20、图 2-2-21、图 2-2-22、图 2-2-23 是这两道作业的答案，可以看出用两种运算律进行简便运算，能够在应用的过程中让学生更加清晰分辨乘法分配律和乘法结合律的模型。

人教版教材中，乘法的运算律的学习创设了植树情境，然后在解决问题中发现并总结出来。但这样不完全的归纳，有时候很难让学生完全信服其中的道理。那么在乘法分配律的新授课后，我们还可以设计如下的作业，让学生用两种方法解决实际问题中，感受乘法分配律是两个数的和与一个数相乘，可以先把它们与这个数分别相乘，再相加。这样会让学生更加明确乘法分配律的道理，在理解的前提下，更容易建立乘法分配律的模型。

用两种方法解决下面的问题：

（1）图 2-2-24 是一套运动服上衣和裤子的价格。

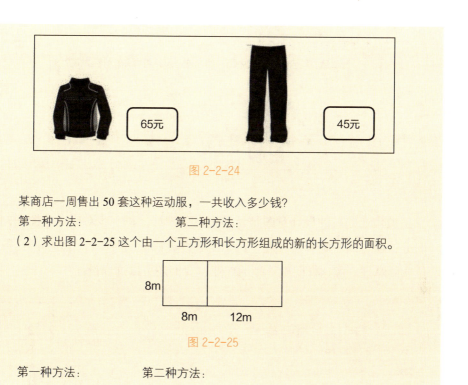

图 2-2-24

某商店一周售出 50 套这种运动服，一共收入多少钱？

第一种方法：　　　　　　　　第二种方法：

（2）求出图 2-2-25 这个由一个正方形和长方形组成的新的长方形的面积。

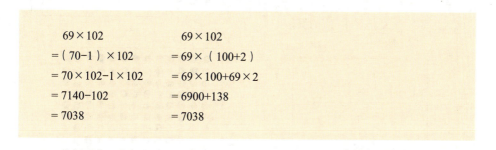

图 2-2-25

第一种方法：　　　　　　第二种方法：

在使用乘法分配律进行简便计算时，一定要注意不能一刀切，学生们可以有自己不同的拆数方法，教师应尊重算法的多样性。我们可以设计如下作业，让学生感受到虽然都是应用了乘法分配律，但根据数的特点，拆数的方法并不唯一，只要是合情推理，就能够比较简便地求出算式的结果。

69×102	69×102
$=(70-1) \times 102$	$=69 \times (100+2)$
$=70 \times 102 - 1 \times 102$	$=69 \times 100 + 69 \times 2$
$=7140 - 102$	$=6900 + 138$
$=7038$	$=7038$

再如，在人教版三年级下册第四单元两位数乘两位数中，可以设计如图 2-2-26 的作业：

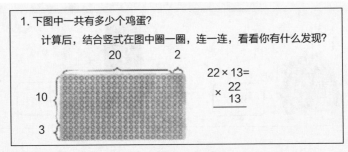

图 2-2-26

这道作业题目的设计意图是让学生发现乘法的每一步对应点子图中的某一部分，通过画一画和连一连，让学生掌握算法的同时，再次明确两位数乘两位数的算理。像这样明确算理的作业，我们还可以这样设计：

（1）竖式中箭头所指部分表示（　　）

A. 2 个 324 是 648

B. 20 个 324 是 648

C. 20 个 324 是 6480

（2）啦啦队买来 100 个气球，给每名队员分 3 个。一共可以分给多少名队员，还剩几个气球？解决这个问题的竖式中，箭头所指的部分表示（　　）

A. 分走了 9 个气球

B. 分走了 90 个气球

C. 分走了 900 个气球

（3）在图 2-2-27 中，圈出竖式计算中 ⑬ 表示的含义并写出是（　　）×（　　）的积。

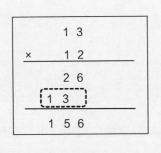

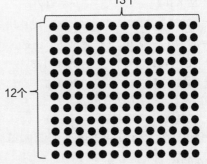

图 2-2-27

教师们能够看出上面的几道作业题目都关注到了竖式的算理，让学生真正理解其内涵，才能熟练算法。

我们做一下归纳总结，提高运算能力的作业设计可以是基础性计算练习作业、丰富模型的简便运算作业和帮助学生理解算理的变式练习。找准学生在计算中出现的问题，设计多样化、并具有针对性的作业，能够帮助学生事半功倍地提高运算能力。

3. 运用基本公式的作业设计

小学数学中有很多基本公式，要培养学生合情推理的能力，需要让学生理解这些公式的推导过程，同时也要培养学生能够正确运用基本公式解决实际问题。表 2-2-10 对小学数学教材中的公式进行梳理，然后通过理解公式的推导过程和正确运用公式计算两类作业，向老师们介绍运用基本公式的作业设计。

表 2-2-10

小学数学教材中的基本公式		
图形	字母意义	字母公式
长方形	a: 长　b: 宽　C: 周长　S: 面积	$C=2(a+b)$ $S=ab$
正方形	a: 边长　C: 周长　S: 面积	$C=4a$ $S=a^2$
平行四边形	a: 边长　h: 高　S: 面积	$S=ah$
三角形	a: 边长　h: 高　S: 面积	$S=\dfrac{1}{2}ah$
梯形	a: 上底　b: 下底　h: 高　S: 面积	$S=\dfrac{1}{2}(a+b)h$
圆	r: 半径　d: 直径　C: 周长　S: 面积	$C=\pi d$ 或 $C=2\pi r$ $S=\pi r^2$
扇形	r: 半径　n: 圆心角度数　S: 面积	$S=\dfrac{n\pi r^2}{360°}$
长方体	a: 长　b: 宽　h: 高　S: 表面积　V: 体积	$S=2(ab+ah+bh)$ $V=abh$

续表

小学数学教材中的基本公式		
图形	字母意义	字母公式
正方体	a:棱长　S:表面积　V:体积	$S=6a^2$ $V=a^3$
圆柱	h:高　C:底面周长　S:底面积 r:底面半径　$S_{侧}$:侧面积 $S_{表}$:表面积　V:体积	$S=\pi r^2$ $S_{侧}=Ch=2\pi rh$ $S_{表}=S_{侧}+2S$ $V=Sh=\pi r^2 h$
圆锥	r:底面半径　h:高 S:底面积　V:体积	$V=\dfrac{1}{3}Sh=\dfrac{1}{3}\pi r^2 h$

运用公式的推导过程理解推导方法的作业设计主要针对高年级学生，特别是圆形面积、圆柱体积公式的推导，以及三角形与它等底等高平行四边形面积之间的关系、圆锥的体积与它等底等高的圆柱体积之间的关系。以上提到的内容都非常基础，其中运用了学生应该掌握的转化思想方法。

有四块面积相等的土地，每块土地中阴影部分铺草坪，空白部分种花（见图2-2-28），这四块土地中草坪面积最大的是（　　）。

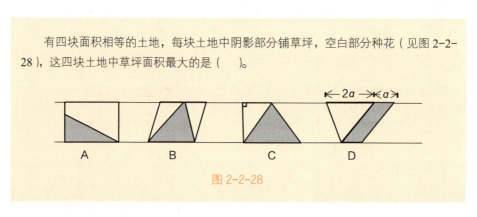

图2-2-28

这道作业题目就是运用了三角形与同它等底等高平行四边形面积之间的关系，因为四块土地的面积相等，所以选项 A 中的草坪不到土地面积的 $\dfrac{1}{2}$；选项 B 中草坪刚好是土地面积的 $\dfrac{1}{2}$；选项 C 中草坪的面积超过土地的 $\dfrac{1}{2}$；选项 D 中草坪的面积是土地面积的 $\dfrac{1}{2}$。因此草坪面积最大的应该是 C。

把直径 10cm 的圆分成 16 等份，剪开后，拼成一个近似的平行四边形（见图 2-2-29）。这个近似平行四边形的面积是（   ）cm²，周长是（   ）。

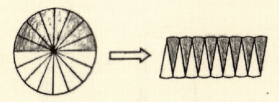

图 2-2-29

可以看出这道作业题考查的是对圆面积推导过程的理解，近似平行四边形的面积就是圆的面积，近似平行四边形的周长就是圆的周长与直径的和。用这道作业题来检测学生对课堂知识掌握的情况是不错的选择。

张华在推导圆柱的体积公式时，将底面半径是 3 厘米的圆柱按图 2-2-30 切开，拼成近似的长方体，发现表面积增加了 60 平方厘米。这个圆柱的体积是（   ）立方厘米。

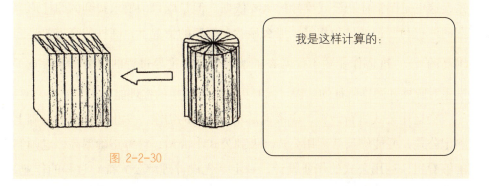

我是这样计算的：

图 2-2-30

这是一道理解圆柱体体积推导过程的作业，适合在新课结束后给学生布置。我们还可以像右边这样，让学生去写一写计算的过程，这样能够发现学生的问题，在求圆柱体体积的练习课中可以帮助学生进一步深入理解公式的推导过程。

（1）如图 2-2-31 所示的圆锥形玻璃容器内装满了水（玻璃厚度忽略不计，单位：厘米）。

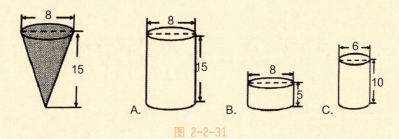

图 2-2-31

①将这些水倒入（　　）圆柱形玻璃容器中正好装满（将字母填在括号内）。

②在下面写出你的想法或列算式说明。

这道作业题目是利用圆锥的体积与同它等底等高的圆柱体积之间的关系，这也是圆锥体积公式推导的重要依据。但是题目中要求找到的圆柱形容器的体积与圆锥的体积相等，那么显然在等底的情况下，圆柱的高需要是圆锥高的$\frac{1}{3}$。这道作业题不仅考查了学生对公式推导过程的理解，也考查了学生对圆柱和圆锥特征的认识，同时更锻炼了学生的推理能力。

会运用公式进行计算，应该说是非常基础的需求，学生在理解的基础上熟记公式，并能够灵活运用公式，做到公式不混淆，计算正确率高。老师们能够看出，运用公式的作业设计，一定是先设计理解公式推导过程的作业，然后再设计运用公式正确求解的作业。数学是理解的学科，需要在理解的基础上进行技能训练。

运用公式的作业设计也是非常基本的练习，类型可以有很多方式，下面主要介绍两种运用公式的作业：一是与画图题结合的运用公式的作业；二是逆用公式的作业（已知结果和一些条件，求其他条件的作业）。

（1）芳芳用长方形纸板制作一个长方体。他先把一张长 16cm，宽 7cm 的纸板沿虚线对折，做出了长方体相邻的两个面（见图 2-2-32），然后再用纸板做出其他 4 个面，围成长方体。

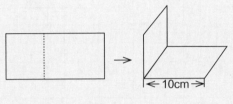

图 2-2-32

①在方格纸图 2-2-33 上画出这个长方体的右面、上面和前面的形状。（每个小方格的边长代表 1cm）

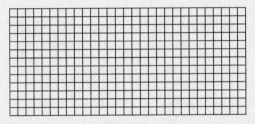

图 2-2-33

②这个长方体表面积和体积分别是多少？

（2）在图 2-2-34 中画一个边长 3cm 的正方形，再画一个与正方形周长相等的长方形。（每个小方格的边长代表 1cm）

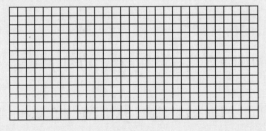

图 2-2-34

（3）在图 2-2-35 中按要求完成下列各题。（每个方格的边长代表 1cm）

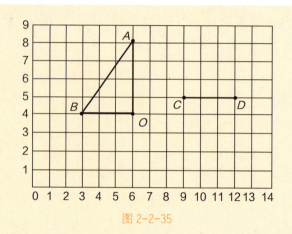

图 2-2-35

①三角形 *AOB* 中，如果点 *A* 用数对 (6,8) 表示，那么点 *B* 用数对（　　）表示，点 *O* 用数对表示是（　　）。

②在方格纸上画出三角形 *AOB* 绕点 *O* 逆时针旋转 90° 后的图形。

③以 *CD* 为边画出一个与三角形 *AOB* 面积相等的平行四边形 *CDEF*。

我们看到上面的作业都是将公式运用融入尺规作图之中，学生在平时很少练习尺规作图题，上面的形式刚好把两部分内容进行了结合，能够考查学生对图形特征掌握的情况，也能了解学生对公式运用的能力。

（1）要画一个周长是 18.84 厘米的圆，用圆规的两脚在直尺上应量取（　　）厘米长的距离。

（2）一个正方体的棱长总和是 24 厘米，它的面积是（　　）平方厘米，体积是（　　）立方厘米。

（1）题是已知圆的周长，求圆的半径。应该利用 $C=2\pi r$ 推导出 $r=C\div(2\pi)$。

（2）题是已知正方体的棱长总和，求出它的表面积和体积。要想求出表面积和体积都要先求出正方体的棱长。于是根据正方体的棱长总和等于 12 乘棱长这一公式，推导出正方体的棱长等于棱长总和除以 12，从而得到棱长。再根据 $S=6a^2$ 和 $V=a^3$ 求出表面积和体积。

三年级的学生学习了长方形和正方形的周长，因为长方形的周长公式中有（长＋宽）×2，因此在遇到已知长方形的周长和宽（或长），反过来求长（或宽）这样的作业题目时学生非常容易出错。例如下面的作业题：

> 一个长方形的周长是 24 厘米，长是 7 厘米。求出这个长方形的宽。

根据 $C=(a+b)\times2$，推导出 $b=C\div2-a$，这对学生来讲还是比较难的，需要学生清楚长方形的周长除以 2 求出的是一组长与宽的和，然后用一组长与宽的和减去长就等于宽。还可以利用 $b=(C-2a)\div2$，学生应该明白长方形的周长减去两条长剩下的是两条宽，再除以 2，求出的才是一条宽的长度。老师们一定能够看出这一过程的本质是利用公式求周长，但其实还是回到了图形的特征，所以我们可以用求周长、面积、棱长总和、表面积和体积的试题再进一步帮助学生熟悉图形的特征。

我们主要从两个方面介绍了运用基本公式的作业设计，一是理解公式推导过程的作业设计，这部分作业对学生的要求是理解。二是运用公式的作业设计，这部分内容是在理解的基础上强化技能训练。同时也要注意逆用公式的作业设计，让学生灵活掌握运用公式求解的技能。

（二）注重基本思想、基本活动经验的作业设计

目前国内公认的数学基本思想主要有三大类：数学抽象、数学推理和数学建模。对数学基本活动虽然还没有达成共识，但有几点是共同的：第一，基本活动经验是在特定的数学活动中积累的，这些活动必须有明确的数学内涵和数学目的，体现数学的本质；第二，基本活动经验是一种组合体，包括了数学活动中的主观体验以及获得的客观认识，包括数学活动的结果，更包括活动的过程；第三，尽管数学活动经验的类型目前还没有统一的认识，但其核心应该是如何思考的经验，促进学生学会运用数学的思维方式进行思考；第四，数学活动经验最终可以帮助学生建立自己的数学现实和数学学习的直觉，这种直觉一旦生成，在后续的学习和问题解决中将起到重要的作

用；第五，基本活动经验的积累，大致需要经过"经历、内化、概括、迁移"的过程。①

注重基本思想的作业设计，一定要在设计时关注到学生数学抽象、数学推理和数学建模思想的培养。王永春在《小学数学与数学思想方法》中，具体介绍了与抽象有关的数学思想：符号化思想、分类思想、集合思想、对应思想、变中不变思想、有限与无限思想。与推理有关的数学思想：公理化思想、归纳推理、类比推理、演绎推理、化归思想、变换思想、数形结合思想、代换思想、逐步逼近的思想。与模型有关的数学思想：简化思想、量化思想、方程思想、函数思想、随机思想、统计思想②。

教材中的哪些内容会涉及这三类基本思想呢？各版本的教材都注意结合所学的数学知识渗透数学思想方法。例如：结合数和数轴渗透集合与对应的思想；结合认识物体和图形以及分类让学生体会分类思想；结合小数除法和多边形的面积渗透转化思想；结合方程的学习渗透符号化和函数思想；结合圆的面积公式、圆柱的体积公式推导渗透极限思想。另一方面，人教版教材更是借助数学广角的内容渗透数学思想。表 2-2-11 对教材中的一些内容进行了具体的梳理。

表 2-2-11

知识内容	具体数学思想方法
人教版二年级上册"数学广角——搭配（一）"	排列组合思想
人教版二年级下册"数学广角——推理"	合情推理
人教版三年级上册"数学广角——集合"	集合思想
人教版三年级下册"数学广角——搭配（二）"	排列组合思想
人教版四年级上册"数学广角——优化"	模型思想、优化思想
人教版四年级下册"数学广角——鸡兔同笼"	模型思想、数形结合思想、代换思想、假设法
人教版五年级上册"数学广角——植树问题"	建模思想、数形结合思想

① 张丹.数学课程目标：从"双基"到"四基"从"两能"到"四能"[J].中小学管理,2012（4）：53-57.

② 王永春.小学数学与数学思想方法 [M].上海：华东师范大学出版社,2014：7.

续表

知识内容	具体数学思想方法
人教版五年级下册"数学广角——找次品"	模型思想、优化思想
人教版六年级上册"数学广角——数与形"	数形结合思想、符号化思想
人教版六年级下册"数学广角——鸽巢问题"	模型思想、优化思想

接下来我们以案例的形式，举例说明培养对应思想（抽象思想）的作业设计、培养数形结合思想（推理思想）的作业设计、培养演绎推理思想（推理思想）的作业设计、培养统计思想（模型思想）的作业设计。

1. 培养对应思想的作业设计

对应思想是在两个事物之间建立起某种关系，这种思想在数学领域中有着广泛的应用。对于小学数学中数的认识、比较大小，学生可以借助数轴来理解，数轴是培养学生一一对应思想的途径。因此，我们在进行数的认识学习时，一定要关注有关数轴的作业设计。

例如，在整数的认识中，我们可以设计如下的作业：

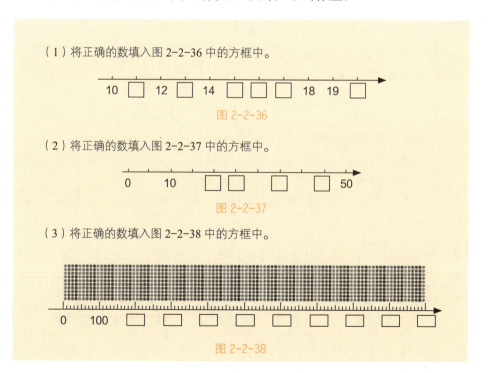

（1）将正确的数填入图 2-2-36 中的方框中。

图 2-2-36

（2）将正确的数填入图 2-2-37 中的方框中。

图 2-2-37

（3）将正确的数填入图 2-2-38 中的方框中。

图 2-2-38

（4）图 2-2-39 中的数轴中，点（　　）上省略万位后面的尾数约是 20 万。

e
f
g
h
18 万
19 万
20 万
21 万

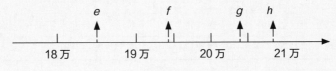

图 2-2-39

（5）将正确的数填入图 2-2-40 中的方框中。

940000
950000
956000

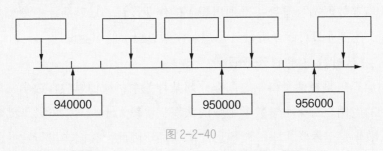

图 2-2-40

这些题目可以在四年级上册完成“大数的认识”学习之后，进行阶段性总结时向学生展示，让学生感受到数与数轴上的点建立一一对应关系的过程。

后续学生还会学习分数、小数、百分数的认识，我们还可以继续设计如下的作业：

（1）将正确的数填入图 2-2-41 中的方框中。

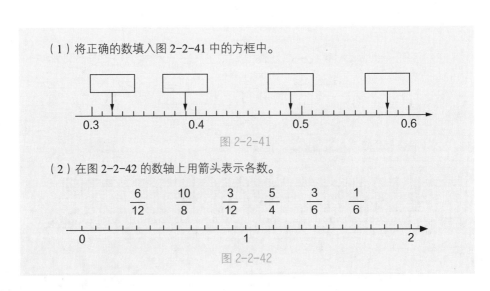

0.3
0.4
0.5
0.6

图 2-2-41

（2）在图 2-2-42 的数轴上用箭头表示各数。

6/12
10/8
3/12
5/4
3/6
1/6
0
1
2

图 2-2-42

（3）在图2-2-43中分别用分数、小数、百分数表示数轴上各点。

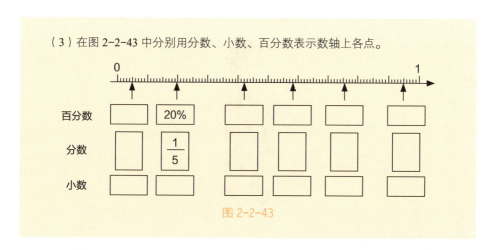

图2-2-43

在数轴上完成这些数的填写，最重要的是确定单位长度表示多少，然后用数一数的方法解决。显然这是做本道作业题目的方法，但最重要的还是我们要借助数轴培养学生的对应思想。

2. 培养数形结合思想的作业设计

数形结合就是通过数和形之间的对应关系和相互转化来解决问题的思想方法。数学是研究现实世界的数量关系与空间形式的科学，数和形之间是既对立又统一的关系，在一定的条件下可以互相转化。我国著名数学家华罗庚曾说过："数缺形时少直观，形少数时难入微；数形结合百般好，隔离分家万事休。"在人教版六年级上册第八单元"数学广角——数与形"一课中，就对数与形的关系进行了梳理和练习。学生经过六年的数学学习，不难发现数形结合在探究算理、分析问题、表达想法、推理描述等方面都有所应用。在课堂之外，我们也要设计能够培养学生数形结合思想的作业，发展学生的数学思维。

例如，在人教版一年级上册第三单元"5以内数的认识和加减法"中会学习到"第几"，在学生学习序数的知识后，可以设计这样的数形结合作业，帮助学生更好理解"第几"的意思。

从前往后数，小明排在第5，从后往前数，小明排在第4，这一队一共有多少人？（可以在图2-2-44中画一画来帮助自己思考。）

图 2-2-44

对于一年级的学生来说，由于年龄特点，"第几"的序数问题是比较抽象的，学生如果仅凭脑子去想，有一定难度。设计了这样的提示，用画图的方式帮助学生从自己画出的图形中，数出一共有多少人，就会更加直观，也更能够借助图形帮助学生理解"第几"的含义。

例如，在人教版二年级下册第六单元"有余数的除法"中，可以设计这样贴近学生生活实际的问题情境，应用所学的有余数除法知识解决问题。

如图 2-2-45 所示，新学期，学校卫生室给二年级的 9 个班准备了 30 个扫把，每个班能分到几个扫把，还剩下几个？

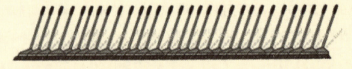

图 2-2-45

本题选取了贴近学生校园生活的情境，还可以让学生在上面的图中通过圈一圈、画一画的方法得到每个班分到几个扫把，还剩下多少个扫把。图的目的是给不同层次的学生提供思考的阶梯，培养学生解决问题策略多样化的能力，同时感受有余数除法算式与图形建立的对应关系以及有余数除法在生活中的广泛应用。

例如，人教版数学三年级上册学完《分数的初步认识》后，为了深化对分数意义的理解，可以设计如下问题：

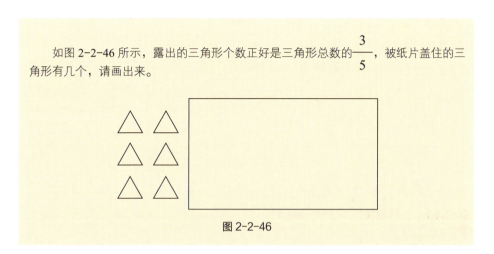

如图 2-2-46 所示，露出的三角形个数正好是三角形总数的 $\dfrac{3}{5}$，被纸片盖住的三角形有几个，请画出来。

图 2-2-46

这道作业题目中呈现出 3 份对应 6 个三角形，从而求出 1 份对应 2 个三角形。把单位"1"平均分成 5 份，那么被纸片盖住的就是 2 份，也就是 2×2=4（个）。当学生画出被纸盖住的三角形后，也能够用分数的意义进一步检验自己画的是否正确。

在人教版六年级上册会学习用分数解决问题，当分数表示"率"，也就是某种关系的时候，对于学生来说是不容易理解的。因此，用画图的方式进行分析和理解问题，成为帮助小学生解决此类问题的有效途径，使数形结合的思想在学生心中生根发芽。可以布置这样的线段图绘画大比拼作业，让学生在线段图的绘制中培养思维。非计算形式的绘画数学作业，更能让学生感受到数学思考的魅力。

线段图绘画大比拼

姓名：＿＿＿＿＿＿＿＿

同学们：欢迎你们来到数学世界，感受数学的思维魔力，接下来请你完成线段图的绘画，找到单位"1"，然后画出完整的线段图！

1. 一杯 250mL 的鲜牛奶大约含有 $\frac{3}{10}$ g 的钙质，占一个成年人一天所需钙质的 $\frac{3}{8}$。一个成年人一天大约需要多少钙质？

2. 一桶油重 12 kg，用去 $\frac{3}{4}$，还剩多少千克？

3. 狮子奔跑时的最高时速可以达到 60km/h，比猎豹慢 $\frac{5}{11}$。猎豹奔跑时的最高时速是多少？

4. 某施工队修一条路，已经修了这条路的 $\frac{5}{7}$，还剩下 420m 没修，这条路长多少米？

5. 芍药的花期是 32 天，玫瑰的花期是芍药的 $\frac{5}{8}$，水仙的花期是玫瑰的 $\frac{3}{4}$。水仙的花期是多少天？

6. 鸡的孵化期是 21 天，鸭的孵化期比鸡长 $\frac{1}{3}$。鸭的孵化期是多少天？

7. 某电视机厂去年全年生产电视机 108 台，其中上半年产量是下半年的 $\frac{4}{5}$。这个电视机厂去年上半年和下半年的产量分别是多少台？

续表

8. 果园里苹果树的棵数是梨树的 $\frac{6}{5}$，桃树的棵数是梨树的 $\frac{3}{4}$，有 1200 棵苹果树，有桃树多少棵？	
9. 一种空调降价出售，现价比原价降低 $\frac{3}{20}$，结果现价比原价每台便宜 180 元，这种空调原价每台多少元？	

上面的作业可以设计成单元长作业，在单元教学完成之后，布置给学生，不要求学生当天完成，可以设计 2 ~ 3 天的时长。这 10 道作业题涵盖了所有分数解决问题的题型，用数形结合的方式帮助学生提高分析问题和解决问题的能力。

3. 培养演绎推理思想的作业设计

有两个前提（直言命题）和一个结论（直言命题）的演绎推理，叫作直言三段论，简称三段论。三段论是演绎推理的一般模式，包括：大前提——已知的一般原理、小前提——多研究的特殊情况、结论——根据一般原理，对特殊情况做出判断。例如：四个角都是直角的平行四边形是长方形（大前提），正方形是四个角都是直角的平行四边形（小前提），所以正方形是长方形（结论）。

人教版数学六年级下册第六单元"数学思考"的例 3 和例 4，设计了推理的题目。六年级的学生经过了小学的学习，具备了一定的推理能力，同时为初中的学习打下基础。下面列举培养学生演绎推理能力作业设计中的具体案例。

（1）规定两种新的运算"¤"和"€"，¤ 表示两数之中取大数的运算，€ 表示两数之中取小数的运算。如 4¤6=6，2.5 € 2.09=2.09。

（5¤8）×（12.5 € 20）=＿＿＿＿＿。

（2）"20233202"是个回文数，即从左向右读和从右向左读是一样的。把一个数变为回文数的方法是：先写出一个数，将它反序写，然后把这两个数相加，看结果是不是回文数。如果不是回文数，就重复之前的步骤，直到变成回文数。

例如：87。

87 → 78，87+78=165

165 → 561，165+561=726

726 → 627，726+627=1353

1353 → 3531，1353+3531=4884，这样就得到 4884 这个回文数了。请你按上面的方法把 164 变成一个回文数，这个回文数是（ ）。

这道作业题目设置在学生学完三位数的加减法后来完成还能够锻炼学生的计算能力。

（3）下面是明明写的一则日记。

2022 年 8 月 13 日 星期六 晴

今天，我和爷爷聊到了回文数。我告诉爷爷，像 105501 这样的数就是回文数。爷爷说："不止有回文数，还有回文算式呢！"他写出四个两位数和三位数相乘的回文算式让我观察。

$13 \times 341 = 143 \times 31$ $34 \times 473 = 374 \times 43$ $62 \times 286 = 682 \times 26$ $36 \times 693 = 396 \times 63$

爷爷还出了三道题，让我按照上面回文算式的规律填一填。

$12 \times 231 = \square\square\square \times \square\square$

$23 \times \square\square\square = 253 \times \square\square$

$\square\square \times 275 = 572 \times \square\square$

我很快做出了第一题和第二题。做第三题时，我以为填任意一个两位数都可以，就随意写了一个，但后来算了一下发现不行，这是怎么回事呢？我要好好研究研究。

认真阅读明明的日记，观察前四个回文算式，然后按规律把后三个回文算式写完整（每个□里只填一个数字），并把思考过程写在下面。

上面几道作业题拓展了学生的知识面。特别是第（3）题，学生根据题中给出的提示，发现不是任意的两个数交换顺序就可以，算式中的两个乘数也是有关系的，从而培养学生的数感。

《九章算术》是我国古代一部数学专著，它给出了相当完整的分数运算法则。该书介绍的分数除法的运算方法采用了先将两个分数通分，再使分子相除的方法，称为"经分"。

即：$\dfrac{a}{b} \div \dfrac{c}{c} = \dfrac{ad}{bd} \div \dfrac{bc}{bd} = \dfrac{ad}{bc}$

按照上述方法计算 $\dfrac{4}{7} \div \dfrac{3}{5} = \dfrac{(\quad)}{(\quad)} \div \dfrac{(\quad)}{(\quad)} = \dfrac{(\quad)}{(\quad)}$。

这道作业题目考查了学生的演绎推理能力，同时也考查了学生的学习能力，即给学生一个能用现场所学知识解决的新问题。同时，这道题目出自《九章算术》，向学生介绍了数学史，弘扬了中国传统文化，激发了学生的民族自豪感。

读一读，填一填

"哥德巴赫猜想"是数学史中一个著名的难题。中国从 20 世纪 30 年代开始就着手于这项研究工作。新中国成立后，更是取得了一定的成绩。1973 年，我国数学家陈景润发表了一篇题为"大偶数表示为一个质数及不超过两个质数的乘积之和"的文章，简称为（1+2），把"哥德巴赫猜想"的论证大大向前推进了一步，陈景润的发现被誉为"陈景润定理"。

上述划横线的这句话意思是：大偶数可以表示为两个质数的和，或者可以表示为一个质数及两个质数的乘积的和。如：32=3+29 或者 32=11+3×7=7+5×5，且答案不唯一。

按照上面的解释，写出关于 42 的两组不同的等式。

42=（　　）+（　　）　　42=（　　）+（　　）×（　　）

这样培养学生演绎推理能力的作业题，平时我们练习的还是比较少的。在小学各年级渗透演绎推理的思想，能够使刚升入初中的学生有演绎推理的初步经验，是做好中小衔接的有效路径之一。

4.培养统计思想的作业设计

现实生活中有大量的数据需要进行统计，分析数据能够帮助人们根据数据进行合理的预测和判断。如何收集、整理和分析数据，学会运用数据说话，做出科学的推断和决策，是每个人必须具备的数学素养。在小学阶段，熟悉统计的思想方法，逐步形成数据分析观念，有助于学生客观认识世界。

小学数学的四个领域中就有统计与概率，在不同的年级都会安排统计的内容，下面我们一起来看看人教版教材统计部分都涉及哪些知识（见表2-2-12）。

表2-2-12

人教版教材中统计内容整理		
所在年级	**具体内容**	**特点**
一年级下册	分类与整理	
二年级下册	数据收集和整理	
三年级下册	复式统计表	
四年级上册	条形统计图	体现每组中的数据，易比较数据之间的差别
四年级下册	平均数与条形统计图	
五年级下册	折线统计图	不但可以表示出数量的多少，而且能够清晰地表示数量增减变化的情况
六年级上册	扇形统计图	能够反映部分占总体的百分比是多少
六年级下册	生活与百分数	

建议教师在这部分内容中设计这样的实践性作业，让学生经历完整的数据收集、统计和分析的过程。

下面对四年级的实践性作业设计进行具体的介绍：

同学们，还记得统计分析的三个步骤是什么吗？条形统计图有什么特点？这是我们这学期学习的内容。下面，请你选择自己感兴趣的内容进行统计分析吧！

一、收集数据

我统计的内容是：_____

请在此处绘制统计表，并进行数据的收集。

二、整理数据

请你根据上面的统计表绘制条形统计图。

三、分析数据

通过条形统计图，你获得了什么信息？你还能提出哪些数学问题并解答呢？

我们一起来看两位学生完成的作业（图 2-2-47、图 2-2-48）。

学生 1：　　　　　　　　　　　　　　　　学生 2：

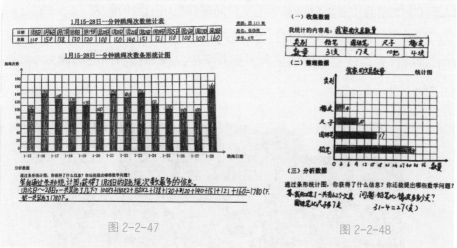

图 2-2-47　　　　　　　　　　　　　　　　图 2-2-48

（三）凸显发现、提出、分析和解决问题能力的作业设计

《2022 年版课标解读》中提示老师们在发展学生"四能"时要注重以下三个方面：首先，注重在真实情境中探索；其次，注重运用数学和其他学科

的知识与方法解决问题；最后，问题解决的过程有助于培养学生核心素养。在作业设计的时候，也应该注重上面提出的三个方面，下面分别从凸显发现、提出问题能力的作业设计和凸显分析、解决问题能力的作业设计展开说明。

1. 凸显发现、提出问题能力的作业设计

提出问题无论是作为一种教学现象，还是一种教学思想，都不是新出现的。我国古代就有"学问"之说，即有"学"必有"问"。早在两千年前孔子就提出："疑是思之始，学之端。"1938年爱因斯坦在《物理学的进化》中指出："提出一个问题往往比解决一个问题更为重要，因为解决一个问题也许仅是一个数学上的或实验上的技能而已，而提出新的问题、新的可能性，从新的角度去看旧的问题，却需要有创造性的想象力，而且标志着科学的真正进步。"老师们在教学的过程中，也比较关注培养学生问题提出的能力。例如课前会出示课题——平均数，然后询问学生关于平均数想了解或者提出的问题。学生会说出心中的问题，然后带着疑问开启教学；也会在探究新知或者巩固练习时，询问学生能发现什么问题；还会在课堂小结时，不问学生的收获，而是让学生继续说一说还想研究的问题。在作业设计的过程中，有以下几个类型的作业可以培养学生发现问题和提出问题的能力。

类型一：追问型作业设计。例如人教版教材中有很多丰富情境的作业题，这时，我们就可以继续追问，培养学生发现和提出问题的能力（如图2-2-49所示）。

图 2-2-49

（1）9只脚踏船最多可坐多少人？
（2）你还能提出其他用乘法解决的问题并解答吗？

这道作业题目除了脚踏船的信息，还给出了手划船的信息。可以采用追问的形式让学生继续提出问题。教师们能够关注到，在提出问题时，题目涉及用乘法解决问题，这可以帮助学生训练本单元所学的内容。

类型二：根据已给信息补充问题的作业设计。这样类型的作业也包含丰富的信息，让学生根据信息提出数学问题并解答。

图 2-2-50

由图 2-2-50 你能提出什么数学问题？你会解答吗？

类型三：先选择条件而后提出问题的作业设计。这样的作业会先给出明确的条件，要求选择一些条件作为已知，提出相应的问题并解决，在培养学生提出问题能力的同时让学生感受到条件和问题之间的对应关系。

一种小麦，烘干前的质量是 1000 千克。
烘干后质量减少了 10%。
小麦烘干后的质量是 900 千克。
小麦烘干后质量减少 100 千克。
从以上信息中选择两个，然后提出一个问题并解答。

再比如，我们还可以让学生改变题目中的信息来提出新问题，如图 2-2-51 所示。

芳芳家到小丽家的路程是 840m，两人同时从家里出发，芳芳每分钟步行 70m，小丽每分钟步行 50m。出发后多长时间两人相遇？

我提出的新问题是：如果芳芳提前 1 分钟出发，后面他们会多长时间相遇？

佳明

图 2-2-51

（1）说一说佳明改变了哪些信息？

（2）你能尝试提出一个新问题吗？

类型四： 先给定模型再提出问题的作业设计。这个类型的作业设计会先给出图，然后来设置数学问题并解答。

根据图 2-2-52 所给出的关系图写一个数学问题并解答。

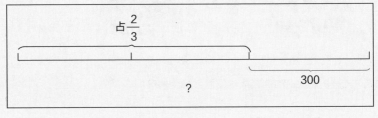

图 2-2-52

类型五： 观察规律并提出问题的作业设计。此类型的数学作业设计特点是在解决问题之后，让学生根据自己解决的问题，从问题的结论、方法或形式出发，通过归纳或猜想，发现并提出新的问题。具体案例如下。

先计算，再填表（图 2-2-53）。

+	36	78	135	296
36				
78				
135				
296				

图 2-2-53

你是怎样计算的？观察一下，表中的数有什么特点？

2. 凸显分析、解决问题能力的作业设计

在面对数学问题时，发现、提出、分析和解决是小学生完成数学题的一般步骤。正确分析问题的关键是要学会审题，只有明确题目要求，才能正确地分析问题中的条件从而得出正确的结果。因此在作业设计时，我们可以设计让学生提取关键和有效信息的作业，让学生学会审题。

> 同学们参加植树活动，一共分成 25 个小组，每组中 4 人负责挖坑、种树，2 人负责抬水、浇树。每组要种 5 棵树，每棵树要浇 2 桶水。
>
> 要解决下面的问题，会用到题目中的哪些信息呢？
>
> （1）负责挖坑、种树的一共有多少人？
>
> 会用到的信息：＿＿＿＿＿＿＿＿＿＿＿＿
>
> （2）一共浇多少桶水？
>
> 会用到的信息：＿＿＿＿＿＿＿＿＿＿＿＿
>
> （3）一共有多少名同学参加了这次植树活动？
>
> 会用到的信息：＿＿＿＿＿＿＿＿＿＿＿＿

这道题目训练了学生提取有效信息的能力。固然题目中的所有信息都很重要，但是要想解决其中的某一问题，学生还要明确哪些信息是有用的，而不是面对问题，无从下手。

再比如，还可以设计这样的作业，让学生从题目中勾画出重要信息，让学生关注到这些重要信息，从而培养学生认真审题和分析问题的能力。

> 请你勾画出下面题目中你认为需要注意的信息，说说需要注意的问题。
>
> （1）李老师要批改 72 篇作文。第一天批改了 19 篇，第二天批改的比第一天多 6 篇，还有多少篇没有批改？
>
> 请你先勾画出需要注意的信息。需要注意的是：＿＿＿＿＿＿＿＿＿
>
> （2）

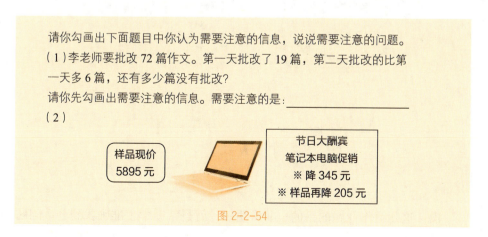

图 2-2-54

如图 2-2-54 所示，这台笔记本电脑原价多少钱？

请你先勾画出需要注意的信息。需要注意的是：＿＿＿＿＿＿＿＿＿＿

（3）一个游泳池长 50m。小俊游了 7 个来回，他一共游了多少米？

请你先勾画出需要注意的信息。需要注意的是：＿＿＿＿＿＿＿＿＿＿

（4）王老师带着 39 名学生去春游，他们可以购买团体票去科技馆参观，团体票的价格每张是 15 元。买票一共需要多少钱？

请你先勾画出需要注意的信息。需要注意的是：＿＿＿＿＿＿＿＿＿＿

以上 4 道题目都是教师精心设计和选择的。（1）题中要注意的信息是还有多少篇没有批改，而不是求第二天批改了多少篇。（2）题注意的信息是给出了现价，根据促销的规则来计算出原价，不能认为是给出原价求现价。（3）题中注意的信息是 7 个来回，也就是要乘 2。（4）题中注意的信息是王老师也要进行购票，老师也是购票人数中的一个。采用这样设计和布置作业的形式，就是让学生在解决问题之前，对题目中的信息进行分析和梳理，这样有利于学生阅读理解能力的培养。

在六年级时，学生会学习用分数解决问题，其中能够解决问题的关键一步就是要找准单位"1"。因此可以设计这样找单位"1"的作业。

下面各题把哪个量看作"1"，并写出数量关系式。

（1）已经修了全长的 $\frac{3}{4}$，把（　　　　）看作单位"1"，

（　　　　）$\times \frac{3}{4} = $（　　　　）。

（2）一袋大米，吃去 $\frac{2}{5}$，把（　　　　）看作单位"1"，

（　　　　）$\times \frac{2}{5} = $（　　　　）。

（3）甲数的 $\frac{1}{3}$ 与乙数相等，把（　　　　）看作单位"1"，

（　　　　）$\times \frac{1}{3} = $（　　　　）。

设计这几道作业题的目的也非常明确，就是帮助学生准确找到分数问题

中的单位"1"，从而明确数量关系，帮助自己从具体的情景中抽象出数学问题并解答。

在培养审题能力的基础上，对学生进行分析策略的培养，有助于学生解决问题能力的提升。因此在设计这部分作业内容时，要关注分析策略的培养。接下来，我们把小学常见的数量关系进行梳理，帮助老师们明确小学义务教育阶段所涉及问题的基本类型（见表 2-2-13）。

表 2-2-13

小学数学常见的数量关系	
名称	**具体关系式**
分量和总量的关系	总量 = 分量 + 分量 分量 = 总量 — 一个分量
比差关系	大数 = 小数 + 差 小数 = 大数 — 差 差 = 大数 — 小数
份总关系	总数 = 每份数 × 份数 每份数 = 总数 ÷ 份数 份数 = 总数 ÷ 每份数
工程问题	工作效率 = 工作总量 ÷ 工作时间 工作时间 = 工作总量 ÷ 工作效率 工作总量 = 工作效率 × 工作时间
价钱问题	总价 = 单价 × 数量 数量 = 总价 ÷ 单价 单价 = 总价 ÷ 数量
行程问题	路程 = 速度 × 时间 速度 = 路程 ÷ 时间 时间 = 路程 ÷ 速度
比例关系	比例尺 = 图上距离 : 实际距离 比例尺 = $\dfrac{\text{图上距离}}{\text{实际距离}}$ 图上距离 = 实际距离 × 比例尺 实际距离 = 图上距离 ÷ 比例尺

续表

小学数学常见的数量关系	
名称	**具体关系式**
分率问题	"1"的量 × 几分之几 = 几分之几的量 几分之几的量 ÷ 几分之几 = "1"的量 几分之几的量 ÷ "1"的量 = 几分之几

用分析与综合的方法解决问题。在解决问题时，可以从结论出发，追溯到必须要知道的条件，然后从条件出发，逐步推导出结论。可以说是从条件到结论、从结论到条件不断探寻关系并找到突破口的过程。在作业设计时，让学生感受到有时是两种方法选择其一，有时是二者并用。

用列举法分析问题。列举法（枚举法）是一种重要的数学方法，有很多复杂的问题，常常是利用列举法，一一列举出所有的情况，从中找到规律和方法，然后解决问题。人教版数学三年级上册第三单元"测量"中的例9是用列表法来解决问题，其实这也属于列举的方法，把所有的情况一一写出来，然后找到最合适的方案。人教版数学四年级下册第一单元"四则运算"中的例5，也可以用列表法把所有的情况列举出来，然后从中找到最优方案。在作业设计时，我们要注重培养学生使用列举法解决问题。

（1）芳芳挑出了26块饼干，打算把它们装袋送给朋友们品尝。有两种包装袋，一种是塑料袋，每袋装5块，另一种是纸袋，每袋装3块。如果每袋都装满，怎样装能恰好装完？把装饼干的方案填写在表2-2-14中并解答。

表2-2-14

方案序号	塑料袋（每袋装5块）	纸袋（每袋装3块）	饼干块数
①	6袋	0袋	5×6=30（块）
②	5袋	1袋	5×5+3×1=28（块）

（2）

小船限乘 4 人，45 元／条；大船限乘 6 人，55 元／条。

我们师生共 32 人游园租船，怎样租船最省钱？请你用自己的方法尝试解决一下！

图 2-2-55

（3）旅行社推出"风景区一日游"的两种出游价格方案。

| 方案一
成人每人 150 元。
儿童每人 70 元。 | 方案二
团体 10 人以上（包括 10 人）
每人 100 元。 |

①成人 7 人，儿童 3 人，选哪个方案合算？
②儿童 7 人，成人 3 人，选哪个方案合算？

在学习租船问题后设计这道作业题，能够让学生感受到影响方案合算的原因是什么，特别是第①问和第②问的总人数是相同的，成人数量较多时考虑购买团体票更合算，儿童数量较多时考虑购买儿童票更合算。通过作业练习继续渗透优化思想。这三道作业题目都是可以利用列表法来解决问题的，还可以设计如下应用列举法解决的问题：

（1）用 0、3、5、7 这四个数字能组成多少个不同的四位数？

（2）用 0、2、0、4 能组成多少个个位是 0 的三位小数？

（3）小明有 10 个 1 角钱硬币，5 个 2 角钱硬币，2 个 5 角钱硬币。要拿出 1 元钱买 1 支铅笔，可以有几种付钱的方法？

我们在设计作业时，还可以设计用画图法帮助学生分析的作业，正如前面提到数形结合时我们所举出的例子一样，这样能够让学生感受到解决数学问题的策略是多样的。

思 考 与 实 践

　　通过本章的介绍相信你对小学基础性作业的设计有了一定的认识，请你尝试完成下列问题：

　　1. 选择一个单元，从单元整体的角度设计一个单元作业图谱，注意单元作业目标的制定。

　　2. 选择一课时，对本节课教材中的习题进行基础性作业和发展性作业的划分，并思考划分的理由。

　　3. 从夯实基础知识、基本技能，注重基本思想、基本活动经验和突显发现、提出、分析和解决问题能力这三个方面，选择一个方面设计一道作业题目，帮助学生达到"四基""四能"的要求。

推荐学习：

【1】吴正宪，刘劲苓，刘克臣. 小学数学教学基本概念解读 [M]. 北京：教育科学出版社，2014.

【2】王永春. 小学数学与数学思想方法 [M]. 上海：华东师范大学出版社，2014.

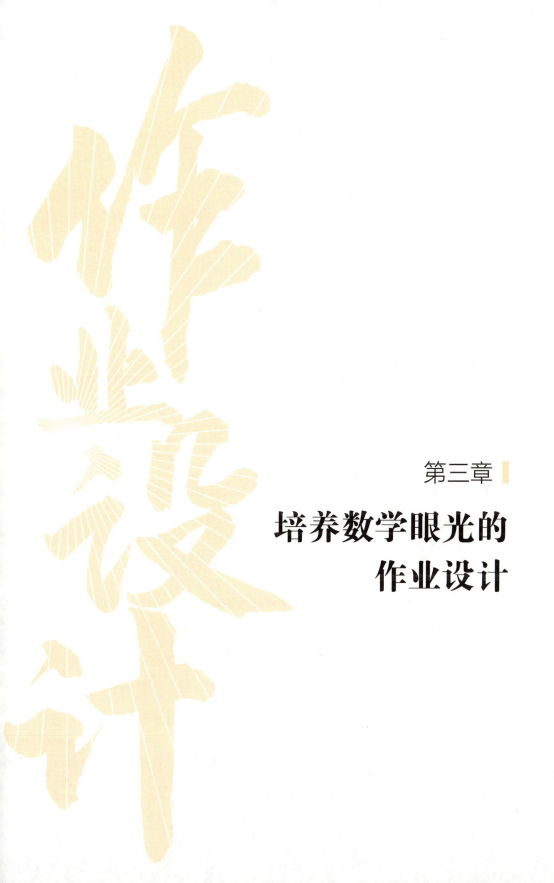

第三章

培养数学眼光的
作业设计

本章概览

《义务教育数学课程标准（2022年版）》指出①：数学为人们提供了一种认识与探究现实世界的观察方式。通过数学的眼光，可以从现实世界的客观现象中发现数量关系与空间形式，提出有意义的数学问题；能够抽象出数学的研究对象及其属性，形成概念、关系与结构；能够理解自然现象背后的数学原理，感悟数学的审美价值；形成对数学的好奇心与想象力，主动参与数学探究活动，发展创新意识。

在义务教育阶段，数学眼光主要表现为：抽象能力（包括数感、量感、符号意识）、几何直观、空间观念与创新意识。通过对现实世界中基本数量关系与空间形式的观察，学生能够直观理解所学的数学知识及其现实背景；能够在生活实践和其他学科中发现基本的数学研究对象及其所表达的事物之间简单的联系与规律；能够在实际情境中发现和提出有意义的数学问题，进行数学探究；逐步养成从数学角度观察现实世界的意识与习惯，发展好奇心、想象力和创新意识。

基于课程标准的要求及小学数学教学中的现实状况，本章将围绕抽象能力（数感、量感、符号意识）、几何直观、空间观念几个研究点，分享关于培养数学眼光的一般方法策略与注意事项。

1.关于量感的培养，要重视测量教学的起点，营造量感生长的适宜土壤；关注用不上测量工具的场合，在探究中解决测量问题，发展度量意识；把握度量的本质，重视从不同测量单位逐步统一到同一测量单位的过程。关于量感培养的作业进阶设计策略，要重视"长度单位"单元

---

① 中华人民共和国教育部. 义务教育数学课程标准（2022年版）[S]. 北京：北京师范大学出版社，2022：5-6.

作业的设计；要注重设计实践性、体验性作业，促进量感的形成；实施中要合理划分作业进阶，紧密联系教学目标的层次；要重视作业评分规则的设计，在评价反馈中促进发展量感；可以设计项目化作业，在活动中培育学生的量感。

2. 关于数感的培养，要充分认识数感在数学教育中的作用；在数概念的教学及探索数的运算关系与规律中，培养数感；要重视算法选择，增强对运算意义的理解。在培养数感的作业设计中，要突出"多模型表示数"；要强化对数自身结构特征的认识；要重视对数量关系的感知；要重视引导方法的选择；要重视估算意识的培养。

3. 关于符号意识的培养，要注意符号意识具有阶段性、层次性、主体性和实践性；要注重在具体情景中提升学生的符号表征意识；在探究过程中完善学生的思维结构；在知识形成中强化学生的数学理解；在综合实践中培养学生的思想方法；可以基于经验观察水平、本质内化水平、理性辩证水平、结构普适水平划分层次与进阶。在具体作业设计环节，要注重从具体情境中抽象出数量关系和变化规律并用符号表示；引导学生理解符号所代表的数量关系和变化规律；激发学生选择适当的程序和方法解决问题，并用符号表示问题；在作业讲评中加强符号语言与其他数学语言的互译与表达。

4. 关于几何直观的培养，要在数学活动中培养学生的几何直观水平；要关注数形结合，在联系中让学生体会几何直观的作用；注重习惯养成，在解决问题中逐步让学生养成画图、列表等习惯。作业进阶设计的策略，注重借助几何直观理解概念；注重借助几何直观理解算理；注重借助几何直观探索规律；注重借助几何直观获得策略；注重借助几何直观解决问题。

5.关于空间观念的培养，要关注立体图形和平面图形之间的转化；让学生在推理、想象的过程中发展空间观念；鼓励学生从动态的角度认识图形。关于空间观念的评价中要更多地采用任务实践及表现性评价方式。

案例导入

2012 年 PISA 测试[1]（有改动）

富士山向公众开放的时间为每年 7 月 1 日到 8 月 27 日，其间大约有 200000 人爬富士山，平均每天有多少人爬富士山？

（A）340 （B）710 （C）3400 （D）7100 （E）7400

此题设计的意图是在给定总数和明确的时间段（根据提供的日期）下确定每日平均人数。对于我国学生来说，完成 $200000 \div 58 \approx 3448.28$ 的计算是容易的。但是在 PISA 测试中，此题是以选择题的形式呈现的，并且选项均设置为整数。也就是说，PISA 测试鼓励学生用更为快捷的估算方法。学生可以用 200000 除以 60 来进行估算，商的第一位是 3，并且应该写在千位上，由此将答案锁定在 C 选项上。

PISA 测试紧扣数学素养对问题解决能力的要求，将问题设置于生活情境中，考查学生解决实际问题的能力。与我国测试题目多注重计算结果的精确不同，PISA 测试没有突出强调结果的精确，而是更多体现了估算的作用。估算既包括对运算结果的估计，也包括对数据趋势的估计。PISA 测试的这一特点与我国课程标准中对数感的要求是一致的。

---

① 马晓丹，张雪，张春莉 . 从 PISA 测试看什么是好的数学试题 [J]. 小学数学教育，2016（23）：6-7.

第一节
培养量感的
作业设计

一、对量感的认识与理解

量感主要是指对事物的可测量属性及大小关系的直观感知。《义务教育数学课程标准（2022 年版）》中的要求是：知道度量的意义，能够理解统一度量单位的必要性；会针对真实情境选择合适的度量单位进行度量，会在同一度量方法下进行不同单位的换算；初步感知度量工具和方法引起的误差，能合理得到或估计度量的结果。建立量感，有助于养成用定量的方法认识和解决问题的习惯，是形成抽象能力和应用意识的经验基础。

量感是数学核心素养的主要表现之一。与 2011 年版课标对比，量感在小学阶段的主要表现中是一个全新的内容。

（一）为什么要在主要表现中增加量感

中央民族大学孙晓天教授指出，我们可以从基于核心素养的数学课程目标体系整体把握。基于核心素养的数学课程目标体系是一个有三层结构且层层递进的目标体系，具体课程内容通过这个体系，将"三会"融入课堂教学过程。

核心素养的主要表现在"三会"与具体内容之间起到承上启下的作用。一方面关联具体教学内容，另一方面指向"三会"目标。

有了这个视角，我们就更容易理解量感所蕴含的意义。在数学教学中，测量是一个具体的数学知识，也是一种技能。关于测量的学习活动，不仅仅是达成以上目标，在它和核心目标"三会"之间还需要有一个融合的层级，这个层级对应的就是量感。所以，孙晓天教授讲，为了使测量除了作为知识技能存在之外，还能在量感的引导下，激发出"长见识、悟道理"的生机与活力，成为培育"三会"的一个重要载体，这是新增量感的一个重要的原因。

（二）测量、度量与量感

量感中的量指度量，量感对应的课程内容要求主要是测量。要想准确地理解它的含义，需要准确地把握度量和测量这两个词。测量以数字形式和代表物理属性的单位为基础，无论是依据还是手段，都相对有板有眼，严格规范。度量，作为动词使用时，有估量判定的意思，与汉语中的"度"字具有的判断意思相近，适用的范围更为广阔，表现方式也更为灵活。测量侧重于在统一计量单位的基础上，对测量工具和测量单位的运用，偏技术性和操作性，重在结果。而度量是关于事物的物理属性可不可以计量，以及如何计量的判断与选择的过程，这也是量感中的"量"，是指度量的原因。

二、如何培养量感

量感不是"灌输"出来的，它的培养要抓住合适的时机。

（一）重视测量教学的起点，营造量感生长的适宜土壤

作为内容要求的测量，是对日常生活中物体长短、大小、轻重、容积等

的计量。如果直接从认识直尺、温度计等工具出发开始教学，测量就成了一个技能性目标，几乎没有判断的空间，量感也就无从培养。因此，从不了解测量工具，不知道测量单位的时候开始学习研究，非常有利于量感的培养。

（二）关注用不上测量工具的场合，在探究中解决测量问题，发展度量意识

日常生活中与测量有关的真实问题很多，有些可以直接借助工具解决，还有很多问题，虽然已经知道了测量的单位和工具，但是仍有可能束手无策。比如，校园的路有多长？校园面积有多大？刻有校训的石头有多重？大树有多高？……当已知的测量工具都派不上用场，"灌输"几乎不起作用时，也就进入了适宜量感生长的环境。

（三）把握度量的本质，重视从不同测量单位逐步统一到同一测量单位的过程

生活中常见的量，按物理属性大体上可以分为两类。一类是用一个单位量去计量，如长度、面积、体积、质量、温度、时间等。另一类是必须用两个量进行计量。比如物体运动的快慢，既不能单独用时间度量，也不能单独用距离度量，必须用距离和时间的比值来度量运动的快慢；再比如商品的价格，既不能只看总价的大小，也不能只看商品的数量，必须把总价与商品的数量相比才能衡量商品价格的高低。不管哪类度量都会有相应的统一的度量单位，例如长度的基本单位是米，时间的基本单位是秒。如果抛开具体的单位，就可以抽象成数学上的单位1，这与自然数的表达是一致的。

测量，本质上是求两个量的比值。就是把待测的量与一个公认的单位量或标准量进行比较，看待测的量包含多少个单位量，求出的比值就是测量结果。虽然度量单位都是人为规定，但是度量单位的形成过程大体可以分为两类：一类是通过抽象得到的，是人思维的结果；另一类是借助工具得到的，是人实践的结果。通过抽象得到的度量单位是1，是自然数产生的基础。把量感作为核心素养的价值在于，建立量感有助于养成用定量的方法认识和解

决问题的习惯，是形成抽象能力和数学应用意识的经验基础。

教学时要让学生体会到，借助工具得到的单位，就是对物理量进行测量的单位。让学生能够初步感受度量工具和方法引起的误差，能合理得到或估计度量的结果。传统的度量包括长度、面积和体积，其基础是距离的概念，特别是线段的长短概念。质量、时间、人民币等度量的内容，适合以综合实践主题活动的形式呈现，引领学生以过程性、体验式、综合性、跨学科合作式、校内外结合、课内外结合的方式进行学习。

（四）小学生度量思维的行为表现及水平

小学生的度量思维主要体现在以下三个方面。

1. 判断事物的某种属性是否可测量[①]

从理论上看，度量思维首先应该体现在能够判断事物是否具有可度量性，即是否有明确的测量单位或标准。这个问题过于深奥，是评判科学与非科学的一个指标，属于哲学层面的问题，不适合小学生尤其是低年级学生思考。如果学生到了高年级，尤其是学完所有关于量的内容之后，教师可以引导学生思考这个问题。例如，俞正强老师在执教六年级数学拓展课"度量天下"时，学生问"什么都可测量吗"，有一名学生说"我妈妈说，人心不可测"，由此引发学生进一步思考并举出现实生活中很多"不可测"的事物。思考可测与不可测问题是度量思维的最高级表现。

2. 感悟测量单位的多样化与统一性

度量思维第二个方面的表现是商量并确定测量单位或评价标准的过程与创造、灵活选择工具进行测量。体验测量单位的多样性、统一性以及灵活选择合适的单位解决问题是度量思维的高阶表现。从历史上看，测量物体的长度时，人们创造了单位。为了便于沟通交流，才定义标准单位——米；为了提升测量精度以及方便表达，人们又创造了厘米、分米、毫米及千米等单位。值得注意的是，学生已经知道了测量长度的工具——各种尺子，以及国际标准单位——米、厘米等。那么，在讲授长度单元的第一课时，是否需要

---

① 刘加霞，孙海燕.单位思想视角下小学数学内容本质与结构[J].湖北教育，2021（35）：30-32.

刻意让学生用自创单位来量一量课桌有多长、教室有多长呢？笔者认为，第一课不适合开展用自创测量单位进行测量的活动，而应该尊重学生的已有经验，讲授认识直尺（认识厘米）并用直尺测量的内容。用身体上的尺子（如庹、拃、咫尺、步等）或自创其他单位测量物体长度的内容应该在拓展课上进行教学，引导学生根据测量需要灵活选择测量单位或标准。这样设计有助于提升学生的度量思维水平。

3.如何数、测或算出测量单位的个数

度量思维第三个方面的表现是如何数、测或算出测量单位的个数，能够评判数、测、算这三种方法的同与异，并根据现实需要灵活选择某种方法。后两者也是度量思维的高阶表现。例如，学生能判断有的问题用估测、估算即可解决，无须求出精确结果；会从数数、用工具测量或用公式计算中选择合适的方法、合适的单位获得测量值，以解决问题。事实上，度量思维每个方面的表现都有不同的层次水平，教学中不要求所有学生都能达到"最高水平"。但义务教育课程标准没有清晰界定各层次水平的表现以及需要达到的水平，即没有学习质量的评价标准；此外，各地区考试内容的难度系数与水平要求也不同。因此，教师的教学都是按照"最高标准"定位目标，导致学与教的负担加重。

（五）小学阶段的量的类别、结构及认知基础

"常见的量"与"测量"是培养小学生度量思维的重要载体。课程标准对这些量的学习要求不同，其所承载的培养学生度量思维的价值也不同。

小学阶段所涉及的量主要有三类：第一类是课程标准中所称的"常见的量（人民币、时间、质量）"。学习这部分内容时，度量思维主要体现在第三个方面——如何数、测或算出测量单位的个数。比如，关于"时间"的教学，课程标准只要求认识时间单位、掌握单位之间的进率关系和简单换算，并不需要学生讨论、商量时间单位的问题。

第二类是五种常用、常见的几何量，包括长度、面积、体积、容积、角度。度量思维的第二个、第三个方面的表现在这五种量的学习中都有相应要求。这五种几何量的度量结构相似，均以长度为基础。学习与对比分析这五

种量的相同点与不同点都是培养学生度量思维的重要载体。

第三类是"导出的"量，例如密度、速度、单价、工效、浓度等。学习这类量时不强调培养学生的度量思维，重在掌握"三个量"之间的数量关系，以解决实际问题。

小学阶段主要通过学习常见的几何量培养学生的度量思维，这类量的度量结构基本相同。在小学阶段不讨论长度、面积、体积等是否可测，而是默认其可测，所以这些量都有计量单位，并且计量单位可以根据需要自定。为了表达与交流，需要创造标准的计量单位；为了表达方便、测量准确，需要创造更大或更小的单位。这促使标准单位体系的形成，以满足人们传播和交流度量结果的实际需求。

获知量的大小有四种方法：数计量单位的个数、用工具测量、用公式计算、将不规则物体转化为规则的可测量物体。通常我们所测量的都是连续的量，在测量过程中为了使测量结果更精准，需要不断地用更小的单位（将较大单位平均分成若干份以获得更小的测量单位）来测量，因此，没有最小的计量单位。基于此，度量的结果理应用分数表示，但由于分数既不是十进制的，也不是位值制的，不便于比较大小和计算，所以现实生活中我们基本都用有限小数表示测量结果。

三、培养量感的作业进阶设计策略

（一）重视"长度单位"单元作业设计

长度是形成度量思维的认知基础。

感知距离远近的本能，是人能够度量的认知基础之一。也就是说，对"长度"的抽象与想象，即对一维空间的度量是形成度量思维的前提和基础。度量物体的长度是建立前述度量结构的基础，是培养学生度量思维的源头。长度度量单位的产生和发展经历了漫长的时间，承载着度量单位由多元到统一、由粗略（自创单位）到精细（国际通用单位）的发展过程。求长度的方法主要是数单位个数与用尺子测量，没有计算公式。在长度的基础上"定义"面积、体积单位，这样在学习面积、体积内容时，就不需要让学生经历由"不统一单位"到"统一单位"的过程，直接用公式计算图形的面积、体积即可。

根据现行教材学习内容的编排及学生认知的发展综合看，长度单位的学习是整个量感培育的重要基石，要重视该单元作业的整体设计。教师可以精心设计能让学生经历操作、体验、辨析等过程的探究性作业。通过作业培养学生的量感，深化学生对测量本质的理解和对计量单位的认知，为后续学习奠定坚实基础。

以人教版二年级上册"长度单位"单元为例①，整体单元探究性作业可以做如图 3-1-1 的设计：

图 3-1-1

设计采用原始方法测量物体长度的作业，让学生体验统一长度单位的必要性；设计找"身上的尺子"的作业，让学生寻找自己的一拃、一庹等，积累丰富的估测参照物素材；设计描述长度并说明理由的作业，让学生体会"厘米"和"米"不同的长度概念。具体案例如下。

① 周春萍.强化量感培育　体悟测量本质：人教版二年级上册"长度单位"单元探究性作业设计 [J].教学月刊（小学版）数学，2021（10）：22-24.

（1）找一找自己身上有哪些尺子。

（2）把找到的"尺子"用写一写、画一画的方式表示出来。

图 3-1-2

（3）场景信息描述：小亮是二年级学生。他的身高是 130 厘米还是 130 米呢？你能解决这个问题吗？比比谁的理由更充分。

要求：回答问题。用写一写、画一画的方式来表示出理由。

图 3-1-3

在单元整体视角下设计的探究性作业，有助于学生更好地理解、掌握、应用所学知识，有助于学生主动将点状的知识联结起来形成网络。实践表明，设计"长度单位"单元的系列探究性作业，能强化对学生量感的培育，引导学生体悟测量的本质。

（二）设计实践性体验性作业，促进量感的形成

实践操作是培养学生"量感"的重要手段，任何"量感"的培养都离不开实践操作环节，因此，教师在教授任何一个量时，都要注重实践操作环节。对小学生而言，对长度、大小、重量、货币、时间等内容的感性认识的形成需建立在对现实物品的大量感知和体验基础上，所以通过各种实践活动作业，丰富学生的体验，帮助学生积累经验，形成鲜明的表象，有利于培养量感。例如，在学习完"千克和克"以后，可以布置系列实践性作业，培养学生的量感。

（1）布置课前参与类实践作业，让学生有感性的认识。如可以让学生说一说，家中哪些物品的质量是以"千克"为单位的？哪些物品的质量是以"克"为单位的？分别标了多少千克？多少克？用手掂一掂。买菜时说的"斤"是什么单位？"斤"与"千克"和"克"有什么样的关系？

（2）动手实践操作，深化度量体验。学习过程中，根据学生实际情况，结合学习要求，可以从量的感知、量的比较、估量三个层次设计实践作业，帮助学生建立对固定质量的感知。通过"掂一掂""拎一拎"等动手操作活动，让学生切身体会质量，发现并记住一些固定质量的物品，逐步建立千克和克的质量观念。

例如：找出质量为 1 千克的物品掂一掂；找出质量是 500 克的物品掂一掂；找出五种质量不到 1 千克的物品，不看标签质量，掂一掂，从轻到重排序；找出五种质量大于 1 千克的物品，不看标签质量，拎一拎，从轻到重排序。

在感受的基础上，可以设计动手操作作业，引导学生估计物品的质量，帮助学生巩固对质量的感知。设计时，可以从学生常见的、质量差别较大的物品入手，如苹果和鸡蛋等，通过"掂、估、称、比"等一系列活动，帮助学生积累估计物品质量的经验，逐步加深对质量的切身体验，再运用这份体验去估计其他物品，进一步发展他们的量感。

（三）合理划分作业进阶，紧密联系教学目标的层次

首先，作业目标需要与课堂教学目标互为补充。在单元教学中，单元学

习目标是整个单元学习和教学的总目标。课堂教学目标、作业目标需要与单元目标保持一致，课堂活动和作业不是简单的从属关系，而是相互促进和补充的关系。因此，作业目标也需要与课堂教学目标互为补充。其次，科学把握学习进阶点，合理划分学习层级。

以"面积"单元为例[①]，基于课程标准中的内容要求，单元的教学目标可以确定为：

1. 结合实例与比较图形大小的实际操作过程，体会面积的含义；

2. 认识平方厘米、平方分米、平方米等面积单位以及它们之间的进率；

3. 探索并掌握长方形和正方形的面积计算公式，能解决有关长方形、正方形面积的实际问题；

4. 在比较面积大小、推导面积计算公式等测量过程中进行数学思考，初步形成空间观念和量感。

"面积"第一课时的核心目标是"结合生活实例，在比较图形大小的过程中体会面积的含义"。比较的方式可以有观察（估测）、叠合、拼摆实物或用方格图（半格可以凑成整格）来覆盖被测图形等。在比较的过程中，学生的表现存在四个发展层级和三次进阶。

四个"发展层级"

层级 1：通过直接观察或估测比较"面"的大小；

层级 2：动手操作，通过叠合比较"面"的大小；

层级 3：操作形状不同的实物或"小方格"，比较或测量"面"的大小；

层级 4：灵活选择和运用恰当的策略和方法解决"面"的大小问题。

三次"进阶"

进阶 1：从直观比较到重叠比较；

进阶 2：从重叠比较到度量比较；

进阶 3：从度量比较到灵活运用多种方法和策略解决问题。

进阶 1 是学生从"直观看出大小"到有思维投入、寻找比较方法的过程，在该过程中，学生有较为丰富的生活经验做支撑，以"重叠的一样大"

---

① 刘琳娜，刘加霞. 学习进阶视角：作业设计的目标、任务及其评分量规 [J]. 基础教育课程，2022（8）：20-26.

这一"公理"为基础,依靠自己的"本能"即可解决问题。进阶 2 是学生从叠合到运用不同形状的图形为测量单位进行测量,从而比较图形面积的大小或者求得图形的面积值,可以说这一过程触及面积的"度量本质",学生的数学思维发生了质变,初步形成量感。进阶 3 体现了"应用"层面的要求,需要学生思维具有深刻性和灵活性,对培养学生空间观念和量感的数学素养有了进一步要求。学生在该单元第一课时的学习中,大致都会经历上述发展层级或进阶过程。

依据前述"进阶层级"我们可以将该单元第一课时的课堂教学目标细化为:1.通过估一估或直接观察、叠合等方式知道物体或图形的"面"有大小,通过实物抽象出图形,初步形成空间观念;2.通过数格子、拼摆小正方形等活动区别不同图形"面"的大小,解释图形"面"的大小与方格个数的关系,合理得到度量结果,初步形成量感;3.在交流、讨论、质疑等活动中进行数学思考。

基于此,教师在进行作业设计时应充分考虑教学目标的分层,根据单元教学目标设计课堂教学目标,并体现作业目标和课堂教学目标的互补。第一课时作业目标如表 3-1-1 所示。

表 3-1-1

	升阶点	表述	功能
目标 1	从知道面有大小升阶为会比较大小	能够通过估一估或直接观察、叠合等方式正确比较图形面的大小	巩固
目标 2	从能够比较大小升阶为合理得到面的大小	能够通过数格子或拼摆小正方形合理得到面的大小	巩固、简单应用
目标 3	从分别用不同方法解决面积比较问题升阶为选择恰当策略比较面积大小	能够灵活运用恰当的策略合理解决图形面积比较问题	简单应用

（四）重视作业评分量规设计，在评价反馈中促进学生发展量感

在布置作业之前，教师应该对合格作业、优秀作业有充分思考，提前制定评分量规。作业评分量规的主要用途是对学生的学习表现进行评估。"进阶变量"或者说"评价维度"是设计作业评分量规、对作业进行评价反馈的主要依据。根据育人目标以及学生认知特点，基于影响学生"面积"单元学习的进阶变量，可以得出这一单元的作业评价进阶变量主要有以下几个。

1. 面积单位：知道平方米、平方分米、平方厘米等测量面积的标准单位以及相邻面积单位之间的进率，并根据实际问题选择合适的测量单位，这一变量重点指向"知识内容"。

2. 测量或求出面积的方法：包括估测、叠合、用面积单位测量或计算图形面积等方法，这一变量重点指向学生的测量技能。

3. 空间观念与量感：能够从实际情境中抽象出图形，对"面"的大小有感知，能够准确估计不同的"面"的大小，这一变量重点指向能力或素养维度。

4. 问题解决能力：面对开放问题，可以采取多种方法解决，这一变量重点指向学生的认知维度。

这些进阶变量涵盖了本单元所包含的核心概念，有的作业可能只体现其中的一个或两个变量，而具有综合性、实践性的作业则可能包含更多的变量。

需要依据进阶变量事先设计作业评分量规。例如，上文中"用面积解决问题"作业的评分量规设计如表 3-1-2 所示。有了以上依据进阶变量设计的作业和评分量规，教师在评价和指导作业时，能够依据量规对每个学生完成作业的情况有一个较为清晰的认识。这些变量涵盖了整个单元进阶过程中的核心概念，上述"用面积解决问题"这一作业题目较为综合，包括了所有变量，但其中一些变量的高水平层级并非要求所有学生都必须达到。

表 3-1-2

水平	进阶变量				
	面积单位	测量或求面积的方法	空间观念	量感	问题解决
水平1	能够尝试选择或应用面积单位，出现三次以上错误	能够有方法地尝试测量或求出面积，但选择的策略有问题或出现三次以上计算错误	能够找到一至两个物体表面的长、正方形（第一题）	能够尝试估计物体表面长、正方形面积的大小，根据计算结果进行的排序出现错误	能够尝试用多种方法解决问题，或正确解决三道题目中的一道题
水平2	能够基本准确地选择或应用面积单位，出现一至两次错误	能够有方法地测量或求出面积，出现一至两次错误（包括测量方法和计算）	能够找到三个或更多物体表面的长、正方形（第一题）	能够较为准确地估计物体表面长、正方形面积的大小，能够根据计算结果准确排序	能够尝试用多种方法解决问题，正确解决三道题目中的两道题
水平3	能够准确地选择或应用面积单位解决问题，没有出现错误	能够根据测量对象，有方法地、灵活地选择合适的策略测量或求出面积，没有出现错误	能够找到三个或更多物体表面的长、正方形（第一题），且能够根据给出的样例抽象出"隐形"图形的面积（第二题第二小问）	能够准确地估计物体表面长、正方形面积的大小，估计结果没有不合理之处，能够根据计算结果准确排序	能够用多种方法正确解决三道题目

第二节
培养数感的
作业设计

一、对数感的认识与理解

数感主要是指对于数与数量、数量关系及运算结果的直观感悟。义务教育数学课程标准中的要求是：能够在真实情境中理解数的意义，能用数表示物体的个数或事物的顺序；能在简单的真实情境中进行合理估算，做出合理判断；能初步体会并表达事物蕴含的简单数量规律。数感是形成抽象能力的经验基础。建立数感有助于理解数的意义和数量关系，初步感受数学表达的简洁与精确，增强好奇心，培养学习数学的兴趣。

数感是核心素养的主要表现之一，数感是人们主动地、自觉地理解数和运用数的态度与意识，学生在数学学习过程中建立数感是思考问题和解决问题的重要环节。建立数感也有利于学生深入理解数的概念，掌握数学运算技能。

人在学习生活和实践中，经常要与各种各样的数打交道，人们常常会有意识地将一些现象与数量建立起联系。如走进一个会场，这里会涉及两个集合，一个是会场的座位，另一个是出席的人，有人会自然地将这两个集合放在一起比较，不用计数就可以知道这两个集合的元素个数是否相等，哪个集合的元素个数更多，这就是一种数感。

数感是人对数与运算的一般理解，这种理解可以帮助人们用灵活的方法做出数学的判断，为解决复杂问题提出有用策略。

数感强的人眼中看到的世界可能更与数密切相关。数感强的人遇到与数学有关的具体问题时，能自然地有意识地与数学联系起来，或者试图进一步用数学的观点方法来处理和解释。数感是人的一种基本数学素养，它是建立明确的数概念和进行有效计算的数学活动的基础，是将数学与现实问题建立联系的桥梁。

（一）对数与数量的感悟

小学低年级学生对数的感悟是从数数、学习辨认各种事物对象的多少开始建立的。在数数的过程中，学生理解数字的意义和大小，了解数字与客体数量一一对应的原则，他们能把数量词与其代表的少量物体联系起来，逐渐过渡到数量大的物体。与此同时学生会形成这样的经验：知道数数的顺序是固定的；数数的顺序不会改变数的结果；理解数数的基本原则；数的过程中，下一个数比前一个数多；数数中的最后一个数，不但代表这个数，也代表了这种物体的总数（其本质就是序数与基数相等）；理解并使用数字相等的量；能区分不同的数量；可以正确进行数量大小的比较；在实际情境中提到一个数时，能够将其与现实背景中的数量联系起来，并判断其是否合理。随着年级增高，学生还会经历更多的对数的意义的感悟，比如对分数、负数、有理数的感悟，并形成对数的各种表征方式的理解。

（二）对于数量关系的感悟

学生探索数的关系时，可以避免枯燥的记忆，例如教学生将九九乘法表的内容以实物或图形的方式加以表征，学生就能够很快地发现：$3×8=3×7+3×1$。通过数数、计数多少可以抽象出数与数之间的关系，如大小、顺序、分解与组合等，概括出数的运算规律。早期的笔算需要教会学生灵活地应用，并关注得出数字结果的模式，比如4+4=8，5+3=8，6+2=8，7+1=8，8+0=8。观察上述算式，学生可以发现计算两数相加时，其中一个数多1，另一个数少1计算结果不变，一旦学生能够发现运算的某种特性，就意味着他们开始形成代数思维，逐渐让学生学会从已知知识中推断出新知识。

不同年龄段的学生在理解了所学的数的意义及表征后，他们就具备了理解一定数量关系的基础，比如学生在学习分数概念后，会建立起整体与部分之间关系的感悟；依赖具体的情境或图形，会分辨两个分数的大小。随着他们数感的增强，学生能够用数进行推理。随着年级的升高和数系的扩充，学生对数量关系的感悟会逐步提升。

（三）对运算结果估计的感悟

按照计算法则进行精确计算是一种比较单一的计算活动，一般学生都能掌握。而估算是一种更为高级的计算活动，它对人的思维有很高的要求：能面对现实问题灵活运用所学知识做出恰当计算策略的选择。在学生能很好地进行估算之前，他们需要发展对于数量的直觉，即用数字表现数量的感觉，学生能够估计物体数量的多少，学会使用参考点进行估计。

数感的形成和表现，最显著的特点就是在社会生活中对现实问题进行数学处理和数学化解决。而估算就是这种数字化思考的体现，估算能力和习惯依赖于对参与运算的数与量的意义及关系的理解；对运算方法的选择与判断；对运算方式角度的把握；对具体情境的数量化的处理等。因此估算能够帮助学生发展对数及运算的理解，增强他们运用数据运算的灵活性，促进学生对结论合理性的判断，提高学生处理日常数量关系的能力，同时对运算结果的把握也有利于减少运算中的错误，培养学生对于运算结果负责任的态度。

二、如何培养数感

（一）要充分认识数感在数学教育中的作用

数感的建立是提高学生数学素养的重要标志之一。作为公民素养之一的数学素养，不能只是用计算能力和解决书本问题能力的高低来衡量。学会用数学的方式思考问题、用数学的方法理解和解释实际问题、从现实的情境中看出数学问题才是数学素养的重要标志。注重培养学生的数感，正是针对以往的数学教育过分强调单一的知识技能训练、忽视数学与现实的联系、忽视数学的实际运用而提出来的。数感的培养，有助于学生用数学的方法理解和解释现实问题。数学是人们认识社会、认识自然和日常生活的工具，学生学习数学一方面是为进一步学习打下基础，另一方面需要学会用数学的方法和观点认识周围的事物和客观世界的规律，学会用数学的方法自觉地有意识地观察认识和理解周围的事物，处理有关问题。培养学生的数感，就是要让学生更多地接触和理解现实问题，有意识地将现实问题与数量关系建立起联系。

数感的培养，有利于学生提出问题和解决问题能力的提高。解决问题能力的培养，旨在让学生在具体问题情境中去探索、去发现、去解决一个问题，这可能需要一种以上的策略，而不只是简单地套用公式解固定的模式化的问题。要使学生学会从现实情境中提出代数问题，这种思维方式与一般的解决书本上现成问题的思维方式有着明显差异，在遇到具体问题时，学生需要自觉主动地与一定的代数知识和技能建立联系，这样才有可能建构与具体事物相联系的代数模型，具备一定的数感是解决这类问题的重要前提。

（二）数感培养的基本策略

学生建立数感不是一蹴而就的，而是在学习过程中逐步体验和建立起来的，应当结合有关内容，把对学生数感的培养体现在数学教学过程之中。

1. 在数的概念的教学中，培养数感

切实体验和理解数的概念与数感密切相关。数的概念本身是抽象的，数的概念的建立，不是一次完成的。学生理解和掌握数的概念需要经历一个过程，在认识数的过程中，更多地接触和经历有关的情境和实例，在现实背景下的感受和体验会使学生更具体更深刻地把握数的概念，建立数感。

在三个不同的学段，对数感的培养要有所侧重。

在第一学段要引导学生联系自己身边具体有趣的事物，通过观察问题的解决过程，在丰富的活动中感受数的意义，体会用数表示和交流的作用，初步建立数感。

在第二学段要引导学生结合现实素材，感受大数的意义，并能进行估计。在熟悉的生活情境中了解负数的意义，体会用负数表示一些日常生活中的问题，理解有理数的意义和运算。

在第三学段要引导学生利用含有较大数字的信息，做出合理的解释和推断。随着学生年龄的增长，数的认识领域也不断扩大，因此可以逐步呈现较复杂的情境，让学生做解释和判断。

有效组织这些内容的教学是学生建立数感的基础，其实在认识数的过程中，让学生说一说自己身边的数、生活中用到的数、如何用数表示周围的事物等会使学生感到数学就在自己的身边。用数可以简单明了地表示许多现象，对具体数量的感知与体验是学生建立数感的基础。在认识大数时，引导学生体会使用大数的情境，了解大数在现实生活中的应用，有助于学生体会数的意义，建立数感。

2. 在数的运算中加强数感的培养

对运算方法的判断、运算结果的估计都与学生的数感有密切联系。在第一学段和第二学段应重视口算，加强估算，提倡算法多样化。应减少单纯的技能性训练，避免复杂计算和程式化的叙述算理，避免将运算和应用割裂开来。在第三学段，要引导学生经历从实际问题中建立数学模型，估计求解，验证解的正确性与合理性的过程。

3. 重视算法选择，增强对运算意义的理解，培养数感

结合具体问题选择恰当算法，会增强对运算实际意义的理解，培养学生的数感。学习运算是为了解决问题，不是单纯地为了计算而计算、为了解题而解题。以往的数学教学过多地强调学生运算技能的训练，做简单重复的练习和没有意义的题目，学生不仅感到枯燥无味，并且不了解为什么一定要用固定的方法计算一个问题。一个算式，也可以用不同的方式得到结果，用什么方式更为合适与实际问题的背景有直接的关系。

4. 在探索关系与规律中，增强学生数感

随着学生的年龄增长和知识经验的丰富，引导学生探索数、形及实际问题中蕴含的关系和规律，初步掌握一些表示处理数量关系以及变化规律的工具，会进一步增强学生的数感。把数感的建立同数量关系的理解与运用结合起来、同符号意识的建立和初步的数学模型的建立结合起来，有助于学生整体数学素养的提升。

培养学生数感是中小学数学教育的重要目标之一，在实际教学中需要结合具体的教学内容，有意识地设计具体目标，提供有助于学生培养数感的情境、有利于发展学生数感的评价方式，以促进学生数感的建立，从而提升学生的数学作业质量。

三、培养数感的作业进阶设计策略

（一）数感表现标准及进阶维度设计

《义务教育数学课程标准（2022年版）》在学段目标、内容要求和学业要求中，对不同学段学生数感的发展提出了不同的要求。第一学段的要求是"形成初步的数感"，第二学段的要求是"形成数感"，在第三学段的要求是"进一步发展数感"。"初步的数感"和"数感"究竟有哪些具体行为表现？有学者进行了研究，北京教育学院石景山分院闫云梅老师带领团队，系统梳理了多版本教材，找出了教材中能够承载数感培养的具体材料（例题、习题等），根据经验，按照不同的行为表现、不同的层级找出一些典型材料，通过自上而下和自下而上相结合的方式，结合实例来分析数感进阶的重要维度和表现标准。①

1. 基于"计数单位"的数感表现进阶维度划分

体现数感进阶的一个重要维度就是研究对象的数域，数的大小不同，使用的计数单位也不同。20 以内数的学习，大多是以"一"为单位，感知更容易；而 1 亿有多大，需要以万、十万、百万等为单位进行估数和估算。用计数单位作为数感表现标准的重要维度，可划分为以下四个不同的层级："一"为一级，"十"为二级，"百、千"为三级，"万、十万、百万、千万、亿、十亿等"为四级。

2. 基于"情境的复杂度"的数感表现进阶维度划分

数感的具体行为表现中两次提到"真实的情境"，因为"学生核心素养的表现程度需要通过在真实情境中运用所学的知识并能完成某种任务来衡量"。蔡金法教授指出，根据问题情境是否包含现实生活背景，可以将其划分为现实情境和数学情境，其中现实情境是指生活中的数学现象，而数学情境则丰富地涵盖了数学的表达式、图表、模式等方面。无论是数学情境，还是现实情境，只要不超出学生的理解，都是真实情境。PISA2022 测试依然将情境分为四种类型——个人情境、职业情境、社会情境、科学情境。按照距离学生生活的远近，可将情境分为四个层次：首先是最贴近学生的个人情境，其次是学生即将面对的职业情境，再次是学生日常生活中遇到的社会情境，最后是距离学生最远的科学情境。

3. 基于"思维卷入度"的数感表现进阶维度划分

有的材料以直观图的形式呈现，学生通过观察就能直接感知；有的材料则需要通过观察、数数或简单推理得出结果；有的材料还涉及估算策略的选择、数量关系的分析及判断；有的材料需要学生将抽象的科学情境转化成熟悉的个人情境，将一个大数通过单位换算转换成容易感知的数量。因此，用"思维的卷入度"作为数感表现标准的重要维度，可划分为以下四个不同的层级："观察、直观感知"为一级；"数数、计算、简单应用"为二级；"分析、比较、推理、判断"为三级；"抽象、综合、评价"为四级。

---

① 闫云梅，沈艳春，牛佳. 数感的表现标准、单元核心任务与评分量规：以人教版教材"万以内数的认识"单元为例 [J]. 教学月刊小学版（数学），2023（Z1）：16-21.

4. 基于"问题呈现方式"的数感表现进阶维度划分

面对素材，人们往往产生难易不同的感觉，这与问题的呈现方式密切相关。有直观呈现的，有半直观、半抽象的，还有抽象呈现的。因此，问题呈现方式也是数感表现标准划分的重要依据。

综上所述，基于体现数感的计数单位、情境的复杂度、思维卷入度和问题呈现方式四个进阶维度，从整体对学生整数学习过程中的数感表现标准进行划分，具体如表3-2-1所示。[①]

表 3-2-1

层级1	（1）对于直观呈现的5以内的数量和按规则空间形式排列的数量，能直接说出数量的多少；（2）能通过直观观察比较数量的多少
层级2	（1）对于直观呈现的100以内的数量，能用"十"作单位，感知和估计数量的多少，能用"多得多""少一些"等比较数量的多少；（2）初步体会并表达通过数数或简单的加、减法计算就能发现的简单规律（重复排列、百以内数的等差数列等）
层级3	（1）在半直观、半抽象的现实情境（个人情境为主，少量职业情境、科学情境）中，能用"百"或"千"作单位，感知并估计万以内的数量，能用"多得多""有几个这么多"等描述数量间的关系；（2）在简单的个人情境中，通过简单（一步）的估算解决问题，做出合理的判断；（3）通过分析、计算、推断等，初步体会并表达事物蕴含的简单规律（万以内数的等差数列、有余数除法的应用等）
层级4	（1）在简单的真实情境（社会情境、科学情境为主）中，能用"万""十万""百万"等作单位，将一个大数转换成容易感知的数量进行估计，能多角度描述数量间的关系；（2）在简单的真实情境中，选择合适的计数单位，通过综合运算，用估算解决问题，能对运算结果的范围做出合理判断；（3）通过观察、比较、抽象、概括，发现多个算式或数量之间的规律，能借助计算器探索并发现大数运算的规律

（二）培养数感的作业设计中的注意事项

1. 培养数感的作业设计，要突出"多模型表示数"

多种方法表示数既是理解数的意义的行为表现，又是形成数感的基本特

---

① 北京市教育学会"十四五"教育科研2022年度课题"小学数学'评—学—教'一体化单元整体设计与实践研究"（课题编号：SJS2022-004）的阶段成果.

征。北京教育学院石景山分院的闫云梅老师、北京市石景山外语实验小学的赵燕老师等，开发设计了低年级学生“数感”发展水平测评工具，调研中发现学生在用多模型表示数方面的表现突出，但用不同模式表示数的能力有待提高。①学生能借助多种直观模型表示数，对十进制、计数单位、位值等概念有比较清楚的认识，能用“几个千、几个百、几个十和几个一”说明数的组成。在用多种不同模式表示数的测试中，如让学生用不同方式表示“50”，半数以上的学生处于水平一的阶段，也就是只能从一个角度来表示 50（见图 3-2-1）。

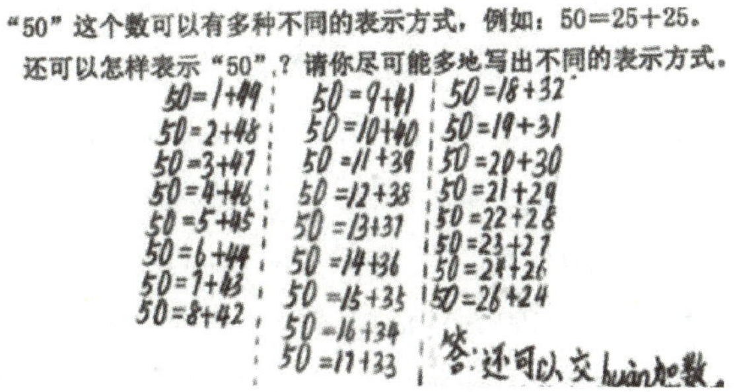
“50”这个数可以有多种不同的表示方式，例如：50=25+25。
还可以怎样表示“50”？请你尽可能多地写出不同的表示方式。
50=1+49 50=2+48 50=3+47 50=4+46 50=5+45 50=6+44 50=7+43 50=8+42
50=9+41 50=10+40 50=11+39 50=12+38 50=13+37 50=14+36 50=15+35 50=16+34 50=17+33
50=18+32 50=19+31 50=20+30 50=21+29 50=22+28 50=23+27 50=24+26 50=26+24
答：还可以交huàn加数。

图 3-2-1

尽管学生写出的答案很多，但想法比较单一，只能根据给出的示例进行单纯模仿，不能从减法、乘法、除法或多个数连加的角度进行思考，这是因为学生平时很少进行这方面的训练。同时也反映出学生对数的多种组成模式和数的结构特征缺少认识，对“50”这个数没有特别的感觉。今后在学习数的整除知识、计算时，都难以应用数的多模式表征进行数的特征判断、简算和根据数的特征灵活解决问题。

2. 培养数感的作业设计，要强化对数自身结构特征的认识

学生在辨认数与数之间关系方面表现突出，主要是因为他们对数与数之间大小关系有清晰感觉，能借助找标准、推理等方法，较为准确地表述数与数之间的相差关系。但学生对数自身特征的认识还比较欠缺，以找规律一题为例（见图 3-2-2），数据表明，60% 的学生能找到规律并正确填出括号里的数，但有一半多学生是通过寻找相邻两个数的差去发现规律的，没有意识到

① 北京市教育科学“十三五”规划 2017 年度一般课题“基于数学素养，小学生‘数感’发展的表现性评价与促进研究”（课题编号：CDEB17318）成果 .

这些数自身的特点——都是两个相同数的乘积（平方数），这也致使部分学生没有正确填出后面的数，这一点恰恰印证了前面所述"数的多模式表征"的重要作用。

---

14. 找规律填数。

1，4，9，16，（　　　），（　　　），（　　　），

图 3-2-2

3. 培养数感的作业设计，要重视对数量关系的感知

在能否根据具体情境来判断数量之间相差的程度，发现并描述两个（三个）数量间的关系的调研中，我们发现学生能清楚地比较两个数量的多少，并能用多一些、少得多等语言描述数量间相差的程度，对数量间相差多少的感觉还是比较准确的。但学生对于数量关系的认识比较单一，对于和的关系、用倍数或几倍多几等不同方式描述数量关系的意识还很欠缺。史宁中教授指出：数学的本质是在认识数量的同时认识数量之间的关系，在认识数的同时认识数之间的关系。小学生对数量关系的理解能力、对数量之间多种关系的敏感程度还有待提高。

4. 培养数感的作业设计，要重视引导方法的选择

调研发现，学生在"为解决问题选择适当的算法"方面存在问题较多。学生不是不会解决问题，而是不能根据问题情境和数的特点，采用合适的方法解决问题，他们把计算当作解决问题的唯一办法，忽视了估算、简算、推理等方法的合理运用。以"198+35"为例，题目要求学生用自己喜欢的方法求出答案。从统计数据看，大约85%的学生都是列竖式计算，只有13.7%的学生能发现数的特点，用简便的方法解决问题，将题目转化为"200+33"或"200+35-2"等。由此可见，学生往往是在有明确简算要求的情况下才简算，缺少主动选择合适算法的意识。只有当学生根据情境和数的特点，自觉采用灵活的方法解决问题时，才是良好数感的行为特征。

5. 培养数感的作业设计，要重视估算意识的培养

对于有明确估算要求的题目，学生对算式结果的估计都比较准确，估计的方法也很多，能把参与运算的数看作相应的整十数，从而判断结果大约是

多少，数感好的同学也能通过确定某些数的上界和下界，判断运算结果大致在什么范围等。但在没有估算要求，却可以用估算解决的实际题目中，大部分学生还是习惯用准确计算的方法，没有估算的意识；少部分的学生有估算的意识，但不能根据情境和数据特点选择简捷的估算方法。这说明学生的估算意识亟待加强，估算的策略与方法还需进一步培养。

（三）数感发展导向的单元作业案例

1.二年级下册《万以内数的认识》

以人教版教材二年级下册"万以内数的认识"单元为例[①]，将教材中承载数感培养任务的例题和习题进行梳理，具体情况如表 3-2-2 所示。

表 3-2-2

具体表现	真实情境				
	现实情境				数学情境
	个人情境	职业情境	社会情境	科学情境	
倍数及数量的比较	22	3	1	2	0
估算，并做出合理判断	5	0	0	0	0
体会并表达简单数量规律	1	0	0	0	1
总计	35				

通过整理发现，对照整数学习过程中"数感"的表现标准，学生在完成本单元学习后，数感的发展应达到较高层级。由此，本单元学习目标制订如下：

（1）借助直观模型，认识计数单位千、万，对单位之间的关系有系统的认识。

（2）能运用计数单位进行数数、数的分解和组成（含算盘）、数的读写、数的大小比较等。

（3）理解相同计数单位的数可以直接相加减，能对整百、整千数的加减进行口算。

---

① 闫云梅，沈艳春，牛佳.数感的表现标准、单元核心任务与评分量规：以人教版教材"万以内数的认识"单元为例[J].教学月刊小学版（数学），2023（Z1）：16-21.

（4）在现实情境中感受大数的意义，能用"百"或"千"作单位，感知并估计万以内的数量，能用"多得多""有几个这么多"等描述数量间的关系。

（5）在简单的个人情境中认识近似数，能用"十""百"为单位，运用加、减法估算解决问题，做出合理的判断。

（6）初步体会并表达万以内数的等差数列的规律。

在上述单元学习目标中，前三条指向的是知识目标，后三条指向的是数感目标，只有这样才能将素养导向的课程目标落实在每个单元的学习中。依据单元学习目标，采用逆向设计的方式，对本单元核心任务序列及数感培养点进行设计，具体情况如表3-2-3所示。

表3-2-3

任务序列	表现性任务	数感培养点
任务1：整理"随意夹"	李阿姨的文具店进了一批"随意夹"，估一估，大约有多少个？你是怎么想的？四人一组整理小夹子，先把几个小夹子装在一个小盒里，再把几个小盒装在一个大盒里。想一想，怎样整理才能使我们又快又方便地数出夹子的个数？	在直观情境中，感知并估计万以内的数量
任务2：制作数位顺序表	请你想办法制作一个数位顺序表，并配图，表示出"一""十""百""千""万"之间的关系	用一组有结构的直观图表示一、十、百、千、万，建立视觉上的空间关系

续表

任务序列	表现性任务	数感培养点
任务3：多种方式表示数	1. 估一估，有多少个圆点？ 2. 圈一圈，数一数。 3. 你能用哪些不同的方式（小棒、小盒子、小方块、计数器等）表示这个数？	在直观情境中，感知并估计万以内的数量
任务4：借助计数器读数	位于石景山的新首钢大桥长约1354米。南京长江大桥公路桥长4589米，铁路桥长6772米。 1. 在计数器上拨出这几个数，再读一读 2. 谈谈你对新首钢大桥和南京长江大桥的感受 3. 在计数器上拨出2080、6009，并读一读 4. 你知道万以内的数怎么读吗？	在半直观、半抽象的情境中，学生将不熟悉的南京长江大桥与熟悉的新首钢大桥建立联系，用"大约有几个这么长"描述二者关系
任务5：找规律填数	 1. 把你发现的规律在数列中标出来，再按规律填一填。 2. 这三列数的计数单位分别是几？	初步体会并表达万以内数的等差数列的规律

任务序列	表现性任务	数感培养点
任务6：大约有多少颗珠子	1.穿一个门帘大约需要6000颗珠子，估一估，这里大约有多少颗珠子？ 2.怎样估更方便？圈一圈，画一画，把自己的想法在图中表示出来？	自主选择合适的单位估数
任务7：用估算解决问题	 324元　212元 用500元买这两件商品，够吗？你能用简便的方法解决问题吗？你能说清自己的想法吗？	运用加、减法估算解决问题，做出合理的判断

2. 四年级上册《大数的认识》①单元作业案例

（一）制定单元作业框架

本单元的学习主题是整数的表达与数感。

单元具体概念如下：

第一，由于出现了"四位一级"（数级），使得十进制计数法得到完善，可以表示大数；

第二，大数的读写、改写、比较大小等都是基于数位的；

第三，根据与熟悉事物的比较，可以推断现实情境中大数的实际意义。接着确定单元学习目标和学生学习结果表现，初步形成单元作业设计框架如表3-2-4所示。

---

① 于国文，张丹.作业设计：单元整体设计的重要部分[J].小学数学教师，2022（5）：47-52.

表 3-2-4

单元学习目标	学生学习结果表现	作业类型
在现实情境中体会学习大数的必要性，借助直观模型认识新的计数单位，理解各计数单位之间的关系	1. 能认识方格图、计数器、数线表示的数	巩固知识
	2. 能用方格图、计数器、数线等直观模型表示数，并进行模型之间的转化	理解概念
	3. 能借助直观模型、推理等说明计数单位之间的关系，包括相邻计数单位和不相邻计数单位	理解概念
感受建立"数级"的必要性，认识十进制计数法并体会其价值	4. 能理解数级中"四位一级"的结构	理解概念
	5. 能用自己的语言说明建立"数级"的必要性	联系反思
	6. 能正确填写数位顺序表	巩固知识
	7. 能利用十进制计数法表示数	巩固知识
	8. 能理解各数位上的数字所表示的意义	理解概念
	9. 能利用数位进行推理或尝试解决问题	迁移应用
能借助十进制计数法读、写大数，比较大数的大小	10. 在具体情境中，能借助数位读、写大数	巩固知识
	11. 能借助数位比较大数的大小	巩固知识
	12. 利用数位解释读写大数、比较大小的方法	理解概念
	13. 体会读写数、比较大小的方法与原来所学方法的联系	联系反思
在描述数据的过程中，感受数据改写的必要性和近似数的作用，会用"万""亿"为单位表示大数；能求一个数的近似数	14. 在具体情境中，会用"万""亿"为单位表示大数	巩固知识
	15. 能借助数线体会近似数的意义	理解概念
	16. 在具体情境中，能按照要求得到一个数的近似数	巩固知识
通过数与现实生活的密切联系以及数的发展，了解自然数的意义及特征	17. 能说出自然数的意义及特征	理解概念
	18. 能查找有关数的发展的资料，用自己的方式表达理解和体会	实践体验（弹性作业）
在现实情境中，体会大数的实际意义，进一步发展数感	19. 能根据熟悉的事物推测出大数有多大	迁移应用
	20. 能自己制定方法说明大数有多大	实践体验（个性化作业）
理解所学内容之间的联系	21. 能梳理本单元内容，以及本单元与其他相关内容的联系	联系反思

具体案例如图 3-2-3 所示。

◇ **本课时作业**

1. 下面是十进制数位顺序表，请你把它补充完整。

数级	……	亿级			万级			个级		
数位	……								十位	个位
计数单位	……								十	个

2. 写出下面各数。

(1) 由 1 个亿, 4 个十万, 5 个一组成的数。

(2) 由 6 个百万, 3 个万, 6 个百, 3 个一组成的数。

亿	千万	百万	十万	万	千	百	十	个

3. 我们学习了个级、万级、亿级，亿级的左边是兆级，请你尝试写出兆级的数位和计数单位。

 一亿粒大米有多重呢？  我知道一万粒大米大概有 200 克。

4.

(1) 1 亿里面有多少个 1 万？请写出你的思考过程。

(2) 1 万粒大米大约是 200 克，1 亿粒大米大约（　　）克，相当于（　　）千克。

5. 在下面计数器上表示出 "_____" 上的大数。

（1）2021 年 5 月 11 日，第七次全国人口普查结果公布。全国总人口为 1411778724 人。

（2）光在真空中的速度大约为 300000000 米 / 秒。

千亿	百亿	十亿	亿	千万	百万	十万	万	千	百	十	个

千亿	百亿	十亿	亿	千万	百万	十万	万	千	百	十	个

图 3-2-3

第三节
培养符号意识的
作业设计

一、对符号意识的认识与理解

（一）什么是符号意识

符号意识主要是指能够感悟符号的数学功能，知道符号表达的现实意义，能够初步运用符号表示数量关系和一般规律，知道用符号表达的运算规律和推理结论具有一般性，初步体会符号的使用是数学表达和数学思考的重要形式，符号意识是形成抽象能力和推理能力的经验基础。

符号是数学的语言，是人们进行计算推理和解决问题的工具。数学教学的重要目的之一，是使学生懂得数学符号的意义，发展学生的符号意识，会运用数学符号解决实际问题和数学本身的问题。

符号意识主要表现为能从具体情境中抽象出数量关系和变化规律，并用符号来表示，理解符号所代表的数量关系和变化规律，会进行符号间的转换，能选择适当的程序和方法解决用符号表示的问题。

（二）什么是数学符号意识

东北师范大学朱立明和马云鹏老师从数学学科、符号学、心理学三个视角对数学符号的内涵进行研究。

文章指出，数学符号意识，即学习者借助思维的决定性作用，对数学知识与数学符号 (包含一切数学含义的专用标记、表示数学概念和数学关系的符号或记号，例如字母、图像、表格等) 之间抽象对应关系的一种积极主动的反应和心理认知倾向 (内隐性)，在通过数学符号的感知与理解、运算与推理、交流与表达等数学思考方式解决数学问题过程中所表现出来的一种数学符号的核心素养 (外显性)。

通过对数学素养要素进行分析，结合数学符号意识的三维视角，即数学学科、符号学、心理学，选择符号意识的构成要素应该具备以下五个标准：一是使符号意识反映数学的学科特色；二是使符号意识体现符号的功能特征；三是使符号意识包含学习者的主动性反应；四是可以对符号意识进行评价、测量；五是可以对符号意识进行培养。根据以上标准，确定数学符号意识的构成要素为：客观事物、符号表征、数学理解、思维结构、思想方法（如图3-3-1 所示）。[①]

在这五个结构要素之中最核心的是思维结构。通过概括思维，采用数学符号来表征现实世界客观事物的本质属性是数学的一次抽象，这对于整个数学学科的发展具有至关重要的作用。而数学理解又是数学符号表征的起点与终点，通过数学理解可以感悟数学符号与客观事物的对应性，通过符号表征可以更好地理解数学的本质，最终在求解思维的指导下，利用具体的数学思想方法来解决问题。可以说，这五个结构要素之间相互融合，缺一不可，共同决定着数学符号意识的内涵与特征。

---

① 朱立明，胡洪强，马云鹏 . "数学符号意识" 研究：要素、特征与策略 [J]. 中小学教师培训，2017（4）：45-49.

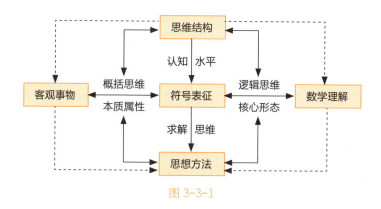

图 3-3-1

（三）数学符号意识的特征

符号意识的构成要素体现了数学符号意识的内隐性与外显性，以抽象为基础，上至思维结构，下至具体符号化思想方法，思维自始至终起着重要作用，使作为隐性课程目标的数学符号意识可测、可授，数学符号意识的构成要素决定了其特征，客观事物与符号表征决定了数学符号意识的阶段性，数学理解与思维结构决定了数学符号意识的层次性、主体性，思想方法决定了数学符号意识的实践性。

1.数学符号意识的阶段性

数学符号意识在生成性思维视域下表现出阶段性特征，因此我们更应该关注学生数学符号意识的形成演化机制，保证学习者在已有的数学经验基础上，通过数学学习活动，经历、体验、感悟和反思符号表征、数学理解、思想方法，并在具体情境中表现出来。数学符号意识阶段性特征表现为"生"和"成"两个阶段，"生"的阶段主要体现在学习者主观能动地参与数学学习，在数学学习中逐渐形成对数学符号意识的科学认识，这个过程主要是学习者对数学符号意识的感悟与反思，体现了数学符号意识的内隐性；"成"的阶段主要体现为学习者将感悟的数学符号意识应用于数学问题的解决，用符号化的思维思考数学问题，选取恰当的符号表征和分析现实问题，并可以用适合的符号来解释现实问题。

2.数学符号意识的层次性

数学符号意识源于现实世界的学生活动经验，数学符号意识超越了学生的关于数学符号的知识与能力，是其上位概念。数学符号意识的超越性特征体现在学生对数学符号的学习与运用水平是不断提升的，具体言之，学习者通过客观事物抽象形成符号表征，借助于符号表征，对数学本质进行深刻的理解，从而可以上升至数学思维的形成，而数学思维形成之后，又使得学习者从数学符号化的角度思考问题，寻求解决问题的数学思想方法，这个过程中，数学符号意识的构成要素不断转换，每一次的转换，必将超越学生原有的数学符号的学习层次水平，数学符号意识的层次性特征使教师在数学教学活动中培养学生形成数学符号意识成为可能。

3. 数学符号意识的主体性

所谓主体性，是作为数学学习主体的人在数学学习活动过程中，为达到一定的学习目的而表现出来的自由、自主、主动、能动的地位与特性。从数学学科角度来看，作为数学特殊语言的符号就不可避免地体现出人的主体性，具有人的解释与意蕴。数学符号意识的生成离不开人的作用，体现了人在整个过程中的经验、活动、感悟、反思等心理倾向，数学符号意识的生成必然使学习者在解决问题过程中体现出符号的倾向性和符号化的思想模式。所以，数学符号意识必然具有主体性特征。皮亚杰指出："整个认识关系的建立，既不是外物的简单摹本，也不是主体内部预先存在的独立显现，而是包括主体与外部世界在连续不断的相互作用中逐渐建立起来的一个结构集合。"数学符号意识主体性特征是由作为学习者的人的主体性决定的，因此在数学符号意识生成过程中需要发挥学习者的能动性、积极性和自主性。

4. 数学符号意识的实践性

符号意识生成的实践性特征是作为具体技能的符号化思想方法应用的体现，是学习者必须经历的过程，当学习者从客观事物抽象得出符号表征，进而达到思维结构时，这个过程更多体现的是思维的提升，从直观的思维到抽象思维的转变，而符号意识除此以外，还需要利用求解思维将心理倾向转化成能够解决实际问题的符号化思想方法，在实践中检验学习者数学符号意识的生成程度，验证思维成果的正确与否，不经历实践过程，思维的发展就没有了动力。因此，在数学符号意识生成的阶段过程中，思维与实践是同等重要的，离开了思维的实践会缺乏理论指导，而离开了实践的思维会逐渐退化衰竭。所以，学习者只有积极参与社会实践、生活实践和探究实践，在其中亲自体会数学符号意识的重要作用与价值，才不会使数学符号意识的实践操作变为"纸上谈兵"而束之高阁。

二、如何培养学生的符号意识

数学符号意识的培养策略

1. 在具体情境中提升学生的符号表征

在结构要素的分析中我们已经提及，数学符号是对客观事物的抽象。义务教育尤其是小学阶段，学生的身心发展水平及认知能力还比较低，不容易接受相对抽象的事物，从数学学科发展历史来看，数学符号的规范和统一经历了漫长的历程，在培养学生符号意识时，有必要让学生经历符号抽象的过程，学生对数学符号抽象的接受就是人类在数学发展历史中对数学符号接受的一个缩影，因此，在符号意识形成的初始阶段，应该尽可能提供现实情境，由浅入深、循序渐进、不断提升，只有当学生接受了从客观事物到数学符号的抽象，才能更好地将数学符号有效内化。例如，我们在引入 π 的时候，由于 π 是小学阶段学生接触的第一个无理数（无限不循环小数），是一个常数，而在此之前的符号没有一个是表示固定的常数的，因此学生接受起来会比自然数困难。这时，我们可以借助数学史上数学家关于 π 的研究过程，结合符号与现实生活中的联系，一是帮助学生理解 π 的确定性；二是可以让学生感悟 π 的无限不循环性。

2. 在探究过程中完善学生的思维结构

对于在实际数学课堂教学中，如何发展学生的数学符号意识，首先，我们可以给学生提供一些带有具体现实情境的问题，让学生经历亲身操作、自主探究的过程。例如，我们可以给出这样的问题：某书定价为 8 元，如果一次性购买 10 本以上，则超出 10 本的部分可以打八折，分析并表示购书数量与付款金额之间的关系。请用尽可能多的符号表达方式来表示这一关系。学生不但可以选择自己认为合理的、方便的符号表达方式，还能体会从现实世界到数学世界抽象的过程中，符号所起到的重要作用，提升学生的抽象性符号思维。其次，在探究活动中不仅要关注数学问题的解决，更应该注意将符号思维贯穿于整个探究过程之中，体验数学符号化与形式化在数学学习中的作用与优势。最后，通过数学知识，借助数学符号深化学生对数学本质的理解，让数学符号意识能够长久地、有效地纳入学生的认知结构，拓宽学生原有的视野，形成结构化、网络化的知识结构，提升学生思考的广度与深度，注重各个知识领域之间的联系，促进符号思维的横向发展，通过问题的延伸与变换，保证符号思维的纵向提升。

3. 在知识形成中强化学生的数学理解

从表现形式来看，数学知识可以分为显性知识和隐性知识，一般来说，显性知识更多表现为间接经验的习得，被视为数学理解的源泉；隐性知识则更多地蕴含在数学理解之中，需要学习者的亲身感悟。数学符号意识既具有外显性，又具有内隐性，因此需要在知识形成的过程之中来感受符号洞察意识。符号洞察意识体现在感知单个数学符号的含义，能够理解同一符号在不同数学情境中的数学意义，从而建立数学符号之间的关联，理解由多个数学符号所构成的表达式的数学意义。学生的符号洞察意识具有不同的水平，随着数学理解不断深入，学习者能够建立起数学符号表征之间复杂交错的联系，与原有认知结构中其他符号表征整合起来，对原有知识结构的组织、丰富和调整可以使学生达到数学洞察意识的不同层次。数学符号意识、数学思想、数学思维等隐性数学知识，都需要学习者的切身体会，最终通过归纳得出猜想，通过抽象得出模式。

4. 在综合实践中培养学生的思想方法

数学符号意识的培养最终落脚处应该在于应用，要通过学习者已有的数学符号意识激发他们的符号思考，全面培养和拓展学生的符号应用意识。教师应该在教学过程中关注学习者在实际问题情境中使用数学符号的能力，尽量避免对符号运算、推理、表达的机械记忆与训练，培养学生符号化的过程，用符号表示数学中的数量关系与变化规律，理解数学符号的应用，这样可以有助于揭示问题的一般性和普遍性。例如，我们可以让学生观察如下规律：$12+21=11\times3$，$23+32=11\times5$，$34+43=11\times7$，$26+62=11\times8$，$45+54=11\times9$，$19+91=11\times10$……之后，第一步，让学生试着说出其中的规律是怎样的，这样可以使学生在具体问题中确定相关的线索或者条件。第二步，让学生使用符号表示出一般结论，这样可以使学生能够梳理相关线索，借助适当推理方式形成结论。第三步，让学生对其进行严格数学证明，并体会符号所得结论的一般性。符号的一般化对数学活动和数学思考是十分重要的，只有在实际的问题解决中帮助学生理解符号以及表达式、关系式的意义，才能更好地在综合实践中培养学生的符号应用意识。

三、培养符号意识的作业进阶设计

（一）学生数学符号意识评价框架

"符号意识"作为一种隐性的课程目标，其评价的标准是什么，又是以什么方式进行评价的？朱立明和马云鹏参考国外关于符号意识相关框架构建的方法，利用 SOLO 分类法对符号意识进行了维度和水平的划分[1]。其中，维度的划分主要是依据 Arcavi 关于符号意识的行为表现进行的，按层次构建了包含四个维度的 PORE 评价框架[2]：数学符号的感知（perception），数学符号的运算（operation），数学符号的推理（reasoning），数学符号的表达（expression），在各维度下，借鉴 Pierce.R 和 Stacey.K 的关于代数洞察的具体常见情境和 SOLO 分类法划分不同水平，如图 3-3-2 所示。

1. 维度一：数学符号的感知 (perception)

数学符号的感知是对数学符号的一种直觉认知，不仅包括对数学符号本身所特有的意义与内涵的理解，而且包括对数学符号的美妙与神奇的鉴赏，理解数学符号所蕴含的意义及其使用条件，体会数学符号的暗示功能。这是

---

① 朱立明，马云鹏."数学符号意识"研究：内涵与维度 [J]. 教育理论与实践 2015（32）：3.

② 朱立明，马云鹏. 学生数学符号意识 PORE 评价框架的构建 [J]. 数学教育学报，2016（1）：84-88.

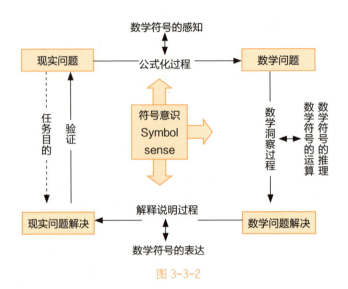

图 3-3-2

数学学习中最基本的要求，也是符号意识的最基本要求。数学符号感知有三种状态：一是混淆的状态，不能理解数学符号的特定内涵与意义；二是孤立认识的状态，可以透过数学符号的形式看到数学符号所蕴含的特定含义，但不能理解数学符号之间的关联性；三是全面理解的状态，可以找到数学符号之间的关联性，能够体会不同情境下数学符号所具有的不同意义和作用。具体可以划分为三个水平，如表 3-3-1 所示。

表 3-3-1　数学符号的感知水平

水平	具体标准描述
水平 0	没有意识到每一个数学符号都有其特定的含义，不能理解数学符号所代表的性质本身是什么，对数学符号的感知是一种模糊的状态
水平 1	能够透过数学符号的形式看到数学符号所蕴含的特定含义，但不能理解数学符号之间的关联性，对于数学符号的感知是单一的、片面的
水平 2	意识到数学符号之间的关联性，能够体会不同情境下数学符号具有不同的意义和作用，对数学符号的感知是完整的、全面的

2. 维度二：数学符号的运算 (operation)

数学符号的运算是数学活动中最重要的基本形式，运算是根据一定的数学概念、法则和定理，由一些已知量通过计算得出确定结果的过程。此维度的核心是基于数学运算的符号操作，符号操作作为解决代数问题的一个重要补充，是需要学生必须掌握的数学技能之一。数学符号的运算所得结果的一般性体现出数学符号的本质特征，数学符号的运算包含三个阶段：具体数字运算阶段；符号形式上的运算阶段；符号程式化的运算阶段。此维度可以划分为三个水平，如表 3-3-2 所示。

表 3-3-2　数学符号的运算水平

水平	具体标准描述
水平 0	在问题的解决过程中，不能理解数学符号可以类比数字进行运算，处于直观的数字运算阶段
水平 1	能够理解并利用数学符号类比数字进行运算，但不能解释运算所得到的结果具有一般性，仅从操作层面理解数学符号的运算，处于符号形式上的运算阶段
水平 2	能够利用数学符号类比数字进行运算，并能解释运算的结果具有一般性，从算理层面理解数学符号的运算，处于符号程式化的运算阶段

3. 维度三：数学符号的推理 (reasoning)

数学符号的推理包括合情推理和演绎推理，合情推理的基本思路是，根据已有的事实，经过观察、分析、比较、联想，再进行归纳、类比，然后提出猜想，是形成数学猜想的重要途径，是一种从特殊到一般的推理形式，正如史宁中教授所说："数学的结果是'看'出来的，而不是'证'出来的。"但是这里的结果未必是真的，需要通过演绎推理对其真伪加以验证，演绎推理是一种从一般到特殊的推理形式。此维度可以划分三个水平，如表 3-3-3 所示。

表 3-3-3　数学符号的推理水平

水平	具体标准描述
水平 0	受制于拖沓冗长的文字语言，不能利用数学符号通过简约思维进行推理，逻辑思维没有条理性
水平 1	摆脱拖沓冗长的文字纠缠，能够借助数学符号通过合情推理对结论进行猜想或者通过演绎推理对问题进行论证，具备单一的推理思维水平

续表

水平	具体标准描述
水平 2	不仅可以通过合情推理得到结论，还能够从一般的概念、公理出发，对所得结论利用演绎推理进行论证，并能够判断所得结论的真假，具备猜想——证明的推理思维水平

4. 维度四：数学符号的表达 (expression)

发展符号意识最重要的是从数学符号的角度运用数学符号系统进行数学表达。符号的表达是一种理性的表现，可以使数学问题的解决呈现一定的规律，从而避免无用信息的干扰，并从中发现一些共性的东西，提升有序思维。所以，从某种意义上说，数学符号的表达正是数学符号作为一种意识需要强化的。数学符号的表达有三种表现：数学对象和数学关系的符号化；利用数学符号进行数学表达；多种数学符号之间的相互关系及其转化，此维度可以划分为四个水平，如表 3-3-4 所示。

表 3-3-4　数学符号的表达水平

水平	具体标准描述
水平 0	没有将问题中的数学对象和数学关系符号化的意识，不能选择恰当的符号进行数学表达，对符号的表达处于无意识状态
水平 1	对于一些有明显数学符号特征的问题，能够通过数学符号表达解决问题，但只能选择单一的符号表征方式（表格、图像、关系式）进行数学表达，对于一些数学符号特征不明显的问题，不能意识到通过选择相应数学符号表征来解决问题，对于符号的表达需要较明显的提示信息
水平 2	对于一些数学符号特征不明显的问题，也能将问题中的数学对象和数学关系符号化，但只能选择一种数学符号表征方式（表格、图像、关系式）进行数学表达，对于数学符号的表达是机械性的
水平 3	理解数学符号表达的多样化，能够选择一种可行的数学符号表达式表征问题并能够根据需要及时替换，知道何时选择其他方法或者寻求更简练的数学符号表征方式（表格、图形、关系式）解决问题，对于数学符号的表达是灵活的

（二）义务教育阶段学生数学符号意识进阶发展水平划分[①]

朱立明，马云鹏将义务教育阶段学生数学符号意识划分为四个发展水平。

1. 经验观察水平

一年级和二年级学生的数学符号意识特征是具有可感性与具体化，称为经验观察水平。

具体表现为：学生可以通过整体来辨认数学符号，并区分不同类型的数学符号（如字母、图形、关系式等）；学生能够借助具体事物，用标准的或者不标准的名称对数学符号进行直观性描述；学生知道数学符号的独特性，但无法解释数学符号的本质内涵，无法利用数学符号的特征对数学符号进行概括的论述，如：学生知道字母和数字是不同的，但是不能理解字母可以表示一类数量。

2. 本质内化水平

三年级和四年级学生的数学符号意识特征是具有深刻性与特殊化，称为本质内化水平。

具体表现为：学生能够理解数学符号的意义，并以此分析数学符号所代表的本质与非本质内涵；学生能够解释同一个数学符号在不同数学情境下的意义，但无法建立不同数学符号之间的关联；学生能够脱离具体事物，模仿数字将数学符号作为运算对象，并对其进行运算，但无法解释所得结果的一般性，如：学生在符号运算的时候，不再关注"□"是苹果还是橘子，是 5 还是 6。

3. 理性辩证水平

五年级和六年级学生的数学符号意识特征是具有逻辑性与形式化，称为理性辩证水平。

具体表现为：学生能够建立不同数学符号之间的相互关联，形成数学符号的网络结构，可以利用尝试特例的方法提出猜想，并在特例的基础之上，

① 朱立明，马云鹏. 义务教育阶段学生数学符号意识发展水平的实证研究 [J]. 课程·教材·教法，2018（3）：87-94.

利用数学符号得出一般规律和结论；学生能够利用数学符号进行演绎推理论证和猜想，能够比较同一个定理不同的符号论证方法；学生能够利用数学符号解释论证所得结果的一般性。

（三）培养符号意识的作业进阶设计策略

1. 注重从具体情境中抽象出数量关系和变化规律并用符号表示

用符号来表示具体情境中的数量关系也像普通的语言一样，首先需要引进基本的字母，在数学语言中，数字以及表示数的字母，+、—、×、÷ 等表示运算的符号，=、>、<等表示关系的符号，这些都是用数学语言刻画各种现实问题的基础。

字母表示是用符号表示数量关系和变化规律的基础，荷兰著名数学家、数学教育家弗莱登塔尔指出，代数开始的典型特征是文字描述。字母作为数学符号有两种作用，第一，字母可以作为专用名词，比如 π 是一个完全确定的数，或用 A 表示两直线的交点，显然特定集合需要使用标准的专用名词。第二，字母可作为不确定的名词，就像日常生活中的人，可以表示所有的人。具体案例如下。

观察下列等式：

$12+21=11\times3$；

$23+32=11\times5$；

$34+43=11\times7$；

$26+62=11\times8$；

$45+54=11\times9$；

$19+91=11\times10$

…………

（1）按照上面规律，请你再写出一组算式；

（2）如果用 a 表示十位数字，b 表示个位数字，请你用字母 a 和 b 表示这个规律；

（3）你能解释或证明你发现的规律吗？

2. 引导学生理解符号所代表的数量关系和变化规律

所设计的作业应使学生能在现实情境中理解符号表示的意义和解释代数式的意义，能用关系式、表格、图像表示变量之间的关系，能从关系式、表格、图像所表示的变量之间的关系中获取所需信息，会进行符号间的转换。具体案例如下。

下面是由小木棒摆成的图形，请观察图形回答问题：

第1个图由_____根小木棒摆成；第2个图由_____根小木棒摆成；
第3个图由_____根小木棒摆成；第4个图由_____根小木棒摆成；
……

请你描述这个变化规律：
第 n 个图由_____根小木棒摆成；第20个图由_____根小木棒摆成。

3. 激发学生选择适当的程序和方法解决问题，并用符号表示问题

解决问题的第一步是将问题进行表示，也就是进行符号化。第二步则是选择算法进行符号运算。如果说第一步是把实际问题转化为数学问题即数学化，第二步则是在数学内部选择推理运算的算法。

4. 加强符号语言与其他数学语言的互译与表达

具体案例如下。

1. 小明今年 a 岁，小莎今年（$a+b-x$）岁，又过了 x 年，小明和小莎相差多少岁？
2. 定义一个新运算符号 $\oplus$，它的运算规则如下：$3 \oplus 4=3+4+5+6=18$，$8 \oplus 5=8+9+10+11+12=50$，按此规则完成下列题目：
（1）求 $7 \oplus 3$ 的值；
（2）$x \oplus 3=21$，求 x；
（3）$1 \oplus x=15$，求 x。

第四节
培养几何直观的
作业设计

（一）几何直观的内涵

几何在人类文明发展史上占有重要地位。作为西方思想源头的古希腊哲学就植根于几何学的研究，欧几里得的《几何原本》被公认为有史以来最伟大的教科书。几何的思想方法对所有科学体系的构建都有深刻的影响。

几何的研究对象是图形的形状、大小与位置关系。图形是对事物空间形式的一种视觉抽象，具有整体、直观、形象、多维的特点，能够反映事物的空间结构与关系。几何直观就是利用图形的这些特点去探究、描述、分析和洞察事物或问题的结构与关联，感悟事物的本质。这种观察与思维方式在抽象程度很高的数学及数学学习中尤为重要。

几何直观主要是指运用图表描述和分析问题的意识与习惯。能够感知各种几何图形及其组成元素，依据图形的特征进行分类，根据语言描述画出相应的图形，分析图形的性质，建立形与数的联系，构建数学问题的直观模型，利用图表分析实际情境与数学问题，探索解决问题的思路。几何直观有助于把握问题的本质、明晰思维的路径。

《义务教育数学课程标准（2022 年版）》从两个方面将几何直观的内涵表述得更加丰富而且清晰。一是认为几何直观对几何内容本身的学习起到直观的作用，让学生能够感知各种几何图形及其组成元素，并依据图形的特征进行分类。二是认为几何直观是数形结合思想的体现，强调建立形与数的联系，构建数学问题的直观模型。

（二）几何直观的表现

小学阶段的几何课程内容虽然只是从整体、直观的层面认识和处理与图形有关的概念与问题，但由于现实生活中图形形状（如建筑物的轮廓、家具的造型等）和图表信息（如教室的座位表、拼搭玩具的结构示意图等）随处可见，因此学生已经具备了一定的直观经验。我们的教学目标是在学生已有直观经验的基础上，帮助他们形成带有数学特征的几何直观。

几何直观的主要表现有四个方面：

1. 能够用几何模型解释与理解数及其运算，建立数与形的联系

能够利用直观模型理解与解释数的相关概念，这种直观表示有助于学生对概念形成过程及意义的理解，也有助于学生用数学概念解释现实情形中相关问题的实际意义；能够利用直观模型理解与解释数的运算律和运算法则，这种直观表示不仅有助于学生对运算的理解，而且有助于学生通过运算的几何意义理解相应的几何概念（如距离、面积等），建立数形之间的联系；能够利用直观模型理解数量关系，如可以利用天平模型理解等量代换与等式的基本性质。

2. 能够感知各种几何图形及其组成元素，描述和分析图形的特征与性质

通过观察，能够直观感知图形的组成要素，依据图形要素对图形进行分类；通过测量、实验，能够直观感知图形要素之间的关联及图形要素对形状

的影响；能够克服视觉的不足，使几何直观逐步建立在逻辑的基础上。

3. 能够直观理解图形的运动，发现变化中的不变性

通过观察，能够发现自然界及日常生活中的各种对称现象，能将这些对称现象与图形的变换建立联系，用图形的变换解释对称性；通过实物操作，能够直观解释三种几何变换之间的联系与区别，理解图形变换前后的对应关系，初步感悟图形的变换是由对应点确定的。

4. 能够利用简单的图表分析问题，探索解决问题的思路

能够尝试利用图表直观表示问题中的数量关系；能够运用图表列举简单情况，归纳发现其中的规律；初步体验用几何模型解决问题的方法，如用拼凑小方块的方法求 $1+2+3+\cdots+9+10$，解释倒序相加的方法；利用树状图计数；利用方框或圆圈表示两类对象的包含关系（如三角形、锐角三角形、等腰三角形之间的关系）。

虽然对空间与图形的视觉属于人的一种本能，但几何直观需要更多的图形性质与逻辑推理的支持，因此几何课程是培养学生几何直观的基本途径，在构建几何图形、形成几何概念、推断几何性质、解决几何问题的过程中，学生的几何直观将会得到不断发展。此外，几何直观也是一种数学学习与问题解决的工具，在其他数学领域的学习中有广泛的应用。要加强这方面的能力，就需要建立数与形的联系。在教学中，要通过各种数形结合活动，帮助学生养成利用图表表示数的概念、运算及关系的习惯，引导学生利用图表描述问题的本质、分析思维的路径。

（三）几何直观的价值及其在数学学习中的作用

几何直观不仅仅在"图形与几何"领域的教学中具有重要的教学地位，在其他领域中，同样能彰显出它的教学价值。

1. 有助于发展学生的解题策略

在解决问题中，把已知条件、问题用线段图的方式描述出来，研究数量之间的关系；对复杂的问题画出关系示意图（树状图）使条件、问题明朗化，寻求解决问题的方法，以上都是运用几何直观帮助学生形成解题策略与解题思路。

2.有助于学生对数学知识的认识与理解

教学中，对若干信息进行分析，了解事物的变化，往往用到条形统计图、折线统计图和扇形统计图。从图中看出事物的变化趋势和各部分之间的关系，以及经常使用的数直线（数轴）、方格等，都是几何直观的一种具体体现。借助几何直观，可以很好地帮助学生认识与深刻理解数学知识的作用。

3.有助于学生数学化地思考

运用几何直观，不仅关注学生看到了什么，而且让学生通过看到的图形进行联想、想象，这是一种非常重要且有价值的思维方式。直观的图形将许多抽象的数量关系形象化，将复杂的数学问题简单化，不仅使学生更容易思考问题、解决问题，而且有利于数学直觉和数学思维的培养。

二、如何培养学生的几何直观

下面着重论述培养学生的几何直观的方法以及发展几何直观需要注意哪些问题。

1.提倡"做中学"，在数学活动中培养学生的几何直观

小学图形学习的重要特征是参与多种必要的学习活动，包括观察、操作、想象、推理、表达等。教学中重要的是设计有效的活动，将操作与想象、推理、表达等有机结合起来。比如，图形分类可以帮助学生不断进行图形比较，对其特征进行概括。在分类过程中，要将思考分类标准、概括图形共性、比较不同图形、表达分类结果等有机结合。

2.关注数形结合，在联系中让学生体会几何直观的作用

教学中要建立形与数的联系，比如可以利用图形来直观理解数的概念和运算的道理，借助图分析数量关系和解决问题，运用图来刻画变量之间的关系等。

3.注重习惯养成，在解决问题中逐步让学生养成画图、列表等习惯

教学中要鼓励学生利用画图、列表等方式分析问题，探索解决问题的思路，养成随时画图、列表的习惯。利用画图可以把复杂的数学问题变得简明、清晰，提炼情境中的数量关系，并进行直观表达。通过列表，一方面可以帮助学生整理问题中的有关信息，并在此基础上寻找解决问题的思路；另一方面可以有序列举，解决问题。

三、培养几何直观的作业进阶设计

（一）关于中小学生几何直观能力发展水平进阶划分的国内外研究成果[①]

几何直观能力的发展与儿童的空间观念以及几何概念的形成有关，同时也与儿童的形象思维有关。20 世纪 50 年代，在荷兰教学的范希尔夫妇由于每天都要面临几何教学的问题，他们开始关注皮亚杰的工作，并结合自身的教学经验提出了几何思维的五个水平，这五个水平在 10 年后于 1974 年的大西洋城 NCTM 年会上汇报，并被称为"几何教学心理学中的一个重大突破"，范希尔夫妇将几何思维分为五个水平，分别是视觉、分析、非形式化的演绎、形式演绎、严密性。范希尔认为学生的直观化水平随着学生几何思维水平的进步而不断提高，由于学生思维水平的不连续性与差异性决定数学学习过程是不连续的，即学生若要达到更高水平的要求，必须已经掌握大量的低水平内容。后来研究者以该理论为基础对年龄范围从幼儿到大学生的群体进行调查研究，发现大部分学生几何思维水平符合范希尔夫妇的描述，但研究者也指出，在这五种水平之前还应存在一个更先决的水平，且范希尔夫妇更多的是从欧式几何角度思考学生的思维水平。

皮亚杰和英海尔德关于儿童空间概念的理论（Jean Piaget，Babel Inhelder. 1999）较为代表性的结论有两点：一是空间概念是通过儿童主动与内化行为逐渐组织搭建起来的，而不是通过简单的浏览空间环境形成的，因此空间表示依靠来自环境的早先操作过程的积累；二是儿童在几何方面的发

---

① 张子仪，刘文静，焦宝聪，董黎明. 小学生几何直观能力发展规律的数学实验设计研究 [J]. 赣南师范大学学报，2019，40（6）：132-137.

展顺序正好同历史上发现几何的顺序相反，即最初构建拓扑关系，再到射影，最后到欧几里得图形关系，更符合儿童的逻辑。该研究延伸了思考学生思维水平的角度，不仅仅局限于欧式几何。同时，该研究结合了皮亚杰的儿童智慧发展四个阶段，即感知运动阶段（0-2岁）、前运算阶段（2-7岁）、具体运算阶段（7-11岁）与形式运算阶段（11-16岁），在不同的阶段分别能进行的空间概念学习为拓扑、欧式图形学习、测量和射影几何的学习。由于时间、地域上的差异，该研究划分的年龄阶段的准确性、普适性有待探讨，但该研究为儿童空间观念、几何直观的发展规律提供了很好的素材。

刘晓玫在2007年东北师范大学的博士论文中对小学生的空间几何直观能力发展规律进行了实验研究。将小学生的空间观念水平分为三个阶段，如表3-4-1所示。水平1主要能完成基于经验与单一直观物体的想象，如对称、平移；在水平1的基础上，水平2可以进行简单的分析、抽象与推理，能够建立概念之间的联系，能进行较复杂物体的观察分析与想象，如旋转对称；水平3则是在前两项基础上能够建立更为复杂的抽象并经历一定的逻辑推理过程，如空间三视图的识别、三维图形的旋转等。每个水平都以年级为单位进行划分，其中，2～3年级适合涉及概念较少并只与空间想象有关的问题情境，问题深入到需要进行相关推理与抽象问题时则要到四年级之后才能被学生接受。

表3-4-1　我国小学生几何直观能力规律及水平划分

水平层次	阶段	具体年级（年龄）
水平1	（完全）直观想象	2～3年级（7～9岁）
水平2	直观与简单分析抽象	4～6年级（10～12岁）
水平3	直观想象与复杂分析	4～6年级（10～12岁）

（二）几何直观作业进阶设计策略

1. 注重借助几何直观理解概念

在概念学习中，如果能够建立起抽象的数学概念与形象的图形之间的联系，把数学概念中最本质的属性用恰当的图形演示出来，尝试用数学语言表征，经历"基于动作的思维→基于形象的思维→基于符号与逻辑的思维"转换，就可以丰富学生的感性材料，为学生建构数学概念奠定良好的基础。有形的操作支撑起无形的数学方法，适时适度的几何直观介入，是朴素经验走向数学形式化的点睛之笔。

2. 注重借助几何直观理解算理

计算教学需要引导学生理解算理，这一过程可以运用几何直观，引导学生学会学习，实现过程性目标。

3. 注重借助几何直观探索规律

数学的规律应该让学生自主探索发现，而几何直观能引导学生创造性地探索数学规律，更好地建立起形和数的辩证关系。直观的图表可以把隐藏的数学关系显性化，为学生提供探索数学规律、发现数学本质的情境。

4. 注重借助几何直观获得策略

通过画图直观地显示题意，有条理地表示数量，便于发现数量之间的关系，从而形成解题的思路。恰当选用线段图、示意图、集合图等，是寻找解题途径十分有效的手段。在数学学习时，应帮助学生从小养成一种用直观的图形语言刻画、思考问题的习惯。

几何直观是一种可视化的思维方式，在教学中将抽象的数学概念、结构关系、思想方法、解题策略等直观揭示或表征出来，引发深度的教与学，发展学生的学习创造性，提升学习力。具体案例如下。

（1）会场原来每排20座，有15排，扩建后每排增加5座，增加3排。扩建后共增加多少个座位？有学生以为5×3就是增加的座位数，为什么是错的？

（2）原计划买20个皮球，每个15元。实际每个涨价3元，且多买5个，实际比计划多花多少元？

（3）学校长方形植物园原来长20米，宽15米，扩建后长增加5米，宽增加3米，扩建后面积增加多少平方米？

5. 注重借助几何直观解决问题

一个长方体，如果增高 4cm，就成为一个正方体，这时表面积比原来增加了 96cm²。原来的长方体的表面积是多少平方厘米？

根据题目的描述"一个长方体，如果增高 4cm，就成为一个正方体"，作图时就可先画出一个正方体，然后标出增高的 4cm，这样就把正方体分割成两个长方体，如图 3-4-1 所示。从图 3-4-1 中可以看出，每个长方体都有两个相对的面是正方形，长和宽是相等的，前、后、左、右四个面的面积是相等的。增高 4cm，表面积增加 96cm²，增加的面积在哪儿呢？这是解答本题的关键。因此，画出图后会正确地看图，是每位学生必须具备的能力。教师在引导学生观察图形之后，思考问题：增高之后，表面积增加在哪儿呢？学生经过思考、讨论、交流发现，表面积并没有增加六个面，因为两个长方体拼在一起后，中间两个面合在一起了，不能算表面积的一部分，这样下面这个长方体只剩前、后、左、右、下五个面。如果要使下面一个长方体的表面积不变，就要将上面一个长方体的上面割补移到下面长方体的上面（抵消法），真正多出来的表面积只有上面长方体的前、后、左、右四个面，如图 3-4-2 所示，这道的解题思路是：①先求每个面的面积（或展开图的底面周长）：96÷4=24（cm²）；②再求长方体的长或宽：24÷4=6（cm）；③再求原来长方体的高：6-4=2（cm）；④最后求原来长方体的表面积：$S=(ab+ah+bh)×2=(6×6+6×2+6×2)×2=120$（cm²）。

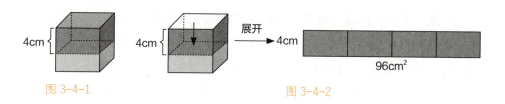

图 3-4-1　　　　　　　　　　图 3-4-2

第五节
培养空间观念的
作业设计

一、对空间观念的认识与理解

（一）空间观念的内涵[①]

空间观念主要是指对空间物体或图形的形状、大小及位置关系的认识。能够根据物体特征抽象出几何图形，根据几何图形想象出所描述的实际物体；想象并表达物体的空间方位和相互之间的位置关系；感知并描述图形的运动和变化规律。空间观念有助于理解现实生活中空间物体的形态与结构，是形成空间想象力的经验基础。

相比于 2011 年版，《义务教育数学课程标准（2022 年版）》对空间观念具体表现的描述基本不变，但是增加了对空间观念的概念内涵的界定，并进

[①] 史宁中，曹一鸣. 义务教育数学课程标准解读（2022 年版）[M]. 北京：北京师范大学出版社，2022.

一步指出其意义，把"依据语言的描述画出图形"分离出来，作为"几何直观"进行呈现。2022年版课标仍然突出了三维图形与二维图形的互相转化，这种转化是发展学生空间观念的重要方面。此外，2022年版课标增加了"表达""感知"等词语，反映出空间观念的发展离不开学生的操作，特别是在操作过程中的感知、想象与表达。

"空间观念"和"几何直观"这两个核心概念都与"图形与几何"的教学内容有关，同样也并非只局限于图形与几何领域。空间观念主要是指对空间物体或图形的形状、大小及位置关系的认识，是形成空间想象力的经验基础。空间观念的本质是空间想象力，而几何直观的本质是一种感性认识。两者互为基础，互相支撑发展。

（二）空间观念的表现

小学阶段的空间观念主要表现在对空间与图形的整体感知、操作与测量方面，具体如下：

1. 能够通过感知、描述与想象三维物体的整体形状与几何特征，抽象出几何图形

对空间实物的表征一般有三种方式：一是具体的实物或模型，二是经过数学化的直观图形，三是前两者的内化结果——表象。无论哪种方式都带有大量的视觉信息，如形状、大小、颜色等，因此需要对这些信息进行筛选与处理，排除无关的信息，聚焦物体的空间形式与度量关系，用图形给出直观表示。

2. 能够根据语言描述或图形想象出实际的物体或景象

例如，由"空间任意四点"想象四个点的各种排列位置：四点共线、三点共线、构成四边形、构成四面体等。

3. 能够对几何图形进行整体表征、解释、转换，并生成新的图形

例如，能够在复杂的背景中识别简单的几何图形；能够在方格纸或钉子板中画出面积相等的图形。

4. 能够在头脑中操作、旋转、分解与组合简单图形的表象，获得新的表象

例如，能够在头脑中把一个长方形分割成两个直角三角形；能够在头脑中再现三条线段首尾相接构成一个三角形的过程。

5. 能够用空间定位的方法描述一个实际景象或者物体的空间结构

例如，能够向别人描述自己所住房间的结构、形状、布置等；能够在头脑中再现某个景点的观光路线、景观等；能够画出学校建筑的平面图。

6. 能够利用长度、角度描述方位或者两个物体的相对位置

例如，A 市位于 B 市北偏东 30°、距离 70km 的位置。

7. 能够从不同角度想象物体之间的位置关系

例如，一个易拉罐从正面看是一个长方形，从上面看是一个圆。

8. 能够初步感悟点、线、面、体之间的关系

例如，能够把一个长方体展开成平面图形，也可以把一张长方形的纸片剪去四个角折成一个无盖的长方体。

9. 能够在头脑中对图形进行变换与比较

例如，在拼图游戏中，能够通过想象判断哪些部分可以交换位置，并能够用平移、轴对称和旋转描述交换的过程；能够利用平移、轴对称和旋转进行简单的图案设计；能够用小正方体搭成各种立体图形。

空间观念是学生主动地、自觉地或自动化地模糊二维和三维空间之间界限的一种观念，是学生对生活中的空间与数学课本上的空间之间密切关系的领悟。

对于空间观念内涵的理解，首先，需要把握实物与相应的平面图形、几何体与其展开图和三视图之间的相互转化关系，这不仅是一个思考过程，也是一个实际操作过程。把上述表现向前延伸，就是要尝试着物化那些感知到的、在直观的水平上有所把握的转化关系，能根据条件做出一些模型或画出图形，重现感知过的平面图形或空间物体。这种重现能使几何事实基于直观的表象，得到实实在在的表示，使空间观念从感知不断发展上升为一种可以把握的能力。

其次，空间观念在分析和抽象层次上的表现是：能从较复杂的图形中分解出基本的图形，能描述实物或几何图形的运动和变化，能采用适当的方式描述物体间的相互关系等。这些表现在把握相互转化关系的基础上，刻画了图形的特征，在逻辑上对图形关系进行了分析与操作。

最后，空间观念的表现还包括能运用图形进行形象的描述，利用直观进行思考。直观思考是没有严格演绎逻辑的，形象化的推理是结合情境进行的思考，这些内容已经与几何直观有交叉了。此外，几何直观侧重利用图形整体把握问题，而空间观念侧重于刻画学习者对空间的感知和把握程度。前者更接近应用层面，可以归为运用图形的能力，而后者，属于特定的几何学习对学习者带来的变化和发展。

二、如何培养学生的空间观念

发展空间观念需要注意的问题[①]

1. 关注立体图形和平面图形之间的转化

立体图形一旦转化为平面图形，平面图形就能够帮助刻画立体图形，而立体图形和平面图形之间的转化正是空间观念形成的重要方面。具体地说，可以通过从不同方向观察立体图形、将立体图形展开、切截立体图形的方式得到平面图形；可以根据从不同方向观察到的平面图形还原得到立体图形，也将平面展开图折叠后得到立体图形，还可以将平面图形通过平移、旋转得到立体图形。教学中，需要设计丰富的转化活动，让学生边活动想象，发展空间观念。

2. 让学生在推理、想象的过程中发展空间观念

观察与操作是发展空间观念的基础，而推理和想象对于发展空间观念至关重要。在教学中，可以让学生先想一想，尝试着做出判断，然后再看一看、做一做，将实际与想象进行对比，这样有助于学生积累想象的经验，提高对图形之间关系的把握能力，发展空间观念。

3. 鼓励学生从动态的角度认识图形

对于图形，我们不仅可以让学生从静态的角度认识，还可以让学生从动

---

① 孙晓天，张丹. 义务教育课程标准（2022 年版）课例式解读：小学数学 [M]. 北京：教育科学出版社，2022：6.

态的角度去丰富认识。在教学中，教师应鼓励学生将静态和动态结合起来。例如，对于正方形、长方形、圆等，可以通过折叠等活动认识它们的对称轴。又如，可以通过操作、演示等活动让学生理解，长方体可看作由长方形平移而成，圆柱可看作由长方形沿着其中一条边旋转而成，圆锥可看作由直角三角形沿着其中一条直角边旋转而成，从而发展空间观念。

三、培养空间观念的作业进阶设计

（一）培养空间观念的作业评价中存在的常见问题[①]

实践中关于空间观念作业设计及其评价，要以表现性评价为主。关于空间观念的评价还存在以下几个问题。

1. 目标狭隘，评价内容不全

目前的空间观念评价目标比较狭隘，指向观察想象、动手操作、空间定位等内容有所缺失，同时又因为缺少评价导向，课堂教学过程中缺少训练，从而导致学生的空间观念发展容易出现断层。在日常教学中，不少教师认为教材中低年级涉及的空间观念内容比较简单，学生有大量的生活经验，很多学生不用教也已经知道了，因此在课堂上对教学的处理会相对简单。而到了高年级教师会发现，"空间观念"方面的部分内容，有些学生总是听不明白，这是学生空间观念发展出现断层的显性表现。

2. 方式单一，评价效能不足

关于空间观念的评价，现阶段主要以纸笔检测为主。评价的内容大多数停留在对知识技能的考查，而且是以通过长期反复训练、机械操练为手段来熟练技能。虽然《义务教育数学课程标准（2011年版）》指出教学评价应当采取多样化的评价方式，但许多教师对于"多元"的内涵缺乏全面的认识，无法具体到行动层面。而对于"空间观念"方面的学习内容，当学生长期停留在知识

---

① 钟燕，浙江省嘉兴南湖国际实验学校 2021 年浙江省教研课题《小学数学空间观念"任务实践式"评价研究》（编号：G2021152）阶段成果.

层面，在同水平层次上重复时，就难以实现真正的发展。

3.标准模糊，评价指向不明

涉及空间观念的内容，我们究竟要怎样进行课堂教学？孩子的空间观念到底该如何培养？怎样检测学生空间观念的发展水平？目前尚没有规范科学的评价方式，空间观念缺少测评的标准和方法，难以对课堂教学的质量进行观测与检验。同时空间观念也成了空中楼阁，未能将目标与教学实践进行统一，从而使得目标空置，教学难以落到实处。

（二）任务实践式空间观念作业评价体系设计

空间观念主要依赖于现实经验，通过纸笔检测清晰地反映学生空间观念的发展状况有一定的难度。任务实践式空间观念评价以实际的问题为背景，让学生能够采取不同的方法在学科知识融会的基础上解决问题，体现相关的能力与态度。

1.确立任务实践式评价体系的要素及指标

任务实践式评价的主要构成要素如表 3-5-1 所示。

表 3-5-1

关键指标	学段表现	
	第一学段	第二学段
观察想象	能初步认识一些简单的立体图形和平面图形，把握图形的外部特征 能实现实物形状与几何图形的可逆转换 能从不同位置观察物体的形状，体会在不同位置观察物体的范围和形状是不同的	进一步认识一些简单的立体图形和平面图形各部分结构、名称以及图形的基本特征 能实现立体图形与其展开图之间的可逆转换 能从三个方向观察用小立方体搭成的图形形状，体会不同范围和角度观察到的形状不同
动手操作	能正确运用平面图形的特征进行拼图，设计图案 能运用合适的测量方法测量和估计物体的长度和面积	能制作标准的长方体、正方体 能用常见的立体图形进行搭建 能运用合适的测量方法测量和估计物体的体积

续表

关键指标	学段表现	
	第一学段	第二学段
空间描述	能描述物体的相对位置，能根据给定的四个方向中的一个方向辨认其他三个方向，想象出物体的位置并描述物体的方位 知道并能用"上下前后左右""方向和距离"描述物体的所在位置 能简单描述图形的运动变化	能在方格纸上用数对确定位置。能根据方向和距离确定位置，能自建参照系确定位置 能描述简单的路线图 能从平移、旋转、轴对称的角度欣赏生活中的图案

2.评价创新，探索任务实践与评价嵌入

鉴于空间观念主体性、依赖性、渐进性、过程性的特点，测评方法的开发也存在多元性特征。任务实践式评价既是一项评价任务，也是一项学习任务，可以弥补纸笔检测式评价的不足，发展与考查学生与空间观念相关的观察能力、操作能力等。此类评价涉及观察物体、动手操作、表象积累、综合运用等多个维度。主要分三个阶段五个步骤。

（1）任务实践：作业类型一，如图 3-5-1 所示

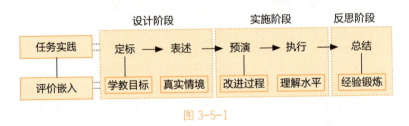

图 3-5-1

任务定标：嵌入学教目标，指明评价导向，如图 3-5-2 所示。

任务定标是指根据评价指标和课程内容要求设计评价目标。评价目标的设计以图形与几何的基本概念为依托，指向空间观念发展，评价学生真实环境中的表现水平。任务设计评价目标与学习目标一致，学生能够正确解决就意味着向学习目标前进一步，随着任务的完成，学生自然而然地达到学习目标。

任务案例：拼搭正方体

适用时间：四年级下册期中阶段 适用对象：四年级学生

任务目标：能从三个方向观察用小立方体搭成的立体图形形状。

能从平面图形想象立体图形，搭出相对应的立体图形。

任务说明：

看一看，搭一搭

请你根据从左面和正面看到的平面图，用 5 个小正方体搭出符合要求的立体图形。

左面   正面

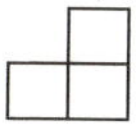

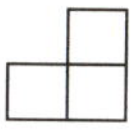

实验材料：平面图、小正方体（数个）、平面桌

图 3-5-2

此任务设计明确呈现了目标达成的信息，学生需要做什么，怎样做。儿童空间观念的形成更多地依赖于动手操作和直观感知，在不断地尝试搭建、选择分类、组合分解等活动中加深对图形直观特征的体验。让学生在具体的想象、操作中，积累知识和经验，从而形成空间表象。空间观念是几何形体在学生头脑中的表象，是初步的空间想象力。这样的从平面到立体图形的具体操作弥补了纸笔测试无法评价的内容。

（2）任务实践：作业类型二

任务表述：嵌入真实情境，丰富评价背景。

任务表述是指采用适当的情境或说明有效地引发学生的学习表现。创设有利于学生观察、想象、比较、综合、抽象分析的真实问题情境，依靠真实情境的任务引领学生利用所学知识去做事，解决现实问题，将知识学习与真实生活连接起来，打通知识世界与生活世界的屏障。

学生在丰富的现实世界中，经历观察、想象、操作、推理、表达等数学活动，经历生活经验的回忆与再现、实物的观察与描述、拼摆与画图、折叠与展开、想象与推理等过程。具体案例如下。

任务案例：我是小小讲解员

适用时间：五年级上册"位置"学习后

适用对象：五年级学生

任务表述：学校是我们的家，但还有许多中低年级小朋友对我们的家并不是很了解。作为高年级的大哥哥、大姐姐，我们可以当一回小小讲解员，为低年级小朋友们介绍学校，让他们更熟悉、热爱我们美丽的校园。

请你利用刚学习的确定位置的内容，根据方向和距离确定你所要讲解的地点，也可以自建参照系确定位置，画出路线图。再带领小朋友参观我们的校园。

该任务基于真实的生活情境，让学生在过程中想象物体的方位和相互之间的位置关系，并能用语言或图形描述物体的方位和相互之间的关系。把这个单元的学习任务放置于一个更广泛的现实情境，丰富了评价的素材和背景。

（3）任务实践：作业类型三

任务预演：嵌入改进过程，关注评价增量。

任务预演是指在任务实践式评价正式开展之前的预备性演练，以生生互评为主要方式。通过任务预演，了解学生在空间运用中的不足，并做出相应的训练。

如"拼搭正方体"任务案例，在正式测评之前，可以组织学生三人一组。一人负责根据任务说明进行操作，两人负责实时观察，并做出对与错的判断，提出自己的意见。根据同一幅平面图，可以搭出不同的立体图形，三人可以多次操作，既能反映学生通过平面图形想象立体图形上的差异，又能互相补充，互相改进。

（4）任务实践：作业类型四

任务执行：嵌入理解水平，夯实评价实证。

任务实践式评价方法的主要目的是提供具体的可研究情境来评价学生研究空间问题、实施操作以及生成空间观念的能力。

任务执行时，需要评分记录工具，它是一个包含学生表现的各种特征的简单量表，将学生的空间观念水平进行呈现。将空间观念所要达成的目标落实到具体的任务中，根据学生在学习过程中目标达成的情况进行评价。本研究主要采用借助二分法判断技术的四分值量表、三分值量表和分析评分法，对学生的任务实践进行评分，一份评分量表对应一个实践任务。

我们为学生准备了同样形状和大小的数学绘本和鞋垫实物。学生根据物品的实际情况选择合适的方法，选用合适的单位对其周长进行估测，并记录下估测的方法。用四分值量表（见表3-5-2），将学生的表现进行水平划分与评析，获取并积累评价实证。

表 3-5-2

任务案例：周长的估测

适用时间：三年级上册什么是周长单元　　　　适用对象：三年级学生

	估计周长	我是这样估的
绘本表面周长		
鞋垫周长		

思考与实践

通过本章的介绍，相信你对如何培育数学眼光并开展有针对性的作业设计有了一定了解。请尝试完成下列问题：

1. 从培养学生"数感"的视角，完成一份作业设计，促进学生抽象能力的发展。

2. 从培养学生"量感"的视角，完成一份作业设计，促进学生抽象能力的发展。

3. 从培养学生"符号意识"的视角，完成一份作业设计，促进学生抽象能力的发展。

4. 从培养学生"几何直观"的视角，完成一份作业设计，促进学生数学眼光的发展。

5. 从培养学生"空间观念"的视角，完成一份作业设计，促进学生数学眼光的发展。

推荐学习：

【1】吴宏，汪仲文．中小学生空间能力的构成要素与水平层次及评价指标 [J].教育学报，2014（5）：41-45.

【2】张子仪，刘文静，焦宝聪等．小学生几何直观能力发展规律的数学实验设计研究 [J].赣南师范学院学报，2019（6）：132-137.

【3】张和平．小学生几何直观能力测评模型的构建探究 [D].重庆：西南大学，2018.

【4】吴三宝，高博豪，郭衍．对数感与量感的辨析 [J].教育研究与评论，2022（8）：51-56.

【5】闫云梅，沈艳春，牛佳．数感的表现标准、单元核心任务与评分量规：以人教版教材"万以内数的认识"单元为例 [J].教学月刊小学版（数学）2023（1）：16-21.

第四章

培养数学思维的作业设计

本章概览

1.数学思维是构成学生核心素养的主要方面之一，通过数学的思维，可以帮助人们更好地理解和解释现实世界。数学思维在义务教育阶段主要表现为推理意识和运算能力，设计指向培养推理意识与运算能力的数学作业，有助于学生发展数学思维，落实核心素养。

2.推理意识是数学思维的主要表现之一。在作业设计中侧重培养推理意识，有助于帮助学生养成讲道理、有条理的思维习惯，增强交流能力。培养推理意识的作业设计要注重创设进阶的真实情境，使学生经历猜想—验证的进阶全过程，注重培养学生有条理的表达。

3.运算能力是数学思维的主要表现之一。在作业设计中侧重运算能力的培养，有助于帮助学生形成规范化思考问题的品质，养成一丝不苟、严谨求实的科学态度。培养运算能力的作业设计的进阶要体现对学生算理、算法学习的关注，注重整体设计，帮助学生感悟运算的一致性；同时重视估算教学，选择合理的解决问题策略。

案例导入

2022 年 PISA 测试[1]（有改动）

工人师傅正在用瓷砖铺地板。他有如图 4-1 所示的两种不同的瓷砖可以使用：瓷砖 A 和瓷砖 B。

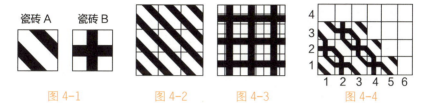

图 4-1　　　　图 4-2　　　　图 4-3　　　　图 4-4

只使用瓷砖 A，可以铺出图 4-2；只使用瓷砖 B，可以铺出图 4-3。

参考图 4-4 的图案，完成下列问题。

问题 1：图 4-4 的图案是使用两种类型的瓷砖组合铺成的。试继续以同样的方式来铺地板，在方格纸上将地板的其他部分补画完整。

问题 2：工人师傅想给图 4-4 的方案做一套铺砖指令，试将下面的几个词语拖放到相应的空格处，以完成可以生成图 4-4 的指令。

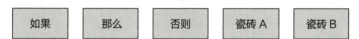

铺砖指令：

若行数为 1 至 4，

则从左手边第一块砖开始铺：

如果行是奇数行，

那么第一块砖铺 ⬜

① 殷素芬. 突出真实情境　聚焦数学推理：PISA2022 数学示例的视角 [J]. 中国数学教育，2022（5）：19-27.

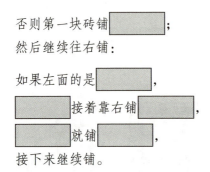

否则第一块砖铺 _____;

然后继续往右铺:

如果左面的是 _____,

_____ 接着靠右铺 _____,

_____ 就铺 _____,

接下来继续铺。

上面的内容是根据 2022 年 PISA 测评中的题目改编而成的作业设计案例，与过去的纯数学背景下的推理不同，将推理意识的培养，置于真实情境下发生，旨在培养学生的数学思维。

第一个问题侧重于归纳推理，第二个问题侧重于演绎推理。学生在完成第一个问题时，可以从两种瓷砖的图案出发，作为已知条件和事实，将图 4-2 和图 4-3 中的信息作为规则，借助图 4-4 中的信息，通过简单的归纳和类比，先进行猜想或发现等学习活动，得到一些初步的结论；在完成第二个问题时，通过法则的运用，体验数学从一般到特殊的论证过程。

本章发展数学思维的作业设计，从推理意识培养和运算能力培养两个方面，在分析课标、学业水平等维度的基础上，通过具体的案例为老师们展现作业设计，帮助教师提升理念，帮助学生落实核心素养。

第一节
培养推理意识的
作业设计

推理意识作为数学学科核心素养中数学思维的关键要素之一，可以让学生"养成讲道理、有条理的思维习惯，增强交流能力"。《义务教育数学课程标准（2022 年版）》明确指出学生要能够运用形式推理等数学方法，分析解决数学问题和实际问题，形成重论据、有条理、合乎逻辑的思维品质，培养科学态度和理性精神。作业作为课堂教学的延续，也是发展学生质疑问难的批判性思维、形成实事求是的科学态度的重要平台。

一、推理意识的理解和认识

推理是思维的基本形式之一，人们在学习和生活中离不开用推理解决问题。《现代汉语词典（第 7 版）》将"推理"解释为"思维的基本形式之一，是由一个或几个已知的判断（前提）推出新判断（结论）的过程"。推理有合情推理和演绎推理，其中合情推理分成归纳推理和类比推理等。

"推理能力"是《义务教育数学课程标准（2011 年版）》围绕义务教育数

学课程内容提出的核心词之一。《义务教育数学课程标准（2022年版）》在此基础上，将"推理能力"细分为小学阶段的"推理意识"和初中阶段的"推理能力"两种具体表现。

推理意识作为核心素养的重要表现之一，指的是"对逻辑推理过程及其意义的初步感悟"。就是在判断一个命题的真假时会自觉或不自觉地使用推理形式的一种心理倾向。[①]进一步看，"推理意识"会进一步过渡到"推理能力"，"推理能力"是建立在"推理意识"基础上的，由此可见，推理意识是形成推理能力的经验基础。

学生具有推理意识主要体现在以下四点：一是知道可以从一些事实和命题出发，依据规则推出其他命题或结论；二是能够通过简单的归纳或类比，猜想或发现一些初步的结论；三是通过法则运用，体验数学从一般到特殊的论证过程；四是对自己及他人的问题解决过程给出合理解释。

二、以培养推理意识为目标的作业设计现存的问题

很多一线教师已经开始在作业设计中，关注学生推理意识的培养，但当前教学实践中依然存在以下问题：

（一）目标的制定上存在偏差

教师在设计以推理意识为目标的作业时，往往存在作业目标不清晰、目标制定不准确的情况。一方面原因在于教师对学生的实际情况和实际需求把握不准确，不能恰到好处地找准推理意识培养的设计起点。另一方面原因在于教师对课标的要求理解不够，对于学生在不同阶段应该达到怎样的水平认识比较模糊，在推理意识的培养方面存在模棱两可的状态，容易出现目标滞后或者目标超前的情况，进而造成作业设计的盲目化和低效化。

---

① 徐锋，杨晓荣.小学生推理意识培养中若干关系的辨析与思考[J].小学数学教育，2022（22）：4-6.

（二）形式传统单一，内容死板枯燥

教师在设计作业时，容易受到传统教学理念的影响，多做、多练、多讲等现象依然盛行。教师为帮助学生加深印象，在设计作业时更加注重机械式的重复记忆，但在数学思维上缺乏锻炼。一方面作业形式单一，对学生推理意识的形成造成认知上的局限，推理能力不能得到全面强化。另一方面内容比较死板，未能给学生留有足够的思考实践和独立空间，进而在逻辑推理的过程中存在照搬照用、浅尝辄止的问题，这给小学生的未来发展埋下了不稳定因素。

（三）缺少清晰的进阶性设计框架和设计思路

教师在设计培养推理意识的作业时，缺少清晰的设计框架和设计思路，培养推理意识的作业设计缺乏进阶性的、体系化的逻辑架构，教师难以从整体出发，着眼全局、深化内容，涉及的内容片面单一，容易导致就题论题，推理意识的发展容易停滞在思维表面和浅层认知阶段，对小学生推理意识的有效提升造成一定阻碍。

三、三个学段围绕培养推理意识而展开的作业设计进阶策略

学生推理意识的形成是具有阶段性的。根据《义务教育数学课程标准（2022年版）》学段目标和课程内容部分的表述可知：在第一学段（1 ~ 2年级）没有对学生推理意识的形成提出明确目标，在第二学段（3 ~ 4年级）学生要形成初步的推理意识，在第三学段（5 ~ 6年级）学生要形成推理意识。

在设计培养学生推理意识的作业时，教师可以关注以下三个方面：一是创设恰当的问题情境；二是引导学生经历猜想—验证的全过程；三是注重有条理的表达。

（一）创设恰当的问题情境

"情境"是指一个人正在进行某种行为时所处的社会环境，是人社会行为产生的条件。[①] "情境"表现为多重刺激模式、事件和对象等。李吉林提到的"情境"实质上是人为优化的情境，它需要一定的手段去创设、去再现课文描写的情境。通过创设典型场景，去激起儿童热烈的情绪，使他们能把积极的情感活动和认识活动结合起来。

推理意识作为隐性的、长远的、不易直观感知其存在的数学核心素养之一，不仅需要在课堂教学中予以重视，在作业中也需要渗透和培养。然而，对于具体形象思维占主导地位的小学生来说，过于抽象的素材和情境不利于学生推理意识的形成，往往需要通过显性的、进阶的、生动形象的问题情境，将抽象化的数学问题具体化，使学生在思考事实和现象的过程中，体会推理的价值，培养推理意识。

因此在作业设计过程中，教师应关注问题情境的创设，使学生感受数学与生活的联系。通过作业，学生在情境和数学对象之间搭建思维的桥梁，有的放矢地进行推理意识训练。

不同年龄段的学生，对学习对象的喜好有着明显差异，小学生往往对于有趣、有用、有挑战性的问题更加感兴趣。在设计作业时，教师要根据年龄特点，选取和呈现适合学生的问题情境，进阶性地发展学生的推理意识。

1. 立足教材，创设情境有体系

教材是教学的重要资源，也是设计作业的重要参考，了解教材中推理意识的发展脉络，可以使教师在设计作业时，有效地运用教材提供的素材，呈现体系鲜明、逻辑清晰的作业。以下是对人教版数学教材涉及的归纳推理内容进行的整理，并结合教材，以"数与代数"领域和"图形与几何"领域为例，围绕培养推理意识而展开作业设计。

第一学段是培养推理意识的启蒙阶段，尽管学生在这一阶段还没有形成初步的推理意识，《义务教育数学课程标准（2022年版）》中也没有对这一学段的推理意识进行阐述，但在教材中已经逐步呈现出了从特殊到一般的推理

---

① 李俊仪.小学数学教材情境类型及作用水平研究：以北师版和人教版教材为例[D].长春：东北师范大学，2022.

方法，内容整理如表 4-1-1 所示。[①]

表 4-1-1

年级	教学内容	培养推理意识的具体体现	涉及领域
一年级上册	20 以内进位加法	通过 20 以内加法算式，归纳推理出 20 以内进位加法计算方法	数与代数
	初步认识立体图形	通过观察，归纳出立体实物的特点	图形与几何
一年级下册	20 以内退位减法	通过 20 以内退位减法算式，归纳推理出 20 以内退位减法计算方法	数与代数
	100 以内加减法	通过 100 以内加减法算式，归纳推理出 100 以内加减法计算方法	
	找规律	根据图形排列，归纳推理出图形排列规律	
	初步认识平面图形	通过观察，归纳出平面图形的特点	图形与几何
	摆一摆，想一想	通过用几个圆摆数，归纳推理出用圆摆数的规律	综合与实践
二年级上册	100 以内加减法	通过 100 以内加减法算式，归纳推理出 100 以内加减法计算方法（竖式计算）	数与代数
	乘法初步认识	通过多组相同加数相加的算式，归纳乘法意义	
	乘加、乘减	通过乘加、乘减算式，归纳推理出乘加、乘减运算的运算顺序	
	角的初步认识	观察生活中的角，归纳推理出角的特点	图形与几何
	数学广角——搭配（一）	写出三个数组成不同的两位数，归纳推理出组数不重不漏的方法	
二年级下册	表内除法	通过多组除法算式，归纳除法意义	数与代数
	有余数除法	通过多组除法竖式，归纳余数要比除数小	
	找规律	观察规律，能够归纳推理出计算方法，进行计算	
	初步认识轴对称图形	观察生活中的轴对称图形，归纳推理出轴对称图形的一般特点	图形与几何
	数学广角—推理	通过观察、猜测等活动，培养分析和推理的能力	

---

① 何茜，吴骏. 归纳推理在小学数学教材中的呈现 [J]. 课程教学研究，2019（6）：53-59.

从上面的表格可以看出，在第一学段的四册教材中，都呈现了推理意识，在一、二年级的教材中，无论是数与代数还是图形与几何均涉及归纳推理，二年级下册还专门在"数学广角——推理"单元，安排了推理的相关内容。因此，在第一学段的作业设计中培养学生的推理意识是有必要的，教师可以参考表中内容，设计培养学生推理意识的作业。

在"数与代数"领域，教师可以呈现几组简单的算式，让学生通过观察、比较、分析形成对思维对象的共性认识，初步感受从特殊到一般的推理方法。例如在学习二年级下册第四单元"表内除法（二）"时，教师可以设计如下作业：

（1）在括号中填上适当的数，使等式成立。说一说你有什么发现。

4×（　　　）=（　　　）　　　　　（　　　）×5=（　　　）

（　　　）×6=（　　　）　　　　　（　　　）÷（　　　）=4

（　　　）÷（　　　）=5　　　　　（　　　）÷（　　　）=6

（2）计算后，仔细观察每组的上下两题，你发现了什么？你能再说出一组这样的算式吗？

67÷9=　　　　　　　　33÷5=　　　　　　　　48÷7=

7×9+4=　　　　　　　6×5+3=　　　　　　　6×7+6=

学生先进行填空，然后通过几组算式的观察和比较，找到几组算式之间的共性，也就是乘除法互为逆运算这一特点，最后归纳结论。

在"图形与几何"领域中，很多知识的探索发现过程本身就是归纳推理过程。第一学段主要是通过观察多个实物和图形，归纳推理出图形的一般特征，从而认识图形。在设计作业时，设计观察实物的作业，归纳图形特征对于培养学生的推理意识非常重要。

拿一个正方体的盒子，先看看每个面上有几个直角，再数一数这个正方体盒子上一共有多少个直角。换一个长方体的盒子再数一数，你发现了什么？

在这项作业中，学生通过观察生活中的不同实物，通过数一数的方法，发现长方体和正方体的物品每个面上都有 4 个直角，一共有 24 个直角，从而归纳出长方体和正方体每个面上都有 4 个直角，一共有 24 个直角。

第二学段是形成初步的推理意识阶段，教材中涉及培养学生推理意识的内容开始明显增多。在第二学段，教材中涉及的归纳推理内容整理如表 4-1-2 所示。

表 4-1-2

年级	教学内容	培养推理意识的具体体现	涉及领域
三年级上册	万以内的加减法笔算	通过万以内加减法算式，归纳推理出万以内加减法计算方法（竖式计算）	数与代数
	多位数乘一位数笔算	通过多位数乘一位数算式，归纳推理出多位数乘一位数计算方法（竖式计算）	
	认识四边形	认识多个图形，归纳推理出四边形的特点	图形与几何
	认识长方形和正方形	观察长方形和正方形，归纳推理出长方形和正方形的特点	
	周长的初步认识	通过测量实物图形一周的长度，归纳推理出图形周长的定义	
三年级下册	除数是一位数除法竖式计算	通过除数是一位数除法算式，归纳推理出除数是一位数除法计算方法（竖式计算）	数与代数
	两位数乘两位数竖式计算	通过两位数乘两位数算式，归纳推理出两位数乘两位数计算方法（竖式计算）	
	小数的意义	通过分数化小数的例子，归纳小数的意义和读写规则	
	长方形面积公式的推导	通过用小正方形摆长方形的活动，归纳推理出长方形面积计算公式	图形与几何
四年级上册	万级数大小的比较	在比较过程中，归纳比较方法	图形与几何
	用计算器计算并按规律写数	通过计算器计算，归纳推理出数的规律	

续表

年级	教学内容	培养推理意识的具体体现	涉及领域
四年级上册	三位数乘两位数的运算	通过三位数乘两位数的算式，归纳推理出三位数乘两位数的计算方法（竖式计算）	图形与几何
	因数和积的变化规律	通过观察两组数据，推理出因数和积的变化规律	数与代数
	除数是两位数的除法	通过除数是两位数的除法算式，归纳推理出除数是两位数的计算方法（竖式计算）	
	除数、被除数、商的变化规律	通过观察几组数据，推理出除数、被除数和商的变化规律	
	平行四边形的认识	观察实物和图形，推理出平行四边形的一般特性	图形与几何
	梯形的认识	观察实物和图形，推理梯形的一般特性	
	数学广角——优化	计算烙一张饼的时间，归纳推理出最省时间的方法	
四年级下册	四则运算总结	通过例题归纳推出加减乘除各部分之间的关系以及括号的运用法则	数与代数
	运算定律总结	通过多个算式的举例，归纳推理出加法、乘法运算定律	
	小数点的移动规律	观察一组小数的变化，归纳推理出小数点移动引起小数大小变化的规律	
	小数加减法竖式计算	通过例题，归纳推理出小数加减法竖式计算的算法	
	三角形的初步认识	观察三角形，归纳推理出三角形的一般特点	图形与几何
	三角形三边关系的探索	通过摆三角形的活动，归纳推理出三角形三边的关系	
	等腰三角形、等边三角形的认识	观察多组图形，归纳推理出等腰三角形和等边三角形特性	
	三角形内角和	通过活动实验，归纳推理出三角形内角和是180°	
	数学广角——鸡兔同笼	观察列表，归纳推理出鸡兔同笼问题的计算方法	

在"数与代数"领域，教师可以继续呈现几组比较简单的算式，让学生通过观察、比较、分析，再一次形成对思维对象的共性认识，继续感受从特殊到一般的推理方法，同时，对推理结果进行运用。例如在学习三年级下册第四单元"两位数乘两位数"时，教师可以设计如下作业：

观察下面的算式，你发现了什么规律？请根据规律直接填写第二行各题的得数。

$15 \times 15 = 225$ $25 \times 25 = 625$ $35 \times 35 = 1225$ $45 \times 45 = 2025$

$55 \times 55 =$ $65 \times 65 =$ $75 \times 75 =$ $85 \times 85 =$

和第一学段相比，学生依然通过观察、比较归纳出算式中的规律，不同的是，在发现规律的同时，还要利用所发现的规律继续计算后面的算式，在推理意识的培养上提出了更高的要求。

在"图形与几何"领域，推理的分布比较广泛，主要涉及空间与平面图形的认识、分类与度量，除了通过观察实物设计认识图形的作业以外，还可以在教学分类与度量时，将书上练习进行整理和组合，设计培养推理意识的作业，例如对于三年级下册第五单元"面积"一课，教师可以设计如下作业：

（1）有同学说："周长大的图形面积就大。"你认同他的说法吗？请在图 4-1-1 的方格纸中画图说明你的思考过程。

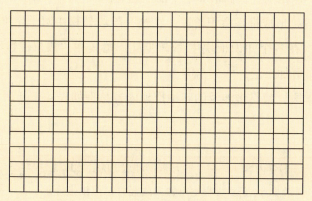

图 4-1-1

（2）图 4-1-2 中每格代表 1 平方厘米，在其中画出面积是 16 平方厘米的长方形，你能画几个？算出它们的周长，填入表 4-1-3 中。你发现了什么？

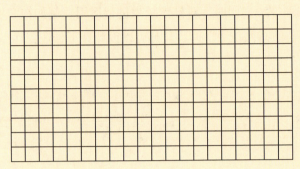

图 4-1-2

表 4-1-3

长方形	长／厘米	宽／厘米	面积／平方厘米	周长／厘米
1 号	16	1	16	34

两道题目的编排意图基本相同，通过计算不同图形的周长和面积，进一步巩固周长和面积的概念。同时结合具体的图形和数据，使学生通过观察比较，总结归纳推理出面积相同的图形，周长不一定相同；而周长相同的图形，面积不一定相同，从而培养学生的推理意识。

第三学段是形成推理意识阶段，在这一阶段教材中对学生推理意识的培养更加集中，在各个知识板块中都有涉及，尤其在"数与代数""图形与几何"领域分布更加广泛。

在第三学段，教材中涉及的归纳推理内容整理如表 4-1-4 所示。

表 4-1-4

年级	教学内容	培养推理意识的具体体现	涉及领域
五年级上册	小数乘法竖式计算	根据小数乘法竖式，归纳推理出小数乘法竖式计算法则	数与代数

续表

年级	教学内容	培养推理意识的具体体现	涉及领域
五年级上册	小数除法竖式计算	根据小数除法竖式，归纳推理出小数除法竖式计算法则	数与代数
	循环小数	通过除法竖式计算，归纳推理出循环小数的一般特点	
	用计算器探索规律	观察计算器算出的一组数，归纳推理出这组算式的计算规律	
	用字母表示数	观察例题中的表格，归纳推理出用字母表示变化量的意义	
	方程的意义	观察多个方程，归纳推理出方程的一般特点和意义	
	等式的性质	通过实验活动，归纳推理出等式的一般性质	
	摸棋子，推测棋子颜色的可能性	通过重复摸棋子实验，归纳推理出摸出哪种颜色棋子的可能性大	统计与概率
	摸球推测哪种颜色的球多	通过重复摸球实验，归纳推理出盒子中哪个颜色的球多	
	掷一掷	重复掷两枚骰子，归纳推理出和是5、6、7、8、9的可能性最大	综合与实践
	数学广角——植树问题	通过植树问题例题，归纳推理出植树问题的数学模型	
五年级下册	因数与倍数的认识	通过整数除法算式举例，归纳推理出因数和倍数的一般特点	数与代数
	2、5倍数特征	通过对数表的观察，归纳推理出2、5倍数的特征	
	3倍数的特征	归纳推理出3倍数的特征	
	奇数和偶数	通过多个数字的举例，归纳推理出奇数和偶数相加的规律	
	分数与除法的关系	通过观察多个算式，归纳推理出分数与除法的关系	
	分数的基本性质	通过实验活动，归纳推理出分数的基本性质	

年级	教学内容	培养推理意识的具体体现	涉及领域
五年级下册	分数加减法	通过例题，归纳推理出分数加减法的计算法则	数与代数
	长方体的认识	通过观察实物和立体图形，归纳推理出长方体的一般特点	图形与几何
	正方体的认识	通过观察实物和立体图形，归纳推理出正方体的一般特点	
	长方体体积公式的推导	通过用小正方体摆长方体的活动，归纳推理出长方体体积公式	
	探索图形	观察实物与表格，归纳推理出正方体三面、两面、一面涂色块数和没有涂色块数的规律	综合与实践
	打电话	通过观察打电话的图示，归纳推理出最省时间的打电话规律	
	数学广角——找次品	通过找次品的活动，归纳推理出找次品次数的规律	
六年级上册	分数乘法	通过分数乘法例题，归纳推理出分数乘法的计算法则	数与代数
	倒数的认识	通过观察算式，归纳推理出倒数的一般特性	
	分数除法	通过例题，归纳推理出分数除法的算法	
	比的基本性质	观察一组变化的比，归纳推理出比的基本性质	
	圆周率	通过测量圆形物品直径和周长的活动，归纳推理出圆周率	图形与几何
	数学广角——数与形	观察图形和算式，归纳推理出算式中的规律	综合与实践
六年级下册	比例的意义	通过生活中比例应用的举例，归纳推理出比例的一般特性	数与代数
	比例的基本性质	观察一组变化的比例，归纳推理出比例的基本性质	

续表

年级	教学内容	培养推理意识的具体体现	涉及领域
六年级下册	正比例、反比例的认识	观察表格中的数据变化，归纳推理出正比例、反比例的关系	数与代数
	圆锥体积公式的推导	通过数学活动，归纳推理出圆锥体积计算公式	图形与几何
	确定起跑线	通过计算跑道全长并观察表格，归纳推理出起跑线制定的规律	综合与实践
	数学广角——鸽巢问题	通过数学活动，归纳推理出鸽巢问题的一般规律	

在"数与代数"领域，依然可以通过呈现一组算式，在观察规律并运用规律的过程中培养学生的推理意识。和第一、二学段相比较，算式中隐藏的规律更不易被发现，同时学生可以借助规律提取新的简便计算方法，将归纳对象从发现一般规律引向新的高度，通过发现新的计算方法，并加以运用，培养学生的推理意识。

（1）观察下面的算式，说一说你发现了什么规律。用你喜欢的方式表达你发现的规律。

$$1-\frac{1}{2}=\frac{1}{2} \qquad \frac{1}{2}-\frac{1}{3}=\frac{1}{6}$$

$$\frac{1}{3}-\frac{1}{4}=\frac{1}{12} \qquad \frac{1}{4}-\frac{1}{5}=\frac{1}{20}$$

（2）计算下面这道题。

$$\frac{1}{2}+\frac{1}{6}+\frac{1}{12}=$$

（3）图 4-1-3 中的 4 个图形的面积都是 $36dm^2$。用这些图形分别卷成圆柱，哪个圆柱的体积最小？哪个圆柱的体积最大？你有什么发现？（单位：分米）。

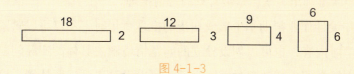

图 4-1-3

上面这道题目具有一定难度，很多学生很难凭借空间想象直接得到答案。在解决问题的过程中，学生可以进一步研究：假设长方形的长和宽分别为 a 和 b，其面积为 S。假设以 a 为圆柱的底面周长，此时圆柱的体积为 $\dfrac{aS}{4\pi}$，长方形的长越大，体积就越大。可以看出，在解决这一问题的过程中，学生用到了圆柱体积公式的推导，引导学生发现侧面积相同时，底面半径越大，体积越大，体现了对学生推理意识的培养。

2. 联系生活，创设有意义的情境

《义务教育数学课程标准（2022年版）》中提出，要用数学的思维思考现实世界。由此可见，真实的生活情境对于学生推理意识的培养具有很重要的作用。在创设情境时，不仅要寻找贴近生活的能够培养推理意识的真实情境，还要让情境的创设有意义，使学生感受到推理对解决生活中的问题有实际价值。

例如，在学习完二年级下册"数学广角——推理"这一单元后，教师可以设置如下问题情境：

> 根据下面给出的条件想一想：小明、小刚、小东和小红这四位同学，谁的奖章最多？谁的奖章最少？请你和家人说一说你的想法。
> （1）小明没有小刚多；（2）小东没有小明多；（3）小红没有小刚多；（4）小明没有小红多。

作业中设计了学生生活中奖章评选的情境，对促进学生的德育有教育意义。这一问题情境比教材中略显复杂，学生需要提取更多的信息进行分析。通过前两条信息可以知道小东、小明和小刚三位同学中，小刚的奖章最多；通过第三条信息可知小刚在四位同学中的奖章最多；再根据第四条信息可以知道小东的奖章最少。整个推理过程是从已知信息出发，根据信息间的联系，结合经验推理出答案，是最常见的合情推理。

教师在设计作业帮助学生形成初步的推理意识时，不仅可以紧紧扣住所学单元的学习内容，也可以创设独立的问题情境解决具体的实际问题，例如在二年级上册学习完"认识时间"之后，可以设计以下问题情境，培养学生的推理能力。

马克（来自澳洲悉尼）及汉斯（来自德国柏林）常常以网上"聊天"的方式来进行沟通。他们需要同时登上互联网才能聊天和交流。为了选择一个适合的时间聊天，马克查看了世界各地相应的时间，并找到如图 4-1-4 所示的资料：

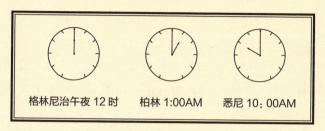

格林尼治午夜 12 时　　柏林 1:00AM　　悉尼 10：00AM

图 4-1-4

问题 1：在悉尼的 7:00PM，柏林是什么时间呢？

问题 2：由于需要上学，马克及汉斯不能于他们各自的当地时间 9:00AM 至 4:30PM 期间聊天。另外，由于他们各自的当地时间 11:00PM 至 7:00AM 是睡眠时间，他们也不能聊天。什么时间才适合马克和汉斯聊天呢？

这一问题情境的创设，关注学生的学习和生活中的应用，能够让学生充分地感受到数学推理的作用与价值，用思维把握住一系列相互联系的事物、事实、情况和事件，很好地培养了学生思维的有序性、逻辑性，让学生感受到推理不仅是一种思维方式，更是一种解决问题的策略。

例如，在三年级下册学习完第一单元"位置与方向"后，教师可以设计贴近生活的真实情境，培养学生的推理意识。

图 4-1-5 是长椿街路口示意图，中间表示地铁站，地铁站内有东南、东北、西南、西北四个方向的出站口，请看图回答下面的问题。

李阿姨要从地铁站出来，换乘 38 路公交车向北走，她从地铁站（　）方向的出口走最近。

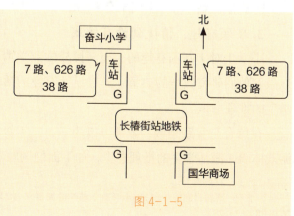

图 4-1-5

学生在解决问题时会产生困惑：东北口和西北口都有 38 路车站，究竟应该选择哪一边的车站乘车呢？

要解决这一问题，就要依据生活经验，借助学生对交通规则的了解进行推理。众所周知，我国的交通规则采用右行制，要乘坐公交车向北走，也就是向示意图的上方前进，根据右行规则，就应该前往位于地铁站东北口的公交车站等车。这一情境的设计既考查了数学知识，同时又借助学生的已有经验，进行推理，发展了学生的推理意识，也引导学生学习了中国的交通规则，兼顾德育教育。

到了高年级，教师在进行数学思想方法的复习时，可以联系生活，专门设计这样的推理作业：①

> 两位同学准备各买一个数字计算器。他们所带的钱都以元为最小单位，且至少有 1 元。当他们知道计算器的价格时，第一个同学发现自己缺 35 元，第二个同学发现自己缺 2 元。于是，两个人决定将两人的钱合在一起买一个计算器，可惜所带的钱依然不够。问：计算器的价格是多少？两人各带了多少钱？请你将思路写下来。

在解决这一问题时，学生可以使用从已知到未知的判断，假如第一个同学带了 2 元，将其借给第二个同学，此时，第二个同学就可以买一个计算器了，所以第一个同学带了不到 2 元。加上第一个同学至少有 1 元钱的条件，可以判断第一个同学只有 1 元钱。因此每个计算器的价格为 35+1=36 元，第一个同学有 1 元，第二个同学有 34 元。

3. 新颖有趣，情境创设有挑战

小学生对于新颖有趣的、充满挑战的数学情境颇为感兴趣，这能够很好地激发他们研究数学的热情，通过设计有趣的活动和游戏，可以更好地培养学生的推理意识。

在综合与实践领域，教师可以为一、二年级的学生设计数学游戏，借助游戏体验，激活学生的推理意识，如下面的例题。

---

① 张昆.培养"推理意识"：小学数学教学的新要求 [J].教育研究与评论（小学教育教学版），2021（8）：25-28.

两名小朋友用 10 颗玻璃珠进行游戏，在每一轮，每位小朋友必须移除 1 ~ 2 颗玻璃珠，剩下最后一颗玻璃珠的小朋友输掉游戏，请你和小伙伴玩一玩，想一想必胜的策略是什么？

学生在完成这项作业时，需要亲身经历和体验游戏过程，发现游戏规则本身与数学知识的联系，然后引导学生感悟背后的道理，进行表达与验证。在此基础上，可以增加游戏的难度，学生在好奇心的驱使下，通过游戏体验，经历从无策略到有策略的过程，发展学生的推理意识。

例如，在四年级学习完"四则运算"单元后，教师可以设计 24 点的游戏，培养学生的推理意识。

图 4-1-6 中 4 张扑克牌上的点数，经过怎样的运算才能得到 24？

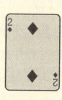

图 4-1-6

24 点的游戏不仅能够帮助学生巩固四则运算的运算顺序，还能训练学生的数学思维，让学生在玩的过程中通过反复经历"观察—发现—归纳—验证"的数学过程，归纳总结玩法中的策略，这个过程不仅有游戏的趣味性、挑战性，还有数学的逻辑性，是数学和游戏的巧妙融合，有利于发展学生的推理意识。

高年级可以创设更加有挑战时的实际问题，如下面的例题。

根据图 4-1-7 和图 4-1-8 中的信息，先尝试自主解决下面问题，再小组交流。
（1）设计一个既满足航空公司要求，又能体积尽可能大的行李箱。
（2）这样的行李箱能不能放到行李架上呢？最多能放几个呢？

中国国际航空公司

每件行李三边尺寸

每件随身携带物品长、宽、高三边分别不得超过55厘米（22英寸）、40厘米（16英寸）、20厘米（8英寸）

图 4-1-7

VS

中国南方航空公司

每件尺寸限制

A+B+C ≤ 115cm

图 4-1-8

上面的案例可以安排在学生学习完长方体和正方体的知识后，学生在解决这一问题时，需要从航空公司对每件行李三边尺寸的要求出发，依据规则推出其他命题或结论；能够通过简单的归纳或类比，猜想或发现一些初步的结论；同时对自己及他人的问题解决过程给出合理解释，体现了对学生推理意识的培养。

（二）经历猜想—验证的进阶全过程

猜想和验证对推理意识的培养至关重要，小学阶段的数学作业中要设计丰富的数学活动，鼓励学生在完成作业的过程中经历从提出猜想到验证猜想的全过程。

这一过程可以划分为两个阶段：第一阶段是获得猜想阶段；第二阶段是验证猜想阶段。在进行不同学段作业设计时，教师都应该通过问题的设计，激发学生通过观察、实验、归纳、类比等大胆猜想，并通过多种形式对猜想进行小心求证。举体案例如表4-1-5所示。

表 4-1-5

阶段	学习表现	举例
获得猜想阶段	观察	在初步学习认识立体图形时，通过观察长方体实物，归纳出长方体的特点
	实验	在研究三角形内角和时，通过拼摆，猜想三角形的内角和是180度
	归纳推理	通过测量圆形物品直径和周长的活动，归纳推理出圆周率
	类比推理	从商不变的性质猜想分数的基本性质

续表

阶段	学习表现	举例
验证猜想阶段	举例子	通过举例子，增加猜想的可信度。例如学生通过列举 3+2=2+3；4+5=5+4 等多个算式，说明加法交换律
	用生活现象进行解释	列举生活中的实例，进行解释。例如在解释乘法分配律时，可借助购物的例子来进行说明：上衣每件 b 元，裤子每条 c 元，问买 a 套一共多少元？可以先求出 1 套的价格，再算 a 套的价格；也可以分别算出 a 件上衣的价格、a 条裤子的价格，再加起来
	利用图形进行解释	 利用画图的方式解释乘法分配律
	利用概念意义加以说明	根据乘法的意义解释：$a(b+c)$ 表示 $(b+c)$ 个 a 相加，也可以看作 b 个 a 相加与 c 个 a 相加的和

在设计作业时，要关注从疑问驱动到初步猜想再到形成猜想最后到验证猜想的关键环节，使学生经历从猜想到验证的全过程。

教师在设计作业时，要注重知识间的连接，将已知经验与未知经验建立联系，鼓励学生大胆猜想；要凸显操作，引导学生获得符合其认知水平的探索方法和策略，为验证活动赋能；要注重培养学生解决问题的能力，通过设计"是什么""为什么""你是怎样想的"等问题，提高解决问题能力。

1.注重知识连接，培养学生大胆猜想

例如，在一年级上册"认识图形（一）"中，一年级在"认识图形（一）"单元所积累的关于长方体、正方体、圆柱、球等立体图形显著特征的知识，在学习完人教版二年级上册"观察物体"一课后，我们可以设计有意义的生活情境，培养学生的推理意识。①

① 陈晶 . 注重学段特征，积极推进数学猜想和验证活动：以"图形与几何"领域为例 [J]. 福建教育，2022（40）：46-48.

母亲节这天，小明为妈妈准备了一份礼物，这个礼物盒从正面看是正方形，请你猜猜礼物盒是什么形状？

这一作业的设计，突出了知识与生活的联系，一般情况下，学生在解决问题时，可能会凭借直观感受联想到正方体。通过进一步的思考，有学生还能结合图形的特征猜测看到一个面是正方形还有可能是长方体，或者是圆柱。

在四年级上册，学生在学习"商的变化规律"前，教师可以设置如下课前作业：

我们在学习乘法时，研究了积的变化规律，请你猜猜除法中有怎样的规律？

在学习完"商的变化规律"后，教师可以布置课后发展性作业：

今天，我们利用猜想——验证的方法，探究了商不变的规律，还有一些问题在课上没有研究：如果被除数和除数中一个变、一个不变，商会怎么变？看着这个问题，你能提出什么猜想？把你的猜想写一写，并尝试举例验证，看看有没有规律？
（可以独立研究也可以小组合作研究）

在六年级学习完圆柱和圆锥后，教师可以布置课后发展性作业：

同学们发现生活中还有很多物品是圆台形状的，并且对圆台产生了浓厚的探究欲望。有了研究圆柱和圆锥的经验，你打算怎样研究圆台？自己试一试，看看通过你的研究，你能得到哪些关于圆台的认识和猜想？把你的研究方法、结论、猜想或者问题，记录在学习单中。

从上面三个作业案例可以看出，教师在设计作业时，都注重了新知识与旧知识的衔接，引导学生在原有知识和学习经验的基础上，展开大胆猜想，这一作业设计成果可以作为后续课堂学习的资源，促进学生深度思考交流，在修改和完善自己的研究成果的过程中，培养推理意识。

2. 凸显操作，为验证活动赋能

《义务教育数学课程标准（2022年版）》要求，教师要引导学生尝试从日常生活中发现和提出数学问题，探索分析和解决问题的方法，经历独立思考并与他人合作交流解决问题的过程。因此，作业设计要逐渐凸显动手操作（或数学实践）在猜想与验证活动中的重要性。

在第一学段，教师可以设计如下的探究作业，培养学生的推理意识。

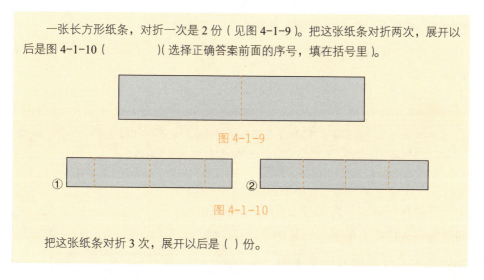

一张长方形纸条，对折一次是 2 份（见图 4-1-9）。把这张纸条对折两次，展开以后是图 4-1-10（ ）（选择正确答案前面的序号，填在括号里）。

图 4-1-9

① ②

图 4-1-10

把这张纸条对折 3 次，展开以后是（ ）份。

学生在解决这一问题时，可以先借助空间观念大胆猜想，然后借助手中的纸条进行操作，操作中观察、实验、归纳发现的规律，将自己的猜想进行验证。

第二学段，在学习了四边形的认识后，教师可以设计如下的题目。

如图 4-1-11 所示，从 A、B、C、D 四张图形纸中选一张与左图中的长方形交叉摆放。

（1）如果重叠部分是平行四边形，选的图形纸可能是（ ）和（ ）。

（2）如果重叠部分是梯形，选的图形纸可能是（ ）和（ ）。

（3）如果重叠部分是长方形，选的图形纸可能是（ ）和（ ）。

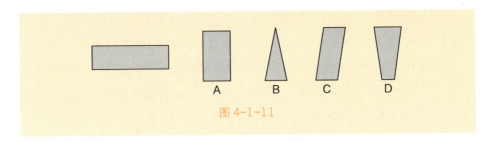

图 4-1-11

教师在学生利用对四边形的知识进行想象和猜测后，可以引导学生借助实物进行操作验证，进一步核实所猜想的是否正确。

在第三学段，五年级学习"长方体和正方体"后，教师可以设计如下探究活动。

一个正方体，如图 4-1-12 所示，如果不剪开⑤号、⑨号和⑫号棱，可以剪出怎样的正方体展开图，请你在方格纸里画一画，然后动手剪一剪。

学生在完成这一作业时，可以先凭借空间想象在方格纸上画图，然后动手操作，将正方体纸盒按照题目的要求剪一剪，试一试，看看是不是和猜想的一致。

通过上面的案例我们不难看出，教师在设计作业时，可以在学生已有猜想的基础上，鼓励学生动手验证，这有助于学生经历完整的猜想——验证全过程，有助于促进学生推理意识的发展。

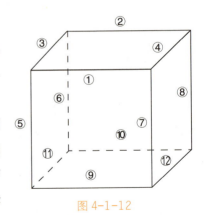

图 4-1-12

3. 关注学习自主性，丰富验证形式

《义务教育数学课程标准（2022 年版）》要求，教师要引导学生"尝试从日常生活中发现和提出数学问题，探索分析和解决问题的方法，经历独立思考并与他人合作交流解决问题的过程"。第三学段的学生具有较强的自主学习能力，积累了丰富的学习经验，因此，作业设计中可以凸显一定的自主性，使学生主动经历猜想验证的全过程。

（1）同学们，还记得我们怎么研究三角形的面积吗？我们将两个三角形拼在一起变成了一个平行四边形，从而发现三角形的面积是平行四边形面积的一半，通过观察我们发现平行四边形的底和高与三角形的底和高是一样的，所以得到三角形的面积 = 底 × 高 ÷ 2。淘气、奇思和笑笑也对三角形的面积展开了研究，图4-1-13是他们的研究思路，你能看懂？请你顺着他们的思路继续展开研究，并尝试寻找变化前后图形要素之间的关系，进而思考这些思路是否能得到三角形的面积公式，并把研究过程记录下来。

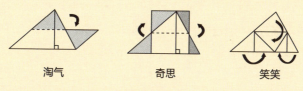

| 淘气 | 奇思 | 笑笑 |

图 4-1-13

先尝试自主解决下面问题，再小组交流。

（2）你还有其他方法推导出梯形的面积公式吗？请你先用手中的学习材料进行尝试，将你的验证方法记录在白纸上。

学生在学习"三角形的面积"和"梯形的面积"时，往往没有充足的时间在课上对各种方法进行一一研究，教师可以布置课后发展性作业，引导学生研究其他推导面积公式的方法，培养推理意识。

（三）注重有条理的表达

数学表达有助于学生推理意识的形成，发展推理意识也能促进学生的数学表达。因此，在作业设计中可以通过观察、实验、猜想、验证等数学活动，让学生逐渐养成清楚地表达思考过程和结果的习惯，培养学生言之有理、落笔有据的思维方式。

1. 设计口头表达作业

在设计作业时，要注重表达形式的多样化，可以设计学生口头形式的作业，锻炼学生口头表达能力。

例如，学生在学习数的认识时，可以设计如下作业。

（1）读出下面各数，并说一说它们的组成。

6348　　　　8902　　　5600　　　3005　　　2040

（2）读出下面每组数，说一说大数的读法。

23 和 23 0000　　　　　　　　4005 和 4005 0000

230 和 230 0000　　　　　　　4050 和 4050 0000

（3）读出下列各数，并指出哪些是正数，哪些是负数？

-8　　3.4　　$+\dfrac{6}{7}$　　0　　-6.3　　$-\dfrac{3}{4}$　　$+54$

从上面一组案例可以看出，对数的认识，在不同学段都可以设计口头作业，让学生通过读数学会用数学语言表达，为推理意识奠定语言基础。

在运算部分，教师也可以设计如下口头作业，帮助学生有条理的表述算式的含义和运算顺序：学习表内除法时，可以让学生边说边分小圆片，有效地培养学生的口算能力和口头表达能力；第二学段，学生在掌握了四则运算的顺序后，可以设计说一说运算顺序的作业，帮助学生有条理的分析算式结构，培养表达能力。具体案例如下。

（1）把图 4-1-14 中的圆片平均分，并把分法说给同桌听。

图 4-1-14

（2）先说一说下面各题的运算顺序，再计算。

$360 \div（70-4 \times 16）$

$168 \div [（28+44）\div 9]$

在图形与几何领域，教师也可以逐步培养学生的表达能力，观察物体这一知识在数学教材中分为三部分呈现，分别位于三个学段，教师在涉及这一内容时，可以有层次地进行口头作业地设计。

在学习完二年级上册"观察物体（一）"后，可布置如下口头作业：

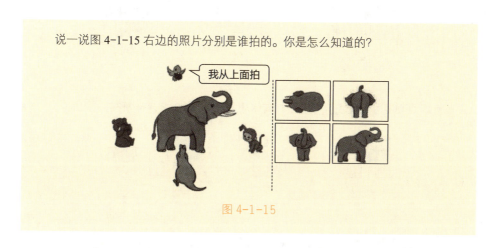

说一说图 4-1-15 右边的照片分别是谁拍的。你是怎么知道的？

我从上面拍

图 4-1-15

在学习完四年级下册"观察物体（二）"后，可布置如下口头作业：

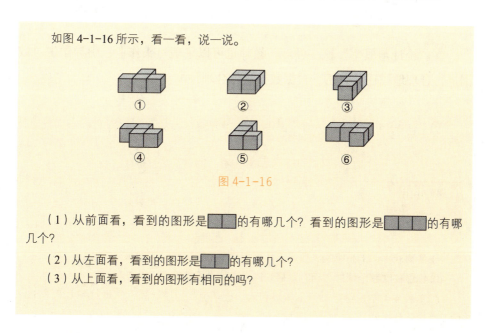

如图 4-1-16 所示，看一看，说一说。

① ② ③ ④ ⑤ ⑥

图 4-1-16

（1）从前面看，看到的图形是▢▢的有哪几个？看到的图形是▢▢▢的有哪几个？

（2）从左面看，看到的图形是▢▢的有哪几个？

（3）从上面看，看到的图形有相同的吗？

在学习完五年级下册"观察物体（三）"后，可布置如下口头作业：

图 4-1-17 中 3 个几何体都是用棱长 1cm 的小正方体摆成的。

①　　　　　　②　　　　　　③

图 4-1-17

图 4-1-18 中的图形分别是哪个几何体从上面看到的？将序号填在括号里。

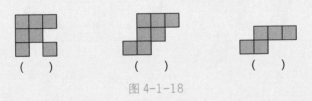

（　　）　　　　（　　）　　　　（　　）

图 4-1-18

如果要把①②③分别继续补搭成一个大正方体，每个几何体至少还需要多少个小正方体？说一说的思路。

在"统计与概率"这一领域，教师也可以呈现口头作业，引导学生对数据进行合理地描述和分析，根据数据进行合理预测。

（1）调查本班同学最喜欢哪个课外小组，将结果填入表 4-1-6 中。

表 4-1-6

课外小组	
人数	

①最喜欢（　　）小组的人数最多，最喜欢（　　）小组的人数最少。

②你最喜欢哪个课外小组？最喜欢这个课外小组的有多少人？

（2）表 4-1-7 是希望小学三年级和六年级学生视力统计表，你想对视力低于 5.0 的同学说些什么？

表4-1-7

视力 人数 年级	5.0 及以上	4.9 ~ 4.7	4.6 ~ 4.3	4.2 及以下
三年级	106	42	13	5
六年级	75	53	33	11

（3）图 4-1-19 是甲、乙两地月平均气温统计图，根据统计图提供的信息，你能说一说两地气温在一年中变化的趋势吗？

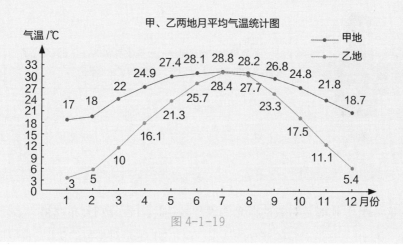

图 4-1-19

2. 设计书面表达作业

推理意识的培养离不开有理有据的表达，教师可以设计指向问题说理的作业，训练学生的表达能力。

在数与代数领域，学生对于数的认识往往存在一些误区，利用这些学生的理解误区设计书面说理作业，可以有效地训练学生的表达能力，培养推理意识。以数的认识为例，教师可以在不同学段安排如下进阶作业。

（1）如图 4-1-20 所示，小明用小棒摆了一个数，小亮认为是 450，小红认为是405，他们谁说的对呢？

请你结合万以内数的意义进行解释和说明。

图 4-1-20

（2）0.3 米是把 1 米平均分成 3 份，表示这样的一份，也就是 $\frac{1}{3}$ 米，你认为小亮的说法正确吗？请你结合小数和分数的意义进行解释和说明。

（3）根据图 4-1-21 中的信息，你认为小亮的说法正确吗？请你结合百分数的意义进行解释和说明。

六年级学生检查身体，上午查完 50%，下午又查完了剩余人数的 50%，所以一天就完成了全部任务。

小亮

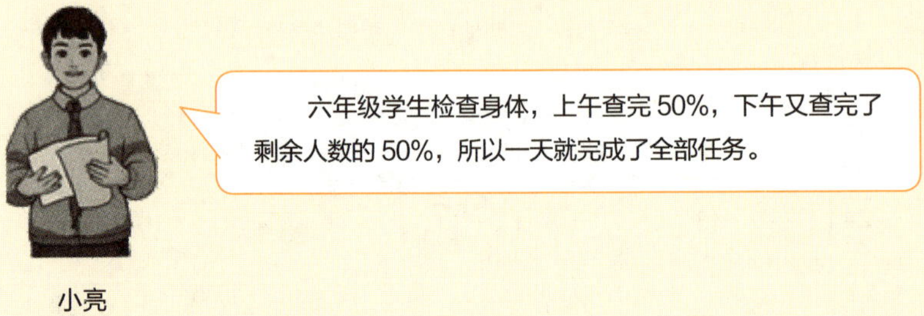

图 4-1-21

这一组作业都是对数的概念的说理表达，内容分别分布在第一、二、三学段。第（1）题是对整数概念的认识，第（2）题是对小数的认识，第（3）题是对百分数的认识，学生在进行解释和说明时，要紧扣数概念的本质进行解释说明，训练学生有理有据的表达能力。

教师在图形与几何领域也可以设计这样的一组训练学生书面表达的进阶作业，以角的知识为例，教师可以进行如下设计：

（1）观察图 4-1-22，分别有多少个角呢，写一写你发现了什么？

图 4-1-22

（2）图 4-1-23 中的∠1 和∠2 相等吗？请说明理由。

图 4-1-23

（3）如图 4-1-24 所示，你能推出∠1=∠3 吗，请说明理由。

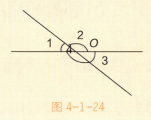

图 4-1-24

这一组作业都是以角的相关知识点进行设计的，第（1）题可以安排在第一学段学生学习完"角的初步认识"之后，主要是让学生写出通过观察发现的规律，第（2）题可以安排在第二学段学生学习完"角的度量"之后，学生在说明理由过程中，需要严谨有依据的表达，这体现了向演绎推理的过渡；第（3）题可以安排在第三学段学生"总复习"环节进行，让学生初步感受演绎推理，使用数学化的语言进行逻辑表达。

在统计与概率领域，教师也可以设计书面表达作业，使学生借助表格中的数据摆明事实，说清道理。

（1）学校举办舞蹈比赛，从小红、小玲和小丽三位同学中选择两位同学参加，投票结果如表 4-1-8 所示。

表 4-1-8

姓名	小红	小玲	小丽
票数	15	12	10

有两名同学因缺勤没参加投票，如果他们投票，结果可能怎样？请你写一写。

（2）图 4-1-25 是甲、乙两个城市一月份的天气情况。

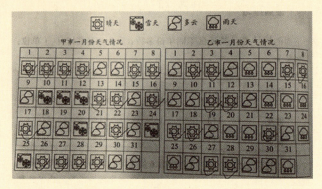

图 4-1-25

小明认为这两个城市一个在我国的南方，一个在我国的北方。小明的想法有道理吗？为什么呢？请你写一写。

（3）小亮在不同的时间绘制了三幅扇形统计图，如图 4-1-26 所示，你能根据图中的数据推断出三幅图分别是什么时间绘制的吗？请连线说明理由。

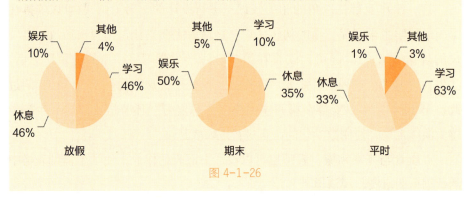

图 4-1-26

上面三道练习都需要学生根据图表中的数据有条理的表达观点，第（1）题适合第一学段学生在学习完统计表之后完成，第（2）题适合第二学段的学生学习完复式统计表后完成，第（3）题适合第三学段学生在学习了扇形统计图后完成。

3. 对学生的表达水平设计评价量规

在设计口头表达作业和书面表达作业后，教师还要做好评价量规的设计，根据评价量规，了解学生的不同思维水平，对学生的表达进行有的放矢地指导，引导学生反思自己的思维历程。

例如，我们对以下两道作业题目进行了评价量规的设计：

（1）先阅读数独规则，再试着填一填图 4-1-27 中的两个数独。

四宫格数独规则介绍

四宫格数独由 4 行 4 列共 16 个小格子构成。

分别在格子中填入 1 至 4 的数字，并满足下面条件：

① 每一行都用到 1，2，3，4 且数字不重复。

② 每一列都用到 1，2，3，4 且数字不重复。

③ 每个田字格里都用到 1，2，3，4 且数字不重复。

	3	1	
1			3
2		3	4
	4	2	

➡

4	3	1	2
1	2	4	3
2	1	3	4
3	4	2	1

	3	1	2
1	2		
3			4
		2	1

1		3	4
	4		
A			3
	3	4	

图 4-1-27

你知道数独中的 A 方格应该填几吗？请把你的思考过程写下来。

三年级进行数独游戏，并引导学生对推理过程进行有序表达，借助评价量规，对学生的作业进行评价，了解学生的语言表达水平，有助于进一步培养学生的语言表达能力。

水平 4——正确清晰：逻辑正确，且能够准确表达出推理过程。

4。先看第一行空格处填2，you此可知第2列的剩下空格填1。A所在的第三行，剩下2和4，因为第3列有4了，所以填2，A就是4。

(1)

水平 3——略有瑕疵：逻辑基本正确，能够读懂学生表述的意思，但表达过程存在不严谨的地方。

> 先看右下角的田字格，只有3和A。左边1列有个1所以A不能是1。最下面的1行有4所以那行不能有4。A就只能是4。

水平2——表述不清：表述事实与答案之间不存在逻辑关系，或简单复述已知条件，未能表述清楚答案的推理过程。

> A方格应填4。我是用枚举法的，如果填2，就重复了
> 填4。因多第2排有个4所以人是4。

水平1——没有表述：未作答或答案不正确。

依据四个层级进行批阅，统计数据如表 4-1-9 所示。

表4-1-9

	水平4 正确清晰	水平3 略有瑕疵	水平2 表述不清	水平1 没有表述
三年级1班	6	5	16	6
三年级2班	7	7	10	10
年级人数	13	12	26	16
年级百分比	19.40%	17.91%	38.81%	23.88%

数据显示，学生对于推理的表达水平在各个层级均占有一定比例，但整体上不容乐观，超过半数的学生处于表述不清楚或者无法进行逻辑表达的状态，尽管学生具有初步的推理意识，在完成数独活动时能够正确填写答案，但表达自己思考过程的能力十分欠缺，体现出思维水平有待提高。

（2）电视主播呈现了图 4-1-28 的信息，并报道："从图表显示，从 1998 年到 1999 年抢劫案数量有巨幅的上升。"你认为这位主播对上图的解释是否合理？请写出一个理由来支持你的答案。

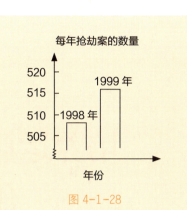

图 4-1-28

　　这是一道开放式作业，设计的重点不是判断本身，而是判断背后的思维理由。在进行批改时，可以进行评价量规的设计，根据学生的表达情况给予不同评价。例如学生回答"不合理，和总数 500 比较，10 不能算是一个巨幅的增加"，可以给满分；如学生只讨论抢劫案实际增加数量，没有和总数进行比较，可以给部分分数；不能借助图中信息判断，即表达无依据的学生给0 分。通过这样的作业设计，可以培养学生有理有据表达的能力，发展推理意识。

第二节
培养运算能力的
作业设计

　　运算能力作为数学学科核心素养中数学思维的关键要素之一，可以使学生"形成规范化思考问题的品质，养成一丝不苟、严谨求实的科学态度"。《义务教育数学课程标准（2022 年版）》明确指出学生要能够运用符号运算等数学方法，分析解决数学问题和实际问题，能够通过计算思维将各种信息约简和形式化，进行问题求解和系统设计。作业是学生学习的有机组成部分，仅仅训练学生的运算技能是不够的，我们还要不断更新作业设计理念，通过培养学生的运算能力，发展学生的数学思维，落实核心素养。

一、运算能力的理解和认识

　　一般来说，运算都指代数运算，它是集合中的一种对应。对于集合 A 中的一对按次序取出的元素 a、b，有集合 A 中唯一确定的第三个元素 c 和它们对应，叫作集合 A 中定义了一种运算。小学阶段的运算，一般认为是根据一定的数学概念、法则和定理，由一些已知量通过计算得出确定结果的过程。

"运算能力"是《义务教育数学课程标准（2011 年版）》提出的核心概念之一。在《义务教育数学课程标准（2022 年版）》中，运算能力作为核心素养的重要表现之一，主要指的是"根据法则和运算律正确运算的能力"。

运算能力与运算技能不同，能够按照一定程序与步骤进行运算，称为运算技能，而在此基础上理解运算的算理，能够根据题目条件寻求正确的运算途径，称为运算能力。

学生具有运算能力主要体现在以下两点：一是学生具备正确进行计算的基础，能够明晰运算的对象和意义，理解算法与算理之间的关系；二是对运算的应用，能够理解运算的问题，选择合理简洁的运算策略解决问题。运算能力的发展，还能够促进学生推理能力的发展，有助于学生形成思考问题时重论据、有条理、合乎逻辑的思维品质和一丝不苟、严谨求实的科学态度。

二、以培养运算能力为目标的作业设计现存的问题

很多一线教师已经开始在作业设计中，关注学生运算的培养，但当前教学实践中依然存在以下问题。

（一）对运算能力的内涵解读不全，重"计算"轻"运算"[1]

教师在教学过程中易将"运算能力"与"计算能力"混淆，认为运算能力的重点在于运算结果的正确性，从而在作业中只关注学生运算结果、重视算法结论，忽略学生对运算过程的理解、忽略学生的个性发展、忽略学生自主探究等情况。

而运算能力与计算能力是有本质的区别的。计算能力强调求出算式的结果，是借助计算工具来正确计算的一项基本技能；运算能力是学生根据法则和运算律来准确地进行推理运算的能力，强调学生对算理算法的掌握以及运用算法解决问题的综合能力。从更宏观的角度看，教师对运算能力培养目标的解读失衡会造成在作业设计时，往往偏离新版课程标准提出的目标要求，

---

[1] 聂汝佳. 小学二年级学生运算能力存在的问题及对策研究 [D]. 长沙：湖南师范大学，2021：6.

使得作业设计中出现思路的固化，学生的发展受到局限。从而导致学生运算能力发展出现不均衡的现象。

（二）布置形式传统老旧，重"训练"轻"思维"[①]

教师在布置计算作业时，往往形式比较传统老旧，多以口算、竖式计算、脱式计算为主，注重在作业中对学生的计算准确性进行训练，往往忽略了对学生数学思维的培养，在作业设计中，辨析性、图示性、趣味性作业较少。

（三）设计理念缺乏创造性，重"算法"轻"算理"

设计作业的理念比较陈旧，主要停留在对算法的巩固和强化上，缺少对运算一致性的把握，在设计作业时，往往只关注到局部，没有从整体的角度结构化地设计作业。

三、三个学段围绕运算能力培养论述作业设计进阶策略

在进行培养运算能力的作业设计时，我们可以关注以下三个方面：一是关注指向算理、算法的作业设计；二是注重整体设计，感悟运算一致性；三是重视估算教学，关注运算应用。

（一）关注指向算理、算法的作业设计

长期以来，教师在进行运算教学时，往往将更多精力投放在学生运算的速度与正确性上，为了使学生准确和熟练的进行运算，在设计作业时，教师也会付出更多的时间和精力去尽可能地训练学生的计算方法和运算技巧。这种对数学意义与价值认识的缺乏，产生了不可忽略的负面影响，很多学生即使能够熟练计算，却只知其然不知其所以然，数学运算的价值没有被充分挖掘出来。

---

① 王先霖.A校中段小学生数学运算能力发展的问题与改进策略研究[D].重庆：西南大学，2021.

在进行作业设计时，教师应注重培养学生选择更加合理的计算方法，将学生对算法的理解上升到思想方法的高度，这样更有助于培养学生的运算能力。

理解算理与算法要贯穿于三个学段中：第一学段聚焦于整数加减法的运算；第二学段聚焦于整数乘除法和小数加减法；第三学段聚焦于小数乘除法和分数四则运算。教师在设计作业时，可以设计辨析作业、图式作业和趣味作业，促进学生对算理、算法的理解掌握。

1.布置辨析性作业，指向算法掌握

学生的错误是宝贵的教育资源，在出现错误时，我们往往急于纠正，缺少回顾与反思，作业设计中，可以借助学生的错误资源进行辨析，让学生反思出错的原因，进一步巩固计算方法。如下面的案例。

对这三道计算题，有同学是这样算的，你觉得做得对吗？如果不对，错误的原因又是什么呢？你有什么好的经验想对她说？

$14-5=11$

$9-8=17$

$8+3=24$

在第一学段学生完成加减法的学习后，经常会出现看错符号、乘加混淆等情况，将学生的典型错误摘录出来进行分析，有利于避免出现同样的错误。

如图 4-2-1 所示，下面几位同学的竖式正确吗？请你将不正确的改正过来，并说一说需要注意什么？

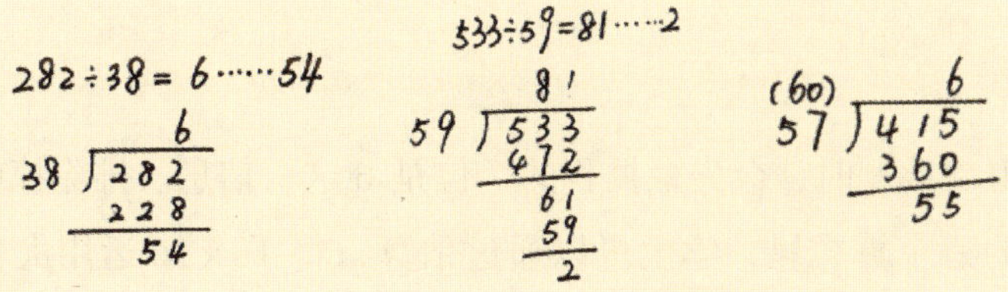

图 4-2-1

在第二学段，三位数除以两位数是四年级学习的内容，学生在进行计算时，往往会出现很多知识性错误，相比较于重复性的计算练习，通过辨析错误的思考过程，更能够帮助学生巩固计算方法，更好地促进计算技能的发展。

□□ × □□的积有时候是三位数，有时候是四位数，积可能是两位数、五位数吗？

在学习完两位数乘两位数的计算之后，可以让学生放手研究上面的问题。多数学生能够依据已有的经验，通过举例进行说明验证。在研究积是否可能是两位数的时候，学生可以通过举例 10×10=100 来说明结果。在研究算式的积是否可能是 5 位数的时候，通过 99×99 是四位数，说明所有的算或都不会出现五位数，还有的同学这样说明：由于 100×100=10000，是最小的五位数，所以所有两位数乘两位数的结果不会是五位数。

图 4-2-2 中的竖式可能是下面哪个算式的呢？请说明你的理由。

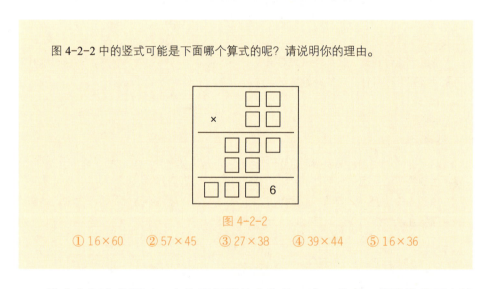

图 4-2-2

① 16×60　　② 57×45　　③ 27×38　　④ 39×44　　⑤ 16×36

学生在解决此题时，会先根据积的个位是 6 这一信息。排除掉前两个算式。在剩下的三个算式里，学生可以通过估算，将 16×36 运用大估法想成 20×40，结果是 800，由于 800 是三位数，所以排除。在剩下的两个算式中，学生要关注计算的过程，第四个算式要计算两次 4×39，结果是三位数，而图中的竖式第二层积的结果是两位数，与计算过程不一致。学生通过观察、推理、估算等方法进行思考与辨析，提高自身运算能力。

进入第三学段后，学生的学习能力有所提高，在设计作业时，可以布置更加开放的作业，鼓励学生互帮互助，合作学习。

（1）如图4-2-3所示，淘气用竖式计算 2.35×1.7，他的计算结果对吗？请说明你这样判断的理由。你还有其他方法说明这样判断的理由吗？如果有，请将这些方法写在下面。

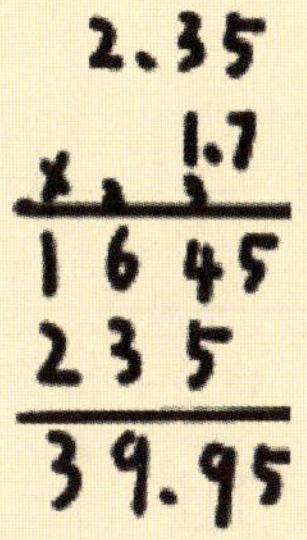

$$
\begin{array}{r}
2.35 \\
\times\ 1.7 \\
\hline
1645 \\
235 \\
\hline
39.95
\end{array}
$$

图 4-2-3

（2）如图4-2-4所示，一位同学在计算分数乘法时出现了错误，请你讲一讲应该怎样做。

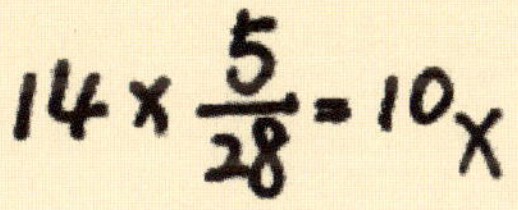

$$14 \times \frac{5}{28} = 10 \times$$

图4-2-4

2. 布置图示作业，指向算法多元表征

张景中院士认为，运算的本质是推理，推理是抽象的计算。如果学生不懂算理，只会算法，这种学习只是浅层次的，不能称为数学学习。教师在设计作业时，要突出算理的重要地位，借助数形结合，布置图示作业，帮助学生理解算理。

学生在学完 20 以内减法后，可以布置如图 4-2-5 所示的作业，通过写一写、画一画，表达自己的思考过程，加强对算理的理解。

也可以采用算式连连看的形式，用小棒图画出计算过程，并通过图与横式、竖式的对应，沟通算理与算法之间的联系。

15-9=	12-7=	14-8=	11-4=

可以在下面写一写、画一画、把你思考"11-4=（   ）"的过程表示出来。（三选一，也可以多选）

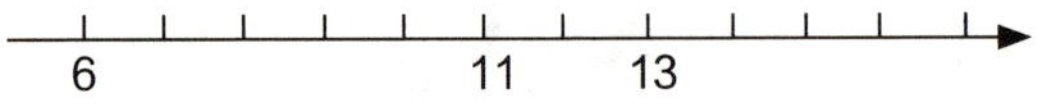

我是这样想的：

我是这样想的：　　　11 － 4 ＝ □

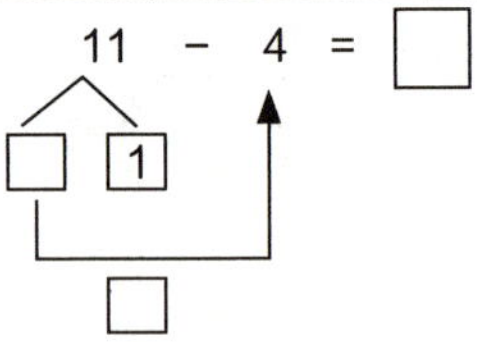

我是这样想的：

图 4-2-5

算式连连看。请你将 13×5 这个算式的每一个数用小棒图画出来，看看算式中每个数对应图上的哪一部分。现在请你用横式、竖式、小棒图表示 53÷2 的计算过程。

第二学段，在学生学习完乘法分配律后，也可以通过设计给算式配图的作业帮助学生理解运算定律的意义。

请你为 5×（3+2）=5×3+5×2 配一幅图加以说明。

第三学段，在学生学习完分数除法的运算方法后，可以布置如下作业。

$\frac{3}{4}÷3$ 和 $\frac{3}{4}×\frac{1}{3}$ 相等吗？请你用喜欢的方式说明理由，可以画一画，也可以写一写。

通过布置图式作业，帮助学生借助数形结合建立算理与算法的联系，体现计算的本质。

22×13 和 21×14 谁大？ 小明在比较这两个算式的大小时，想到了画图的方法，如图 4-2-6 所示，你能看懂他是怎么想的吗？

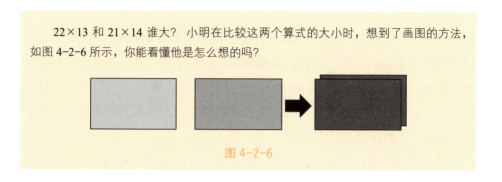

图 4-2-6

这是一道开放的问题，在比较算式之间的大小时，往往会出现只比较个位的大小，而忽略其他数位的问题，还有的学生数感比较好，能够根据乘法意义感受出来两个算式的大小关系，但是缺乏形象的说明和解释。从图 4-2-6 中可以看出，两个算式去掉相同的部分 $21×13$ 之后，$22×13$ 多了 1 个 13，$21×14$ 多了 1 个 21，能够更直观的比较出两个算式的大小。

3. 布置趣味作业，指向拓展运用

在设计作业时，教师还可以设计思维拓展性比较强的作业，帮助学生运用所学的计算方法进行推理，在培养运算能力的同时，发展推理意识。

（1）算式 7+77+777+7777+77777+777777 的结果万位上的数字是（　　　），请把你的思考用喜欢的方式表示出来。

（2）在下面的竖式中，在□内填上适当的数字，使竖式成立。

$$
\begin{array}{r}
\square\square 7 \\
\times\ \quad \square \\
\hline
38\,\square\,3
\end{array}
$$

请你先试着填一填，然后把思考的过程和解答的经验写下来。

学生在完成作业时，可以先和同伴交流自己的思路，然后将思考过程记录下来，教师在批阅过程中能够分析学生的思考路径，从而调整教学方法。

（二）注重整体设计，感悟运算一致性

新版课程标准中多次强调，数学教学中要帮助学生感悟运算的一致性。在设计作业时，我们也可以努力探索如何更好地设计出体现运算一致性的作业，在感悟一致性的过程中，促进学生对知识的理解与迁移，注重建立运算间的联系，体会运算的一致性，不断激励经验和案例。在学生第一学段学习加减法时，应关注整数加减法运算之间的联系；在第二、三学段学习计算时，应沟通小数、分数、整数加减法之间的联系，加强乘除法教学中寻找整数、分数、小数运算通法上的设计。

第一学段，可以引导学生感悟整数加减法计算方法之间的一致性，体会相同数位对齐的原因是相同计数单位的累加。

整数加法和整数减法有什么相同的地方？请你用自己喜欢的方式进行整理。

第二学段，可以引导学生对比整数加减法和小数加减法背后的一致性，使学生体会到，小数点对齐的目的也是把相同计数单位相加减。

整数加减法和小数加减法有什么相同的地方？请你用自己喜欢的方式进行整理。

第三学段，可以引导学生建立整数四则运算与小数、分数四则运算之间的联系，通过画图等形式，深入研究计算方法的一致性。

（1）你会用画图表示吗？

$2 \times 3 =$ 　　$0.2 \times 3 =$ 　　$0.2 \times 0.3 =$

（2）2×3、0.2×3 与 0.2×0.3 有什么联系？

（3）在学习了整数除法、小数除法、分数除法的计算方法后，小红发现当除数是整数的时候，这些除法算式，在计算方法上是相通的，都是在平均分计数单位的个数。如果不够分，可以转化计数单位，继续平均分。

①你觉得小红说的对吗？借助算式说说你的想法。

②转化"计数单位"的经验，在哪儿还用过？

我列举了这样 3 个算式：$12 \div 3 = 4$，$1.2 \div 3 = 0$，$\dfrac{6}{13} \div 3 = \dfrac{6 \div 3}{13} = \dfrac{2}{13}$。

③分数除法与整数、小数除法运算之间有联系吗？请你利用下面的算式自己研究一下，将研究的结果用喜欢的方式记录下来。

$$240 \div 60 = \qquad 2.4 \div 0.6 = \qquad \frac{24}{10} \div \frac{3}{10} =$$

（三）重视估算教学，关注运算应用，选择合理的策略解决问题

数产生于生活，是对数量的抽象；数也应用于生活，它与数量有着紧密的联系。对学生运算能力的培养不仅应强调对算理的理解，还要注重培养学生对计算方法的合理运用。教师在设计作业时，要通过真实的情境，为学生提供估算的机会，使学生根据解决问题的需要，将数据取舍到能够口算的近似数进行计算。

在第一学段，教师可以设计与生活联系紧密情境，引导学生进行整数加减法估算，具体案例如下。

某小学组织同学们外出参加综合实践活动，一年级有 429 人，二年级有 354 人，三年级有 317 人，四年级有 423 人。学校为同学们准备了 700 份活动礼包。猜一猜，可能是哪两个年级在本周去秋游？你是怎么猜的？请你画一画思路，写一写方法，你能算出这两个年级到底有多少名学生吗？

第二学段，教师可以引导学生进行整数乘除法的估算，具体案例如下。

用 7 颗纽扣可以缝制一朵纽扣花。刘阿姨要缝制 68 朵这样的纽扣花。

估计一下买 300 颗一包的纽扣够不够。买 500 颗一包的呢？

第三学段，教师可以设计小数乘除法的估算，具体案例如下。

芳芳家购买了一套住房（平面图如图 4-2-7 所示），你能帮助芳芳解决下面问题吗？

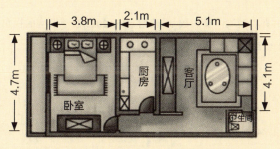

图 4-2-7

（1）估一估客厅的面积超过多少平方米？

（2）估一估卧室的面积不超过多少平方米？

（3）你还能提出什么问题？

这样的情境对学生来说非常熟悉，具有一定的挑战性，更有利于学生主动进行估算，另外，上述问题做到了将估算和精确计算巧妙融合，使学生在同一题目中能够更好地感悟两种计算方式的联系与区别。

思考与实践

通过本章的介绍相信你对推理意识主题的作业设计有了一定的认识，请尝试完成下列问题：

1. 设计一份侧重情景的以推理意识为主题的作业，帮助学生进阶性地发展推理意识。

2. 设计一份体现运算一致性的作业，在感悟一致性的过程中，促进学生的理解与迁移。

3. 以推理意识或运算能力为主题，为学生设计一份书面说理作业，对学生的表达水平设计一份评价量规。

推荐学习：

【1】殷素芬. 突出真实情境　聚焦数学推理：PISA2022 数学示例的视角 [J]. 中国数学教育，2022（5）：19-27.

【2】徐锋，杨晓荣. 小学生推理意识培养中若干关系的辨析与思考 [J]. 小学数学教育，2022（22）：4-6.

【3】陈晶. 注重学段特征，积极推进数学猜想和验证活动：以"图形与几何"领域为例 [J]. 福建教育，2022（40）：46-48.

【4】王永春. 小学数学核心素养教学论 [M]. 上海：华东师范大学出版社，2022：224-239.

第五章

运用数学语言的
作业设计

本章概览

1.数学语言是构成学生核心素养的主要方面之一，在义务教育阶段，数学语言主要表现为：模型意识或模型观念、数据意识或数据观念。通过数学的语言，能更好地理解和表达现实世界。本章基于数学语言在义务教育阶段的两个主要表现，结合课程标准和具体的作业设计案例，阐述侧重数学语言发展的作业设计思路。

2.模型思想是数学语言的主要表现之一。作业作为课堂的延伸与补充，是提高学生的综合学习能力和技巧的重要一环。侧重模型意识的作业设计有利于提升学生运用数学语言的能力，发展核心素养。进行培养模型意识的作业设计时，要尽量使作业贴近生活，思考作业设计的层次性，注重作业设计的实践性。

3.数据意识是数学语言的主要表现之一。作业设计对统计与概率部分的意义重大，借助作业促使学生用数学的语言去表达，有利于学生思维能力的培养。设计作业时，着重思考作业设计是否关注真实体验，使学生亲身经历数据收集和整理的过程。重视对数据的理解和解读并关注数据在生活中的应用，感悟数学在现实生活中的价值。

案例导入

"植 树 问 题" ①

【求棵数】在一条长 2000 米的公路一侧种树，每隔 40 米种一棵，若公路两端都不种，那么至少需要种多少棵树？

【求间距】某公园内有一条全长为 2500 米的主路，在主路两旁栽树，且起点和终点都栽，共栽了 101 棵，已知相邻两棵树的间距都相等，你知道任意相邻两棵树的间距是多少米吗？

【求全长】园丁将 320 棵向日葵排成了 4 行，每一行中两棵相邻向日葵的间距为 1 米，那么每行向日葵的长度为多少米？

【封闭图形】在一个周长为 300 米的圆形操场上做标记，每隔 5 米要做一个标记，那么一共需要做多少个标记？

【锯木头】将一根废弃的木条锯成 3 段，如果每锯断一处需要花费 5 分钟，那么锯完这根木条共需要多少分钟？

【爬楼梯】王老师从教学楼 1 楼走到 4 楼，一共走了 54 级台阶，如果楼层的台阶数都相同，那么王老师走到 6 楼一共要走多少级台阶？

以上为与人教版教材"数学广角——植树问题"同源并且相关的数学问题，结合已有的知识储备和现实生活经验，仔细分析问题中的已知条件和隐含条件，并应用绘图、公式代入等解题方法解决问题。通过将现实生活中的问题数学化，锻炼学生举一反三的能力，学生能够利用数学模型思想分析和解决同类型数学问题，能够从数学学科视角看

① 彭四辈.模型思想在小学数学课堂教学中的渗透：以"数学广角——植树问题"为例 [J].理科爱好者，2022（6）：170-172.

待问题，能够运用数学语言解析实际问题，进而构建数学模型。在这一过程中，学生能够以模型思想为指导方法，将具备生活特征的问题转化为数字、语言、符号等，并利用逻辑推理和数学运算等方式探寻问题的答案。

　　本章从培养模型思想与数据意识两个方面，在分析课标、学段具体目标等维度的基础上，通过具体案例为老师们展现运用数学语言的作业设计思路，帮助教师提升认识，助力学生提升核心素养。

第一节
培养模型意识的
作业设计

　　《义务教育数学课程标准（2022年版）》中明确指出"模型思想的建立是学生体会和理解数学与外部世界联系的基本途径。建立和求解模型的过程包括：从现实生活或具体情境中抽象出数学问题，用数学符号建立方程、不等式、函数等表示数学问题中的数量关系和变化规律，求出结果并讨论结果的意义。"可见，借助数学方法以及语言就是数学建模的本质，将抽象的数学知识形象化、简单化，更便于学生理解。课堂教学的延续和补充是作业，这也是提高学生的综合学习能力和技巧的重要一环。侧重培养模型意识的作业设计有利于发展学生运用数学语言的能力，发展核心素养。

一、模型意识的认识与理解

（一）核心概念的界定

1. 模型

《辞海》一书中对"模型"是这样解释的：模型是一种与实际物体接近或者相似的物体。模型的建立是按照具体的实物、给出的设计图纸或者参照某物体提出的设想，依据一定的比例关系、具体的形状或者某些具体的特征制成的物体。起初，人们对模型的认识是感性的和具体的。例如常见的飞机模型，它根据真实的飞机，按照一定比例进行了缩小，与真实的飞机有相似的地方。一些非实物也被称作模型，例如某些符号、公式等。至此，模型的种类被分为实物和非实物两种。无论哪种，模型都是对原型本质的反映。

2. 数学模型

数学模型的概念没有一个统一的定义，下面选取几个有代表性的观点进行描述。著名数学家张奠宙认为数学模型是各种概念和算法等；教委会专家史宁中认为数学模型是一种规律性事物，可以沟通数学和现实世界；教育家徐利治认为数学模型是各种概念、算法、关系式等；邵光华教授则认为数学模型是数学课程中的概念。新版课程标准认为数学模型主要是指：方程、代数式、关系式、不等式、函数、各种图形和图表。通过对不同的定义进行归纳，模型分为广义的和狭义的。广义上认为是一些图形、符号、算法系统等；狭义则认为是一种数学结构，该结构能反映事物或特定的数学问题。本研究选取的是广义的概念，包括用数学符号建立起的方程、关系式和图表等。

3. 小学数学模型

小学数学模型与学生日常生活有着密切联系。数学教学的重点是：让学生通过探究初步的模型来帮助其理解数学的基本概念。具体而言，小学数学模型包括抽象的数学概念、与生活密切联系的数量关系、常见的几何图形等数学结构，例如从实际情境中抽象出的小数、百分数等数的概念。常见的数学模型还有数量关系，例如经常遇到的总价、单价、数量、路程、速度、时间等。小学数学模型还包括针对一些特定的问题形成的结构性算法，例如"鸡兔同笼""间隔植树"等小学数学中的经典问题，其目的是解决某一类特殊问题。总之，小学数学模型是一种数学结构，用数学的方式来表达数学规律。

4.数学模型思想

数学思想隐含在数学学科体系中，是高度凝练与升华了的数学学科知识，对数学的发展、教师的教学和学生的学习有重要的价值。史宁中教授提出的满足模型思想的两个条件：一是数学的产生以及数学的发展过程中所依赖的数学思想；二是学习过数学的人所拥有的思维特点。数学包括三种基本思想，即：抽象、推理和模型。通过抽象，可以实现把外部世界中与数学有关的事物纳入数学内部，变成研究对象；获得数学的命题和计算方法是通过推理来实现的，能够促进数学内在的发展；而把数学的结果应用到外部世界是通过模型来实现的。新版课程标准指出，模型的建立及求解的基本过程包括以下三个步骤：第一步，从现实的情境中抽象出具有数学性质的问题；第二步，用数学化的符号来建立等式或者方程等；第三步，表示出数学问题中的数量关系，对求得的结果展开讨论，最终获得结论。把有关的数学内容进行系统地学习，将有利于学生模型思想的形成。此外，还有助于提高学生学习数学的兴趣和用所学到的数学知识来解决实际问题的意识。

（二）人教版教材中数学模型思想内容的梳理

在小学数学教学中，教师对教材的理解程度影响着教师的教学效果，而学生对模型思想的理解也受教学效果的直接影响着。因此，对模型思想的研究，离不开对教科书内容的深入研究。

1.模型思想在数与代数领域中的内容整理

通过梳理人教版教材中数与代数领域的具体知识点，发现融入数学模型思想的具体内容和分布如表5-1-1所示。

表 5-1-1

知识领域	数学知识	数学模型
数与代数	数的运算	1. 加法运算 $a+b=c$　加数 + 加数 = 和 2. 减法运算 $c-a=b$，$c-b=a$ 　　　　　被减数 - 减数 = 差 3. 乘法运算 $a×b=c$　因数 × 因数 = 积 4. 除法运算 $c÷a=b$，$c÷b=a$，$a≠0$，$b≠0$ 　　　　　被除数 ÷ 除数 = 商……余数 5. 四则混合运算 6. 运算定律 加法交换律　　　$a+b=b+a$ 加法结合律　　　$(a+b)+c=a+(b+c)$ 乘法交换律　　　$a×b=b×a$ 乘法结合律　　　$(a×b)×c=a×(b×c)$ 乘法分配律　　　$a×(b+c)=a×b+a×c$
	数量关系	单价 × 数量 = 总价 速度 × 时间 = 路程 达标总人数 ÷ 人数 = 达标率 收入 × 税率 = 应交税额 本金 × 利率 × 时间 = 利息 正比例与反比例 $a:b=c:d$ 正比例 $\dfrac{y}{x}=k$（一定） 反比例 $xy=k$（一定）
	等式与方程	方程： $x±a=b$，$a-x=b$，$ax=b$ $ax±b=c$，$a(x±b)=c$
	常见的量	1. 时间单位 年、月、日、时、分、秒 1 年 = 12 个月　1 天 = 24 小时 1 小时 = 60 分　1 分 = 60 秒 2. 货币单位　1 元 = 10 角　1 角 = 10 分 3. 长度单位　1 米 = 10 米　1 分米 = 10 厘米 　　　　　　1 厘米 = 10 毫米　1 米 = 100 厘米 　　　　　　1 千米（公里）= 1000 米 4. 质量单位　1 千克 = 1000 克　1 吨 = 1000 千克

续表

知识领域	数学知识	数学模型
数与代数	常见的量	5.面积单位　1 平方分米 = 100 平方厘米 1 平方米 = 100 平方分米　1 平方千米 = 100 公顷 1 公顷 = 10000 平方米 6.体积单位（容积单位） 1 立方分米 = 1000 立方厘米 1 立方米 = 1000 立方分米 1 升 = 1 立方分米　1 毫升 = 1 立方厘米 1 升 = 1000 毫升

2.模型思想在图形与几何领域中的内容整理

通过梳理人教版教材中图形与几何领域的具体知识点，发现融入数学模型思想的具体内容和分布如表 5-1-2 所示。

表 5-1-2

知识领域	数学知识	数学模型
图形与几何	图形的认识	1. 长方体、正方体、球、圆柱体 2. 长方形、正方形、三角形、平行四边形、圆 3. 角 4. 梯形 5. 圆柱、圆锥
	周长	1. 长方形周长：$C = 2(a+b)$ 2. 正方形周长：$C = 4a$ 3. 圆的周长：$C = \pi d = 2\pi r$，$d = 2r$
	面积	1. 长方形面积：$S = ab$ 2. 正方形面积：$S = a^2$ 3. 平行四边形面积：$S = ah$ 4. 三角形面积：$S = ah \div 2$ 5. 梯形面积：$S = (a+b)h \div 2$ 6. 长方体的表面积：$S = 2ab+2ah+2bh$ 7. 正方体的表面积：$S = 6a^2$ 8. 圆的面积：$S = \pi r^2$

续表

知识领域	数学知识	数学模型
图形与几何	体积	1. 长方体的体积：$V = abh$ 2. 正方体的体积：$V = a^3$ 3. 圆柱的体积：$V = \pi r^2 h = Sh$ 4. 圆锥的体积：$V = \dfrac{1}{3}\pi r^2 h = \dfrac{1}{3}Sh$
	图形的运动与位置	1. 认识方位 2. 平移、旋转、轴对称 3. 同一位置、不同位置观察物体 4. 用数对表示位置：$y = F(x)$ 5. 图形的缩放 图上距离：实际距离 = 比例尺

3. 模型思想在统计与概率领域中的内容整理

通过梳理人教版教材中统计与概率领域的具体知识点，发现融入数学模型思想的具体内容和分布如表 5-1-3 所示。

表 5-1-3

知识领域	数学知识	数学模型
统计与概率	数据的收集与统计	按给定标准分类计数并用统计图呈现结果，简单的数据分析 统计表、条形统计图 统计量：平均数 $\overline{A} = (A_1 + A_2 + \cdots\cdots + A_n) \div n$ 单式、复式折线统计图 扇形统计图
	找规律	数列
	概率	可能性 可能性的大小

4. 模型思想在综合与实践领域中的内容整理

本领域包含的数学模型思想的具体内容和在教材中的分布如表 5-1-4 所示。

表 5-1-4

知识领域	数学知识	数学模型
综合与实践	找规律	探索规律
综合与实践	握手问题 （数角、数线段、多队比赛） 集合、服装搭配问题（数字、组合、排位、涂颜色）	1. 人数为 n，每两人握一次手，握手总次数：$N=1+2+3+\cdots+(n-1)$ 2. 上装 m 件，下装 n 件，搭配方式：$N=m\times n$
	合理安排时间、卸货、找次品问题、田忌赛马、打电话	策略（最优化）模型
	烙饼问题	饼有 m 张，每锅烙 n 张，烙熟一面要时间 a，总时间 $=2m\div n\times a$
	鸡兔同笼问题	（总脚数 − 总头数 × 鸡的脚数）÷（兔的脚数 − 鸡的数）= 兔的只数 总脚数 ÷ 2 − 总头数 = 兔的只数 总只数 − 兔的只数 = 鸡的只数
	植树问题 （锯木问题、摆花盆问题、爬楼梯问题、敲钟问题、排队问题）	1. 两端都栽： 总长 ÷ 间隔距离 +1= 棵数 2. 只栽一端： 总长 ÷ 间隔距离 = 棵数 3. 两端都不栽： 总长 ÷ 间隔距离 −1= 棵数
	鸽巢问题 （抽屉原理）	把 m 个物体放入 n 个抽屉中 $(m>n)$，至少有一个抽屉要放入 $m\div n+1$ 个物体

在小学阶段，学生会接触到一些熟悉的关系模型，这些大部分都可以在生活中找到原型。例如总价＝单价 × 数量，这一数学模型在日常生活中几乎每天都用得到。张奠宙教授曾指出，在广义上数学中各种基本概念和基本算法，都可以叫作数学模型。由此可知，数学模型的实质就是根据某一研究目的，采用形式化的数学语言，抽象、概括地描述现实问题主要特征的数学关系或结构。数学建模的本质就是把现实生活中的问题进行数学化，它既是

小学数学 作业设计

一种数学思想方法，也是一种数学活动，是"科学探究的过程"。其过程如图 5-1-1 所示。

对于小学生来说，刚刚系统性地接触数学学习，理解很多数学概念以及数学语言都有一定的困难，为了引导学生快速融入数学学习，可以通过数学建模的教学方式，积极开发想象力以及创新力，从而提高学生学习数学的效率，帮助学生深入理解数学知识，寻找到学习数学的乐趣。在义务教育阶段渗透模型思想也有着十分重要的意义。基于学生经验培养数学模型思想，为学生提供自主学习的空间，学生经历将现实问题简化、抽象，建立数学模型，求解验证，继而推广应用的完整数学学习过程。下面就如何在作业设计中培养学生的模型意识进行阐述。

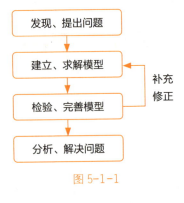

图 5-1-1

二、三个学段围绕培养模型意识的作业设计进阶策略

针对如何在作业设计中渗透模型意识，有以下三种策略：一是可以关注生活化的作业设计，使数学模型有理有据；二是设计有层次性的思考作业，使数学模型有梯度；三是注重实践性的作业设计，使数学模型有一定的深度。

（一）生活化的作业设计，使数学模型有依据

正所谓"数学源自生活，而又应用于生活"。由于小学生的思维以形象思维为主，在进行数学作业的设计时，教师要结合教学内容与学生的实际思维水平，精确找到现实生活与数学知识之间的交汇处，将学生日常生活的衣食住行问题融入数学知识，激发学生写作业的兴趣，感悟数学模型在生活中的广泛存在。

例如三年级下册"位置与方向（一）"这一单元的教学中对单元整体作业进行了如表 5-1-5 所示的设计。

表 5-1-5

课时安排	第 1 课时《认识地图上的"东、南、西、北"》
学习目标	1. 掌握在地图上辨认东、南、西、北的方法，具体为上北、下南、左西、右东，并能够把地图上的方向与实际生活中的相同方向对应起来；帮助学生建立"十"字方位图。 2. 通过将地图上的方向与实际生活中方向相对应的数学建模活动过程，培养辨别方向的意识，发展空间观念。 3. 培养认真观察事物的良好习惯，激发学习兴趣，体会数学在实际生活中的应用价值。

基础性作业	发展性作业

基础性作业

1. 仿照指南针，自己也做一个"方向板"吧。

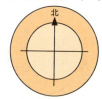

【设计意图】对地图上的四个方向有正确的认知，掌握在地图上辨认四个方向的方法。

2. 根据图中的信息，找到合适的方向填空。

[找一找、填一填]

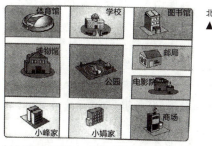

（1）邮局在公园的（ ）面，学校在公园的（ ）面。
（2）小娟家在学校的（ ）面，小娟家在小峰家的（ ）面。
（3）体育馆在博物馆的（ ）面，体育馆在学校的（ ）面。

【设计意图】培养辨认方向的能力，通过判断图中建筑物之间的相互位置，培养方向感，掌握在地图上和生活中辨认方向的方法。

发展性作业

小兔、小刺猬、小松鼠、小熊和小猴的家住在同一片树林里。小刺猬说："我的家住在小猴家的西面，在小兔家的南面。"小熊说："我家在小刺猬家的西面。"小松鼠说："小刺猬家的南面就是我家。"你能根据它们的对话画出它们家的位置吗？

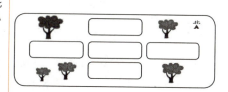

【设计意图】培养学生提取信息的能力，能根据文字的描述确认平面图上的方向，进一步巩固在地图上辨认方向的方法，发展学生的空间观念。

续表

课时安排	第1课时《认识地图上的"东、南、西、北"》	
预估时长	10分钟	5分钟
课时安排	第2课时《认识"东北、东南、西北、西南"》	
学习目标	1. 能辨认东南、东北、西南、西北这四个方向，能用方向词描述物体所在位置；能结合具体情境，利用给定的一个方向，辨认其余的七个方向；帮助学生建立"米"字方位图。 2. 通过说一说、写一写、画一画等建模活动过程，加强对四个方位的认识和辨认能力，体会物体间位置关系的相对性。 3. 在实际操作中，增强合作交流的意识和实践能力，让学生更加热爱生活。	

基础性作业	发展性作业
1. 看一看，填一填。 （1）从体育馆向（　　）方向走到达学校。 （2）从图书馆向（　　）走到达学校，再向（　　）方向走，到体育馆。 （3）小红从家出发去少年宫，她先向（　　）走到达（　　），再向（　　）走到达少年宫。 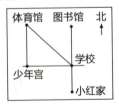 【设计意图】对8个方向的概念形成清晰、明确的认知结构，依据地图上的方向辨别方法，解决问题，增强学生的应用意识。 2. 在下图中，根据方向填上城市名。 （1）郑州的正西方向是西安，郑州的东南方向上海、重庆在南方向。 （2）兰州在北京的西南方向，北京的东北方向是哈尔滨，广州在南方向。 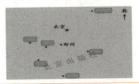	1. 下面是北京地铁部分线路图。  （1）在图中，首经贸站在丰台站的（　　）方向，湾子站在北京西站的（　　）方向。 （2）在图中，六里桥东站的东北方向是（　　）站，西北方向是（　　）站。 （3）小明乘地铁从郭公庄站到东管头站，有几种不同的路线呢？请你用彩笔在图中画一画，并利用方向词语描述出所画路线。在这些路线中你想选择哪一个，为什么？ 【设计意图】要求学生能看懂简单的地铁平面图，既能根据图中所示描述地铁站间的方向关系，也能结合方向找到地铁站，还能利用所学的方向知识解决实际问题，并选择最优路线，发展空间观念。 2. 下面是某火车站内平面示意图，根据提示，将示意图补充完整，并回答问题。

课时安排	第1课时《认识地图上的"东、南、西、北"》
【设计意图】从中国地图中选取了一些城市，让学生在实际生活中，结合方向确定城市所在的位置，进一步巩固在地图上辨认方向的知识。	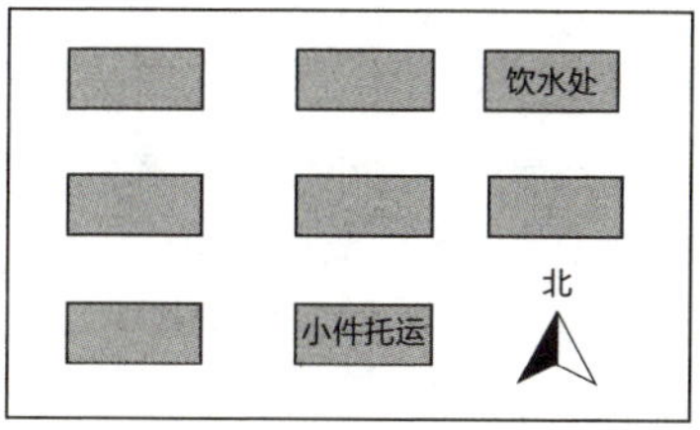 （1）询问处在小件托运的东北方向。 （2）检票处在饮水处的正西方向，且在小件托运的西北方向。 （3）候车室在饮水处的西南方向，且在卫生间的东北方向。 （4）售票厅在卫生间的正北方向。 请问：如果空余位置是行李寄存，那么行李寄存在（　　）的（　　）方向。 【设计意图】本题练习辨认8个方向的知识，让学生感受生活中的数学问题，适合于不同层次的学生解答，为学有余力的学生提供了更为广阔的思维空间，有利于实现不同的学生在数学上得到不同的发展，培养学生的分析能力和推理能力。
预估时长	10分钟　　　　　　10分钟
课时安排	第3课时：综合运用
学习目标	1. 进一步加深对8个方向的认识，锻炼运用8个方位词描述物体的位置，提高综合运用所学知识的能力。 2. 通过自主探索、合作交流，掌握解决简单实际问题的方法，培养联系生活实际的意识。 3. 进一步体会数学模型与生活场景模型的密切联系，获得成功的建模体验，激发学生学习的热情和兴趣。

续表

课时安排	第1课时《认识地图上的"东、南、西、北"》	
基础性作业		发展性作业

基础性作业	发展性作业
同学们，我们每天都在操场上操，你仔细观察过小操场的主席台以及周边建筑吗？请你通过观察后画出小操场的平面示意图，向大家介绍一下咱们的校园吧！ 北 ↑	亲爱的同学们，你对自己每天生活学习的教室环境还满意吗？你对其他班级的物品摆放有了解吗？请你们以小组为单位完成以下任务： ①调查别的班级（除课桌椅黑板）的物品摆放的位置。 ②组内进行讨论，确定自己班级可完善的地方。 ③绘制自己班级的平面示意图，组内交流说明摆放的理由。
【设计意图】从学生的实际生活出发，培养学生认真观察身边事物的良好习惯，并灵活运用方向知识，让实际生活中的方向和地图上的方向相对应，进一步巩固和掌握在地图上和生活中辨认方向的方法。	【设计意图】根据班级情况，让学生运用所学的方向知识，并结合学生对生活实际情况的了解，分析问题，有策略地设计方案，从而解决问题，发展其空间观念。
预估时长	1节课	1周

第3课时的作业从学生的实际生活出发，培养学生认真观察身边事物的良好习惯，并灵活运用方向的知识，让实际生活中的方向和地图上的方向相对应，进一步巩固和掌握地图上和生活中辨认方向的方法。学生完成该项作业时特别有兴趣，因为本题的设计来源于学生的实际校园生活，他们愿意将生活中的相对位置与方向变为数学知识，同大家分享。并且本作业的设计是结合了本校的实际位置特点，引导学生更加热爱生活，热爱学校，热爱数学。

从学生的实际完成情况来看，对于三年级的学生来说，在生活中已经积累了一定的辨认方向的知识，因此，可以利用学生已有的生活经验中的模型，联系已经学过的前后左右的知识，进一步认识方向，建立初步的空间感。

方向本身其实是一个抽象的概念，需要创造条件让学生在生活中发现，在发现中思考，在思考中想象，进而在想象中培养空间观念和模型意识。了解生活中的方向和事物，只是数学方位学习的基础，在原有四个主方向的基础上，联系生活实景不断添加新事物和新方向，逐步帮助学生完成从旧知到新知的跳跃。而这种跳跃又始终没有离开原先的平面图，将直观和抽象很好地结合，更为重要的是帮助学生在头脑中真正建立起平面图式，即让学生具有看图、读图、简单的填补图形的能力。就数学知识的本质而言，二维方位图是平面坐标系的雏形和最原始状态，本课从开始复习四个方向时引申出"十字方向标"，到新知学习后形成的"米字方向标"，最后在心里想着"方位十字架"去解决生活中的实际问题。这一系列的过程，其实就是在帮助学生建立模型，并体验和感受模型的独特价值。"十"字、"米"字模型给学生以思维拐杖，降低思维坡度，明确思考依据，体现出建模的教学价值追求。

又如，在五年级教学"列方程解决问题"这一内容后，部分教师会设计一些实际问题让学生进行训练。为了让学生能置身于真实的生活情境中，使学生的思考有依据，教师设计了如下作业：小李和爸爸在全长为 200 米的跑道上锻炼，两人在同一起跑线上同时出发，小李的速度为 6 米/秒，爸爸的速度为 10 米/秒，他俩第一次相遇会在什么时候？这样的作业将数量关系置于学生熟悉的生活情境中，能精准地关联上学生的生活经验，使运动场上两人跑步的画面再现在学生的眼前，不但拉近了数学与生活之间的距离，而且能帮助学生精准地建立生活经验与数学知识之间的联系，找到数量之间的相等关系。

如此，教师能通过结合学生的已有知识和生活经验，能有效地让数学运用与生活实际密切结合，在让学生感受到"数学存在于生活的每一个角落"的同时，感受情境中隐含的数学信息并对其进行简化，而且可以促使他们将生活问题抽象成数学问题，增强数学模型意识。

（二）层次化的作业设计，使"模型"有梯度

在设计作业时，教师应根据教学内容与不同层次学生的学情进行精准分层设计，致力于让不同的学生通过不同层次的作业训练而获得不同程度的发展，会利用数学模型解决一些简单的实际问题。

以第二学段人教版四年级教材"运算定律"为例，在本单元的学习中，以运算形式为线索，更多地强调了结合学生已有的经验，从具体数据的讨

论，上升到规律的发现与归纳，这样的教学内容有利于学生实现对运算律的"逐一掌握"，进而形成相应的数学模型。运算律既是优化计算方法的依据，又是发展模型意识和推理意识的教学载体。

在本单元中，教师针对每一课时设计的相关作业如表 5-1-6 所示。

表 5-1-6

课时安排	第 1 课时 "加法和乘法交换律"
学习目标	1. 理解并掌握加法交换律和乘法交换律，能用合适的方法说明、解释交换律。 2. 经历从实际问题中抽象出算式—初步发现规律—举例验证—解释说明—表达规律的过程，培养推理意识和模型思想，积累探索运算律的活动经验，学会用数学的语言表达现实世界。 3. 学会用数学的眼光观察现实世界，体会数学和生活的密切联系，在数学活动中获得成功的体验，树立学好数学的信心。

基础性作业	发展性作业
1. 根据加法和乘法的运算规律填空。 $766+589=589+$（　） $28×12=$（　）$×$（　） $62+15+38=62+$（　）$+$（　） $4×39×25=39×$（　）$×$（　） $a×46=46×$（　） （　）$+78=78+420$ $a+15=$（　）$+$（　） （　）$+65=$（　）$+35$ 2. 比一比谁算得快。 $25+49+75$　　$60+58+40$ $50×18×2$　　$40×12×5$ 3. 看图填空。 	快乐读书吧 战国时代，宋国有一个养猴子的老人，他在家中的院子里养了许多猴子。日子一久，这个老人和猴子竟然能沟通讲话了。 这个老人每天早晚都分别给每只猴子四颗栗子。几年之后，老人的经济越来越不充裕了，而猴子的数目却越来越多，所以他就想把每天的栗子由八颗改为七颗，于是他就和猴子们商量说："从今天开始，我每天早上给你们三颗栗子，晚上还是照常给你们四颗栗子，不知道你们同不同意？"

课时安排	第1课时"加法和乘法交换律"
4×7×3 4×3×7 （1）这两个算式都表示求（　　　　　），但是先算的部分不同，请用彩笔在图中涂出先求的部分。 （2）我发现与上图有关的运算定律是（　　　　），用字母或符号表示是（　　　　　）。	猴子们听了，都认为早上怎么少了一个？于是一个个就开始吱吱大叫，而且还到处跳来跳去，好像非常不愿意似的。老人一看到这个情形，连忙改口说："那么我早上给你们四颗，晚上再给你们三颗，这样该可以了吧？"猴子们听了，以为早上的栗子已经由三个变成四个，跟老人之前的分法不一样了，就高兴地在地上翻滚起来。 你知道这个故事源自哪个成语吗？ （　　　　　　） 在数学中，与我们所学的（　　　　　）律有关，猴子们真的赚到了吗？你是怎么想的？

课时安排	第2课时"加法和乘法结合律"
学习目标	1. 使学生经历探索运算律的过程，理解并掌握"结合律"，初步感知"结合律"的价值，发展应用意识。 2. 使学生在学习用符号、字母表示自己发现的运算律的过程中，初步发展符号感，培养归纳推理能力和模型意识。 3. 使学生在数学活动中获得成功的体验，进一步增强对数学学习的兴趣和信心，初步形成探究问题的意识和习惯。

基础性作业	发展性作业
1. 根据加法和乘法运算定律在横线上填数、字母或图形，在圆圈里填运算符号。 （1）387+54+146=387+_____○_____	1. 你能求出下列图形的面积吗？ 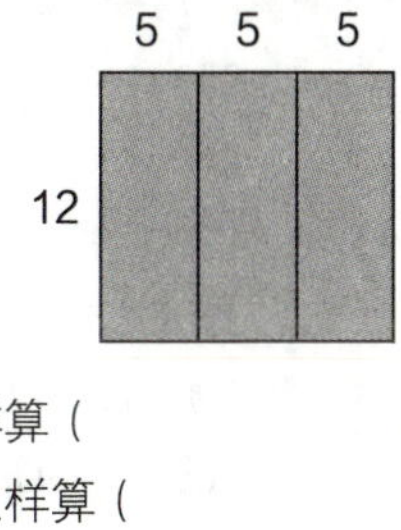 可以这样算（　　　　　　　　）； 也可以这样算（　　　　　　　　）， 我发现（　　　　　　　　　　）。

课时安排	第2课时 "加法和乘法结合律"

（2）895＿＿＿＿＿ ○＿＿＿＿＿=895+（105+123）

（3）230+450+770+550=(230＿＿＿＿＿)+(＿＿＿＿＿550)

（4）25×27×4＝＿＿＿＿×＿＿＿＿×27

（5）20×▲×5=▲○＿＿＿＿○＿＿＿＿

（6）25×＿＿＿＿×125×＿＿＿＿=＿＿＿＿×4×＿＿＿＿×8

（7）a×（b×c）=＿＿＿＿×＿＿＿＿×b

2. 用简便方法计算：

（1）15×25×5×2×6×4

（2）25×32×125

（3）1+3+5+7+9+……+95+97+99

3. 想一想，算式 25×13×33×99×4×67×786×549 的结果的个位上是几？

2. 长方形的面积计算中隐藏着我们学习的新知识，乘法运算定律还可以通过图形表示出来，你能用自己喜欢的方式表示乘法结合律吗？请你写一写并与同学、家长交流你的想法和发现。我的想法是：

课时安排	第3课时 "交换律、结合律的应用"
学习目标	1. 复习巩固加法和乘法的交换律、结合律。 2. 利用运算律进行简算并解决实际生活中的问题。 3. 学会用数学的眼光观察现实世界，体会数学和生活的密切联系，培养应用意识，体会学习数学的价值。

基础性作业	发展性作业

基础性作业

1. 把左右相等的算式用线连起来。

50×17×4   25×4×8

                 25×4

853+96+47+104   17×(50×4)

                 17×（50+4）

A×（65×35）   （A+65）+35

                 （65+35）+A

2. 计算下面各题，怎样简便就怎样计算。

（1）86+27+173

发展性作业

同学们用点子图计算 14×12。

小明：

2×7×12

=2×（7×12）

=2×84

=168

小丽：

14×（3×4）

=14×3×4

=42×4

=168

（1）结合小明和小丽的算法，先在点子图上圈一圈，再说一说他们这样计算的道理是什么。

课时安排	第 3 课时 "交换律、结合律的应用"

（2）460+320+540+680+250

（3）509+399

（4）40×19×25

（5）125×48

（6）5×16×125

3. 解决问题：

（1）刘老师购买了下列体育用品，一共花了多少钱？

48 元　　55 元　　52 元　　45 元

（2）一个游泳池长 50 米。小东游了 7 个来回，他一共游了多少米？

（3）每个杯子 9 元，张老师买了 3 盒杯子。张老师买杯子共花多少元？

解答：　　检验：

（2）你还有其他方法计算这道题目吗？结合点子图画一画、写一写。

课时安排	第 4 课时 "乘法分配律"
学习目标	1. 理解并掌握乘法分配律，结合实例说明分配律，感受分配律的意义。 2. 经历从实际问题中抽象出算式—初步发现规律—举例验证—解释说明—表达规律的过程，培养推理意识和模型意识，积累探索运算律的活动经验，学会用数学的语言表达现实世界。 3. 学会用数学的眼光观察现实世界，体会数学和生活的密切联系，培养应用意识，体会数学学习的价值。

课时安排	第4课时"乘法分配律"	
基础性作业		发展性作业

基础性作业	发展性作业
1.选一选：下面算式中与 99×101−99 得数不相等的是（　　）。 A.99×（101−1） B.99×101−99×1 C.（100−1）×101 D.99×（100+1）−99 2.填一填：在计算 25×（△+4）时，小马虎错算成 25×△+4，结果与正确答案相差_____。 3.想一想：小芳在整理学习笔记时，发现以前学过的笔算乘法和面积的计算都运用了乘法分配律。你能结合下图说说 165×737 用乘法分配律怎么计算吗？ 	写一写、画一画：今天学习了乘法分配律，你能用不同的方式来说明乘法分配律吗？（可以从具体情境、几何直观或运算意义等方面进行说明）

课时安排	第5课时"乘法分配律的应用"
学习目标	1. 在解决实际问题中，结合具体数据、算式的特点和算式的意义，合理选择算法，使计算更简便。 2. 培养学生的计算能力，发展思维的灵活性。 3. 学会用数学的眼光观察现实世界，体会数学和生活的密切联系，感受学习数学的价值。

基础性作业	发展性作业
1.下面每组算式的得数是否相等？如果相等，选择其中一个算出得数。 （1）25×（200+4）　25×200+25×4 （2）265×105−265×5　265×（105−5） （3）35×201　35×200+35 （4）25×11×4　11×（25×4）	规律探究 通过前面的学习，你已经掌握了加法、乘法的运算律，也学会了探究运算规律的一般方法，请你用学过的方法试着探究其他运算中的规律吧。

续表

课时安排	第5课时 "乘法分配律的应用"	
2. （1）一套动物丛书共5本，小明要买这套书，需要多少钱？说说你是怎样计算的。  （2）小华家每天要买一盒牛奶和一袋豆浆。一星期要花多少钱？ 　　4元　　2元 3.编一编：生活中处处有数学，请结合自身经验编一道能用算式125×8+80×125或125×（8+80）解决的实际问题。	发现规律： 举例验证： 得出结论： 实际应用：	

课时安排	第6课时 "减法和除法解决问题"	
学习目标	1. 结合具体情境理解并掌握减法和除法的性质。能根据数据特点，灵活选择计算方法解决实际问题。体验计算方法和解题策略的多样性。 2. 经历观察、比较、归纳、类比、迁移等数学活动，培养推理意识和模型意识，积累探索运算律的活动经验，学会用数学的语言表达现实世界。 3. 进一步体会数学与生活的联系，感受学习数学的价值。学会用数学的眼光观察生活。	

基础性作业	发展性作业
1.算一算：用简便方法计算下面各题 （1）892-（163+92） （2）3400÷25÷4 2.李叔叔要运4000千克的蔬菜，第一次运了1475千克，第二次运了1475千克，剩余的第三次运完。第三次运多少千克？（请你用两种方法解答）	巧算：4200÷5÷5÷4

课时安排	第6课时 "减法和除法解决问题"
3. 王阿姨买来 4 箱同样的饼干共花 300 元，这种饼干每箱有 25 盒，每盒饼干多少元？（请你用两种方法解答）	

课时安排	第7课时 "单元复习整理"
学习目标	1. 巩固所学知识，形成知识网络。 2. 通过对比、辨析，选择正确的运算律进行简便计算。 3. 感受数学的魅力，初步形成用所学知识解决实际问题的意识和能力。

基础性作业	发展性作业
1. 根据运算律填上适当的运算符号或数。 （1）18（$a×b$）=（18×□）×□ （2）$a÷$（125×8）=a○□○□ （3）（23+b）×a=□×a+b○□ （4）16×29+29×□=29×（□○14） （5）$a-$（b○□）=$a-b-c$ （6）（75-a）×b=75×□○□×b 2. 计算下面各题，怎样简便就怎样计算。 （1）123+1049+777+151 （2）892-（163+92） （3）28000÷125÷8 （4）125×（80×33） （5）25×36 （6）199×52+52 3. 解决问题 （1）一本相册共 32 页，每页可以插 6 张照片。有 900 张照片，5 本这样的相册够用吗？ （2）下面是一套运动服上衣和裤子的价格。 75元 45元 某商店一周售出 60 套这种运动服，一共收入多少钱？	自己动手进行运算律的整理 运算律的学习已经结束了，让我们来回顾一下，看看你有哪些收获。 运用运算律能对什么样的题目进行简便计算呢？我想整理一下各类简便运算的题目。

续表

课时安排	第7课时"单元复习整理"
（3）李大爷家有一块菜地（如下图），这块菜地的面积是多少平方米？ 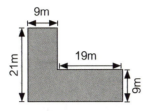 （4）用计算器计算"1235×49"时，发现键"4"坏了。如果还用这个计算器，你会怎样计算？写出算式并说明理由。	

通过以上层次化的单元整体作业，学生在一定的数学环境下，可以用一定的规则来推导出正确的结果。实际上，运算定律就是定义了一种数学运算的规则，其本身就是一种数学模型，学生对于运算定律的理解是数学思维的基础，也是运用数学语言表达的基础。通过这样的层次化的作业设计，帮助学生发现运算定律的规律性，促进学生形成模型意识。在分层作业中，学生感受到运算定律的应用非常广泛，可以用来解决各种数学问题，甚至可以应用于实际生活中。

值得一提的是，在后续学习"结合律"这节课时，学生继续沿用本节课的研究方法，主动地提出猜想，然后通过大量的例子进行验证，并且还能结合点子图，通过知识迁移以及课上学习的"模型"，探究加法和乘法结合律。

图5-1-2是某班学生课上活动的研究成果。

表5-1-7

基础性作业	巩固性作业	拓展性作业
1.鸡与兔关在同一个笼子里，从上面看有18个头，从下面看有60只脚。鸡、兔各多少只？	1.鸡兔同笼，兔比鸡少6只，他们一共有138只脚。兔、鸡各几只？	1.小明参加有奖竞答，共有20道题。每答对一道题得20分，每答错一道题扣12分，小明共得了240分。你能算出小明答对了几道题吗？

续表

基础性作业	巩固性作业	拓展性作业
2. 龟鹤共 22 只，龟和鹤的腿共有 64 条。求龟、鹤各多少只？	2. 快递小哥送外卖，晴天每天中午可以送 20 份，雨天每天中午送 12 份。他在 8 天中共送了 112 份，这 8 天中雨天有几天？	
3. 全班共有 52 人一起去公园划船，共租用了 10 只船刚好坐满，每只小船坐 4 人，每只大船坐 8 人，求租用的小船和大船各多少只？		2. 100 个和尚吃 100 个馒头。大和尚每人吃 3 个馒头，小和尚 3 人共吃一个馒头。大、小和尚分别有多少人？

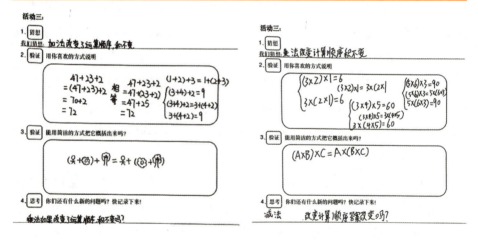

图 5-1-2

本作业设计共分为三类题组，第一类题组属于基础性练习，要求学生能合理运用当天所学知识解决相应问题，是数学模型的简单运用；第二类题组属于巩固性练习，在难度系数上有一定的增加，促使学生灵活运用"鸡兔同笼"问题解决类似的模型题；第三类题组则是一种拓展训练题，是数学模型的一种变式，是对学生思维的进阶训练。三类题组的特点是由显性到隐性，层层深入，具有明显的思维坡度，有针对性地给不同的学生提出了不同的学习目标，促使学生依据自身水平而进行合理选择。这种"按需领取"的层次化作业形式的设计，鼓励不同水平的学生通过不同层次的达标训练而获得思维的提高，体验用模型思想解决问题的过程。

（三）实践性作业设计，使"模型"有深度

"树上有 5 只鸟，又飞来 3 只鸟，一共有几只鸟"是加法的现实原型，而"树上有 5 只鸟，飞走 3 只鸟，还剩下几只鸟"是减法的现实原型，平均分是分数产生的现实原型……这些实例说明义务教育阶段渗透数学模型，要以具体问题作为出发点，让学生亲历发现问题、提出问题、分析问题的过程，进而运用数学模型解决现实生活中的问题。

教师在设计作业时，应精准地将教学内容与学生的探究能力相结合，设计一些以学生为主体、学生能够积极主动参与的实践探究性作业，并鼓励学生充分调动脑、手、口等多感官，基于学生已有的认知基础和活动经验，以学生数学学习或实际生活中的问题为引领，促使学生运用探究式的学习方法，独立思考或合作讨论解决问题。

综合运用数学知识，开展实践探究活动，以探究性作业设计替代大量的重复性、低效性的练习题，以促进学生综合素养的发展。面向未来的学习是实践的学习、综合的学习、混合的学习，学习的视角是多样化的。因此我们需要组织学生自主选择他们感兴趣或有困扰的话题，制订探究方案，确定探究内容和方式，开展实践探究。

例如，在第三学段教授"体积与容积"这部分知识点后，教师布置了在家测量土豆体积的实践探究性作业。第二天在课堂上汇报交流时，学生趣味盎然，方法各异如表 5-1-8 所示。

表 5-1-8

方法一	将土豆放入装有适量水的圆柱体容器，借助两次水面的高度差测量出了不规则土豆的体积
方法二	"估测"测量法，尽量将土豆切成体积为 $1cm^3$ 的小块，运算估测法估出土豆体积
方法三	直接将土豆捣碎，并将这些土豆泥装在有刻度的水杯里，测出土豆的体积

　　这种实践探究性作业，促使学生在动手实践操作以及寻找问题解决方法的过程中，提升思维的深度。

　　总之，模型意识是一种表达思维、反映外部事物联系和规律的方式。数学模型的建构过程，即用数学的语言表达数学问题中的数量关系、用数学符号表达规律的过程。教学中应凸显数学模型的获得过程，这是数学建模最重要的环节。这种数学模型建构过程可以使学生系统地掌握基础知识，帮助学生深入理解数学知识，激发学生的学习兴趣，感悟数学与现实世界之间的关联，从而调动学生的积极性，提高数学学习的效率。

　　在设计侧重模型意识培养的作业时，适当关注作业设计的生活化，思考作业设计的层次性，注重作业设计的实践性，有利于发展学生数学的语言表达能力，进一步培养核心素养。

第二节
培养数据意识的
作业设计

数据分析观念作为数学核心素养的主要表现之一，《义务教育数学课程标准（2022 年版）》对数据分析观念内涵的表述分为三个方面："第一，体会数据中蕴含的信息；第二，根据问题的背景选择合适的方法；第三，通过数据分析体验随机性。"由此可见，数据分析观念贯穿统计与概率内容的始终，凸显了数据意识的重要地位。作业对统计与概率部分的意义重大，我们只有用高质量的作业吸引学生，才有可能更好地发挥作业功能，让作业成为学生学习知识和发展素养的阶梯。

一、数据意识的认识与理解

（一）"数据意识"的内涵

《现代汉语词典（第 7 版）》将"数据"解释为"进行各种统计、计算、科学研究或技术设计等所依据的数值"。这是从用途（去向）的角度对数据这一概念做出的解释。从产生（来源）的角度看，数据是事物属性量化，即度（测）量（包括比较武断的赋值，比如，在计算机数学中，将电路通、断两种状态分别用 0 、 1 表示）的产物。[①]因此，数据是一种信息，是事物属性的一种表现形式。数据中蕴含着关于事物属性的信息，它是数据的意义，也是数据的本质。[②]因此，通过挖掘和分析（包括各种加工处理）数据，可以得到数据中固有和新增的信息及规律（知识），从而为主体的判断和决策提供依据。《现代汉语词典（第7版）》将作为名词的"意识"解释为"人的头脑对于客观物质世界的反映，是感觉、思维等各种心理过程的总和，其中的思维是人类特有的反映现实的高级形式"；将作为动词的"意识"解释为"觉察（常跟'到'连用）"，并将"察觉"解释为"发觉；看出来"。进一步地，从心理学的角度看，广义的"意识"是指反应客观现实的主观现象的总体，或者作为心理现象的直接经验集合，表现为知、情、意的统一，具有自觉性、目的性与能动性；狭义的"意识"指的是启动与执行某一行为活动的心理倾向性，可以进一步解释为反应、处置外在信息的一种主观态度（从这种态度中可以生成一种心理倾向）。[③]综上所述，"数据意识"中"意识"的含义，主要以词典中的名词解释和心理学中的广义解释为基础，更多地指向词典中的动词解释和心理学中的狭义解释。具体地，意识是由经验及其反思形成的采取行为活动的一种心理准备状态（也就是人们常说的"意识到了要做某事"）。当主体面对具体问题时，意识透过由大量、多维的经历形成的某方面的经验（作为参照）来确定行为的路线与方向。相对而言，主要基于经验的感悟意识模糊，是较弱的心理倾向；主要基于概念的观念理解精确，是较强的心理倾向。因此，意识是观念的基础，观念是意识的发展——当然，它们不存在绝对的界线。[④]因此，数据意识指的是，面对具体问题时，知道数据（将事物属性量化）的价值，形成收集数据、分析数据、得到数据中固

① 徐章韬，席阳. 理解心理测量：从数学与物理测量出发 [J]. 教育研究与评论（中学教育教学），2017（7）：29-33.

② 周屹，李艳娟. 数据库原理及开发应用（第二版）[M]. 北京：清华大学出版社，2013：2.

③ 克雷奇，克拉奇菲尔德，利维森等. 心理学纲要（上册）[M]. 周先庚，林传鼎，张述祖，等译. 北京：文化教育出版社，1980：117.

④ 张昆. 培养"推理意识"：小学数学教学的新要求 [J]. 教育研究与评论（小学教育教学），2021（8）：25-28.

有和新增的信息及规律（知识），从而做出判断和决策的习惯性心理倾向或心理准备状态。数据观念的基础是数据意识，可以引导学生发现和提出问题、分析和解决问题，并由此获得具体的统计知识和方法（本质上就是数据收集和分析的知识和方法）。因此，数据意识及数据观念是统计的核心，是上位的"大观念"和核心素养。

（二）人教版小学数学教材中数据意识相关内容的梳理（见表5-2-1）

表 5-2-1

年级	教学内容
一年级	1. 能按照某一给定的标准对物体进行分类 2. 能选择某个标准对物体进行分类 3. 能选择不同的标准对物体进行不同的分类 4. 体验分类结果在单一标准下的一致性、不同标准下的多样性 5. 发现图形的简单的排列规律 6. 发现数字的简单的排列规律 7. 初步认识简单的条形统计图 8. 认识简单的统计表 9. 体验简单的数据收集和整理过程 10. 根据统计图回答简单的问题 11. 根据统计图提出简单的问题
二年级	1. 认识条形统计图（1格表示2个单位） 2. 根据统计表提供的数据初步掌握绘制条形统计图的方法（1格代表2个单位） 3. 体验数据的收集和整理过程 4. 掌握使用统计表收集数据的方法 5. 认识比较简单的复式统计表 6. 认识条形统计图（1格代表5个单位） 7. 根据统计表提供的数据掌握绘制条形统计图的方法（1格代表5个单位） 8. 根据统计图表回答简单的问题 9. 根据统计图表发现问题并提出简单的问题 10. 根据统计图表做出合理的预测 11. 了解统计的意义和作用

年级	教学内容
三年级	1. 体验事件发生的确定性和不确定性 2. 根据已有的知识和生活经验学会判断哪些事件的发生是确定的，哪些事件的发生是不确定的 3. 能够列出简单试验所有可能发生的结果 4. 知道事件发生的可能性是有大小的 5. 能用"一定""不可能""可能"对一些简单事件发生的可能性做出描述 6. 根据试验的统计结果对下一次试验的结果做出推测 7. 认识横向条形统计图 8. 认识起始格与其他格表示不同单位量的条形统计图 9. 根据统计表提供的数据，完成横向统计图 10. 根据统计表提供的数据，完成起始格与其他格表示不同单位量的条形统计图 11. 根据统计图表进行初步的数据分析 12. 理解平均数的含义 13. 初步学会简单的求平均数的方法 14. 会用平均数比较两组数据的总体情况
四年级	1. 认识纵向复式条形统计图 2. 绘制纵向复式条形统计图 3. 认识横向复式条形统计图 4. 绘制横向复式条形统计图 5. 体验数据收集、整理、描述和分析的过程 6. 体会统计在现实生活中的作用 7. 能根据统计图提出并回答简单的问题 8. 能发现信息并进行简单的数据分析 9. 认识复式柱状统计图 10. 认识单式折线统计图 11. 绘制单式折线统计图 12. 能从统计图中发现数学问题 13. 能根据数据的变化进行合理的预测 14. 运用统计知识解决生活中的数学问题 15. 能对现实生活中有关事例进行调查

年级	教学内容
五年级	1. 体验事件发生的等可能性 2. 会求简单事件发生的可能性 3. 能按照指定的要求设计简单的游戏方案 4. 理解中位数在统计学上的意义 5. 学会求中位数的方法 6. 能根据实际情况选择适当的统计量来描述数据的特征 7. 理解众数的含义 8. 学会求一组数据的众数 9. 理解众数在统计学上的意义 10. 认识复式折线统计图 11. 根据复式折线统计图回答简单的问题 12. 能根据不同需要，选择条形、折线统计图直观、有效地表示数据 13. 根据数据的变化进行数据分析和合理的预测
六年级	1. 认识扇形统计图 2. 能从扇形统计图读出必要的信息 3. 体会扇形统计图的特点和用途 4. 会综合应用学过的统计知识 5. 能从统计图中准确提取统计信息 6. 能够正确解释统计结果 7. 能根据统计图提供的信息，做出正确的判断 8. 能根据统计图提供的信息，做出简单的预测

（三）"数据意识"的培养目标及价值

数据分析观念作为小学和初中两个阶段递进培养的数学核心素养，在小学阶段表现为"数据意识"；初中阶段表现为"数据观念"。《义务教育数学课程标准（2022年版）》将小学阶段的重点教学目标——"数据意识"分为三个部分：第一，知道在现实生活中，有许多问题应当先做调查研究，收集数据，感悟数据蕴含的信息；第二，知道同样的事情每次收集到的数据可能不同，而只要有足够的数据就可能从中发现规律；第三，知道同一数据可以用不同方式表达，需要根据问题的背景选择合适的方式。当学生逐渐获得数据意识，在面对与数据有关的具体问题时，将自发地产生收集数据与分析数据的行为，为此得到信息、规律或者相应的知识，从而做出相应的判断，为后续进一步形成收集与分析数据的具体知识与方法以及定型数据观念做好准备。

二、基于培养数据意识的作业设计思路

在针对培养数据意识而设计作业时，首先可以思考作业设计是否关注真实体验，是否使学生亲身经历数据收集和整理的过程，是否有助于形成数据意识；其次重视对数据的理解和进行数据解读的过程，促进数据意识的形成；最后关注数据在生活中的应用，感悟数学在现实生活中的价值，培养核心素养。

（一）收集数据，学生经历"真体验"

数据是一种信息，而不是我们通常所认为的"简单的数"。数据是承载信息的载体，这个载体包括数，还包括语言、图像、信号等。从这个角度看，现实世界中人们处理各种事务就需要不断地进行数据分析，而要进行数据分析，首先就是要获取真实而有效的数据。

在第一学段教授"分类"的有关内容时，"分类与整理"一课是小学生学习统计与概率部分的第一课，是小学生第一次接触分类思想，意在让学生根据事物的特征，如颜色、形状等进行分类。

图 5-2-1 为北师大版小学数学教材一年级上册第四单元中的教学内容，教材展示的是淘气和笑笑的房间，通过对比两个房间的整洁程度让学生体会整理房间的重要性，进而体会分类的意义与标准。教师应在学生学习分类问题时充分参考北师大版小学数学教材内容，部分教师在教授"整理房间"这节课时，会利用教材中笑笑和淘气的房间进行对比，然后展示一些图片让学生尝试分类。这样的课堂教学似乎表面上营造出实际生活情境的氛围，但实际上仅凭课上的实践学生感受不深，学生主要停留在听觉教学，视觉和触觉感受较低。此时作业作为教学中的延伸与补充，起到了关键性的作用，针对

图 5-2-1

培养学生能按照某一给定的标准对物体进行分类、能选择某个标准对物体进行分类、能选择不同的标准对物体进行不同的分类，设计了如下作业内容。

以第一学段一年级上册整理房间为例。在课堂教学的实际情况下，作业中可以充分利用"我们的教室"这个特别真切的生活场所，实际上"整理房间"与"整理教室"二者有异曲同工之妙。将教材中整理房间的知识运用在作业设计当中，让学生来做学习的主人，学会如何整理教室。每位学生首先整理好自己的书桌，再一起整理集体教室，作业的内容涉及范围由小到大，由浅到深。这样生动的作业设计，联系学生生活中的真实情境，创设学生实际生活中的问题，激发学生的分类需求，引起学生探索学习的兴趣，体会分类的意义、标准，学生还需要进一步的学习根据事物的隐性特征对事物进行分类。

此外，在作业中通过学生对学习用品的分类，让学生明白要将学习用品和生活用品分类整理，这样会使学习和生活更加规律。另外，在作业设计中会涉及其他的真实生活中情境，例如帮助商店阿姨将货品进行分类的内容，使学生感受这样的目的是方便顾客能够准确地找到自己想买的物品，这都是分类思想以及数据意识给我们带来的好处。作业设计中学生可以真实参与数学实践的过程，有助于学生深层次体验分类思想，体验分类结果在单一标准下的一致性和不同标准下的多样性。

"统计与概率"的教学过程中常常涉及与分类有关的知识，该部分内容往往与学生日常生活紧密相连。此部分作业设计注重学生的生活经验，利用学生经验将生活中的分类迁移到数学学习中来。学生通过体验收集数据的过程，加深对数学知识的理解，也可以促进学生德育、体育、劳育和美育的发展，达到五育并举的效果。[①]

又如在第二学段三年级数学教授"数据的整理和表示"这一内容后，老师布置了"全班同学的艺术特长有哪些？学习哪一门艺术特长的人数最多？"的调查作业，让学生讨论调查的方式和调查中的注意事项。通过讨论，激发学生调查、研究的兴趣，让学生主动地采用举手分类、画正字分类等简单的数据收集和统计的方法。在统计的过程中，学生深刻认识到，当人数比较多时，可先以小组为单位进行调查，然后汇总各个小组的数据；如果调查的对象不同，得到的结果也会不同；当种数比较多时，可以先进行分类，如音乐类艺术特长、美术类艺术特长等。在这个过程中，丰富了学生收集数据的经验，从而促进学生创造性地解决问题。数据收集是数据分析的重要组成部分。通过收集数据，学生认识到数据并不遥远，就存在于日常的生活中、学习中。收集数据的过程，也能使学生形成数据眼光。

再如，第三学段五年级数学在"数据的表示和分析"单元作业中，教师设计了如下习题。

---

① 方琪.小学一年级数学分类的教学现状及改进策略[D].成都：四川师范大学，2021.

图 5-2-2 是我校五年级（1）班和五年级（2）班两个班男生 50 米跑成绩。

五年级（1）班男生 50 米跑成绩

9.5	9.8	8.8
9.5	8.7	8.5
11.2	9.9	8.6
8.8	11.3	10.2
9.5	8.5	9.8
8.7	8.7	8.3
10.4	8.7	10.4
10.5	8.2	9.7
8.8	9.6	9.7
10.3	8.6	8.8

五年级（2）班男生 50 米跑成绩

8.3	9.0	9.5
8.6	9.5	9.6
8.7	8.7	9.8
9.6	11.3	9.1
9.8	9.1	10.2
9.8	9.0	8.8
9.6	10.0	8.6
9.0	9.5	9.2
8.6	9.8	9.0
9.6	11.2	9.5

图 5-2-2

（1）根据表格中的数据判断哪个班男生 50 米跑的成绩要好一些，说一说你是如何比较的。

（2）收集本班 30 名男生 50 米跑的成绩，与五年级（1）班男生 50 米跑的成绩进行比较，并分析哪个班男生 50 米跑的成绩更好一些。

本作业呈现两个班男生真实的 50 米跑成绩数据，让学生真切地体会到数学与生活的紧密联系。判断哪个班男生 50 米跑的成绩要好一些，大部分学生首先想到用求平均数的方法比较，但在计算后发现两组数据的平均数是一样的，这就说明仅仅凭借平均数无法比较哪班的成绩更好。此时，学生的认知冲突引发了思维碰撞，从真实的案例中发现和提出了问题，产生了需要将数据进行"分段整理"的想法，体会了分段整理数据的价值和作用，逐步培养了讲道理、有条理的思维品质，形成了理性精神。接下来，学生分段整理数据完成分段统计表，根据统计表制作统计图。在解决问题的过程中，学生能读懂统计图表中隐含的相关信息，进一步体会统计图的特点，拓展了原有的知识结构，激发了探究新知的强烈愿望，促进了思维的深度发展。在此基础上，学生自主收集本班 30 名男生 50 米跑的成绩，并和五年级（1）班男生 50 米跑的成绩进行比较，让学生再次经历统计的全过程，学会用数学的思维去思考问题、分析问题和解决问题。这样的单元作业设计能引导学生在比较中做出正确的判断，学生亲身经历了收集、整理和分析数据的全过程，并学会了用数学的思维去思考身边的现实问题，体会到了统计的重要性以及数据分析的重要作用，促进了对数据分析方法的理解，建立了数据意识，提高了数据分析能力、发展了数学思维。

（二）解读数据，学生经历"真理解"

解读数据，就是要读懂数据背后的信息，真正理解数据背后的意义。对于数据解读观念比较薄弱的学生而言，数据解读就是要根据学生的认知规律、心理特征等，创设现实化的情境，调动学生认识数据的积极性，让学生能洞察数据中有价值的信息。对数据的解读不仅是被动地获取信息，也包括主动地研究信息、描述数据。在这个过程中，学生需要主动地进行推理，主动地预测，主动地描述。常用的描述数据的方式主要有文字式、图形式、图表式等。东北师范大学史宁中教授认为，统计方法没有简单意义上的"对"和"错"，只有"好"与"不好"。学生的数据解读、分析能力主要分为三种水平：其一是能解读数据中的直观信息，比如数据的最大值、最小值、极端数据、平均值等；其二是能进行简单的数据比较、数据推理，比如数据的倍数关系、百分数关系等；其三是能进行数据的思考、数据的解释、数据的判断、数据的变化态势、数据的预测等。例如，有的教师设计了如下作业。

"十四五"规划和 2035 年远景目标纲要中提出，要广泛开展全民健身运动，以青少年为重点开展国民体质监测和干预。仰卧起坐对青少年的健康有很多好处。表 5-2-2 是《国家学生体质健康标准》中的六年级男生或女生 1 分钟仰卧起坐的评分标准：

表 5-2-2

等级	不及格	及格	良好	优秀
次数 / 下	18 及以下	19 ~ 38	39 ~ 44	45 及以上

问题：调查你所在学校六年级 20 名男生或女生的 1 分钟仰卧起坐成绩（包括自己），分等级整理，并制作统计图，对照评分标准，你对各个等级的同学有什么建议？

本作业以"十四五"规划和 2035 年远景目标纲要为背景让学生调查六

年级 20 名男生或女生的 1 分钟仰卧起坐成绩，对调查的数据进行分组整理并制作统计图，进一步从统计图中获取信息加以对比分析，根据实际成绩和评分标准对各个等级的同学提出合理的建议。本作业的设计关注学生的学习过程，让学生统计真实的数据，清楚地了解自己和同学仰卧起坐的成绩，在调查研究、收集整理、分析数据和解决问题的过程中逐步养成用数据说话的好习惯，进而感受数据的意义，学会用数学思维思考和用数学语言表达。学生在数据的解读过程中，自主思考进行条件挖掘，这样才能够切实培养学生自身的数据分析能力。这样的单元作业设计不仅激发了学生的数据意识，培养了学生分析数据与应用数据的能力，除此之外，引导学生响应国家号召，更加重视体质健康，积极参与体育运动，起到了很好的教育作用。

（三）应用数据，学生体会"真价值"

统计的核心就是数据分析，发现信息、寻找规律、做出判断和解决问题是统计的根本目的。作为教师，在数学教学中要充分地应用数据，在培养学生实践能力和创新能力的同时，体会统计真正的意义所在。在小学数学教学中，教师要让学生真切地感受、体验到数据的作用和功能，从而让学生逐渐亲近数据、喜欢数据，让数据成为学生发现、提出、分析和解决问题的好伙伴。

比如，在学生学完了"扇形统计图"之后，我们发现学生已经积累了解读、分析各种统计图的经验，于是布置了一个"调查本校图书室图书的种类和册数是否达标"的综合性作业。学生咨询了图书室管理员，并从电脑中调集了书籍清单以及借阅书籍的清单。在此基础上，学生用各种统计图来表征图书馆图书的总体组成情况。有学生绘制了条形统计图，从中可以清楚地看出学校图书馆各种图书种类的多少，哪一类图书不足，哪一类图书已超标；有学生制作了折线统计图，反映了近三年学校图书室各类图书的增减变化情况，从中可以看出学生的阅读偏好；有学生制作了扇形统计图，反映了各类图书占总图书的百分比等，从中可以看出哪一类图书占据主导地位，哪一类图书比较少等。不仅如此，有学生还对借出的图书展开具体的分析，给出了一些合理化的建议。在这个过程中，不同的统计图在统计学校图书室的图书中发挥了不同的作用。结合三类不同的统计图，学生不仅了解到当下图书室相关图书的信息，更学会应用数据背后的信息给出图书室增添图书的相关建议。

根据《义务教育数学课程标准（2022年版）》指出的"六三"学制其中三个学段学生发展的特征，现将数据意识这一核心素养在每个学段的具体目标总结如表5-2-3所示。

表5-2-3

数据意识具体目标	
第一学段	经历简单的分类过程，能根据给定的标准进行分类，形成初步的数据意识
第二学段	经历简单的数据收集过程，了解数据收集、整理和呈现的简单方法；理解平均数的意义，会用平均数解决问题；形成初步的数据意识
第三学段	经历收集、整理和表达数据的过程，会用条形统计图、折线统计图表达数据，并做出简单的判断；理解百分数的意义，了解随机现象发生的可能性；形成数据意识和初步的应用意识

根据以上数据意识的具体目标，在"数据的表示和分析"单元作业中，教师设计了如下作业。

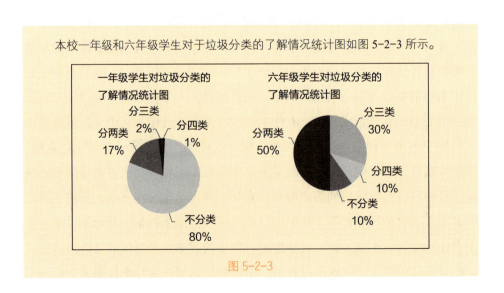

图5-2-3

（1）根据这两个年级学生对垃圾分类的了解情况，你有什么想说的?

（2）调查自己家庭一天产生的垃圾情况，填写如表 5-2-4 所示的统计表并制作统计图。

表 5-2-4

（ ）家一天产生的垃圾分类统计表			
统计日期： 家中人数： 垃圾总量：			
种类	有害垃圾	可回收垃圾	厨余垃圾	其他垃圾
垃圾名称				
总量（克）				

（3）推算一下你们家一个星期、一个月，乃至一年可能会产生的垃圾。针对此你有什么好的建议?

学生在小学六年级科学课上已经学习了北京市垃圾分类的知识，在《城市生活垃圾分类管理办法》中将生活垃圾按照一定的标准分为有害垃圾、可回收物、厨余垃圾和其他垃圾四类。垃圾分类的问题对于学生来说每天都会接触到，但是很少有学生用数学的眼光和数学的思维来对待垃圾分类问题。本作业设计的目的就是引导学生在科学课学习的基础上，用数学的眼光和思维再次研究垃圾分类问题。先呈现两个年级学生关于垃圾分类的了解情况数据，通过对数据的分析，学生不仅能读懂扇形统计图，明白扇形统计图的特点，还意识到一年级学生的垃圾分类知识相对欠缺。根据这一统计情况，学生体会到数据分析在现实生活中的作用。接着让学生调查记录自己家庭一天产生的垃圾情况，收集真实的数据，此时又用到了科学课上学习的垃圾分类知识，对家庭生活产生的垃圾进行科学整理，并以直观的统计图展现出来，进而做出预测。这样的单元作业设计将不同学科知识融合，引导学生综合应用所学知识解决实际问题，不仅培养了学生的数据意识，还提高了学生的生活能力，而且引导学生感悟到科学进行垃圾分类、努力保护好家乡的绿水青山、营造美好的居住环境的重要意义。

针对第二学段学生，"条形统计图"是人教版小学数学在四年级上册第七单元中设置的内容，是学生首次学习统计图、集中认识并应用条形统计图。本单元是学生认知从数据收集整理阶段过渡到数据表达分析阶段的重要学习内容。学生通过第一学段的学习，对数据统计过程已经有所体验，并且掌握了简单的数据收集、整理的方法。在本单元作业设计时设计了如下作业。

垃圾分类我能行

1. 请同学们回家后调查统计自己家一周中每天产生的厨余垃圾量，收集数据。
2. 用自己喜欢的方式表示出自己统计的数据，并在小队内讨论交流。
3. 根据你统计的结果，请给你的爸爸或妈妈写一封信吧，分享你的发现或提出建议。

结合本节课课时目标，作业评价主要通过书面作业和活动报告的评价方式了解并检测学生的新知掌握情况，鼓励学生继续在课后感悟统计的意义。

上面针对条形统计图设计的作业，帮助学生运用所学的统计知识对自己的实际生活进行调查，有策略地设计方案并解决问题，进而能够根据条形统计图中的数据进行简单的分析，从而培养数据意识。侧重学生感悟统计在现实生活中的应用价值。作业评价设计如表 5-2-5 所示。

表 5-2-5

水平	评价等级	作答情况
水平一	C	没有尝试
水平二	B	尝试收集数据，但是不能用自己的方式表达数据
水平三	B+	尝试收集数据，可以用自己的方式表达数据并参与小队内交流讨论
	A	通过调查统计收集数据，能用统计图表来表达数据，根据统计结果有所感悟或能提出合理化建议

学生优秀作业展示如图 5-2-4、图 5-2-5、图 5-2-6 所示。

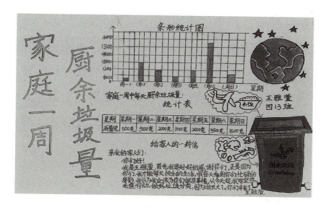

图 5-2-4

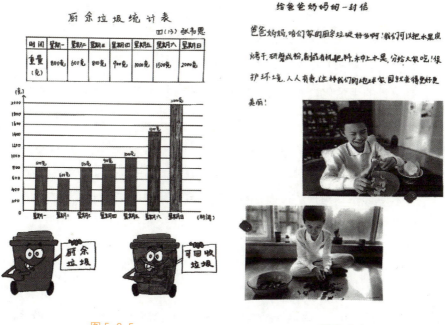

图 5-2-5   图 5-2-6

　　本单元的作业设计中，教师创设应用情境，学生通过调查自己家中一周的垃圾量，获得了新的思考，有的学生产生了新的想法，即垃圾的"变废为宝"，有的感恩父母的养育与陪伴。透过合理的作业设计，引导学生积极运用数据解决问题，从而让数据真正发挥作用。正如有学者所指出的："在终极分析的意义上，一切知识都是历史；在抽象的意义上，一切科学都是数学；在理性的基础上，所有的判断都是统计学。"

数学语言是一种表达科学思想的通用语言和数学思维的最佳载体，是数学知识学习的基础，数学语言的应用有利于学生思维能力的发展。通过数据收集、数据解读和数据应用，能让学生增强"用数据说话"的意识，并且学会"用数据说话"，善于"用数据说话"。通过数据分析教学，让学生遇到问题"想数据"，分析问题"用数据"，在应用数据的过程中，感受到统计在现实生活中的价值。

思考与实践

通过本章的介绍相信你对运用数学语言主题的作业设计有了一定的认识，请尝试完成下列问题：

1. 利用具体的真实情境，设计一份作业，帮助学生关注作业设计的生活化，通过数学的语言，更好地理解和表达现实世界。

2. 结合自己所教过的内容，设计一份侧重模型意识的作业设计，帮助学生发展运用数学语言的能力。

3. 从统计与概率内容出发，设计一份作业，使学生亲身经历数据收集与整理的过程，帮助学生会使用数学语言进行表达。

推荐学习：

张昆.培养"推理意识"：小学数学教学的新要求 [J].教育研究与评论（小学教育数学版），2021（8）：25-28.

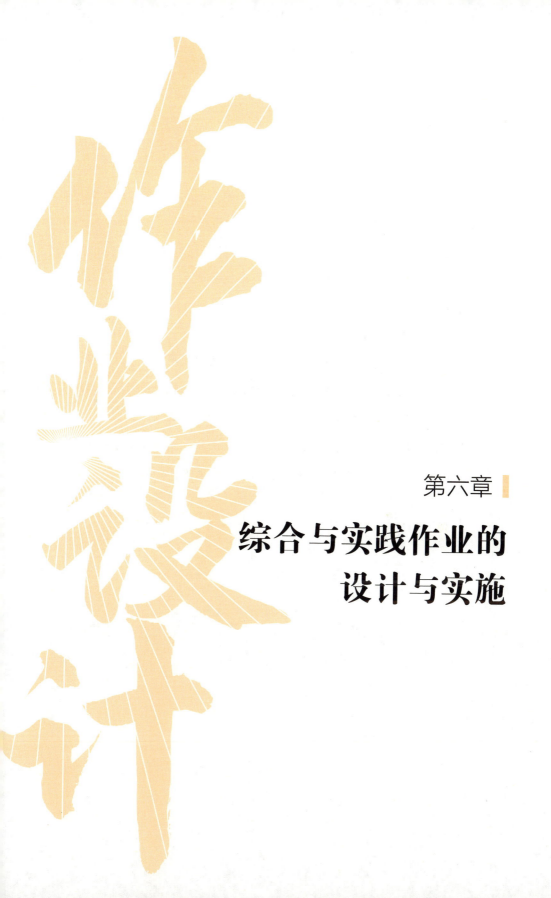

第六章

综合与实践作业的设计与实施

本章概览

　　1. 综合与实践是小学数学学习的重要领域。以解决问题、跨学科主题学习为主，设计主题活动作业和项目式学习作业等。

　　2. 主题活动的作业设计要注重从数学的角度出发，设计真实情境，综合运用数学知识和其他学科的知识，使学生经历发现问题、提出问题和解决问题的全过程，体会学习数学知识的价值。

　　3. 项目式学习主要是以解决生活中现实问题为重点，完成项目的作业既是学习任务，同时也是学习的过程。项目式学习要求学生经历精心设计的项目或一系列任务，在真实的、进阶的、充满挑战的现实情境中综合运用数学以及其他学科的知识解决问题。因此完成项目式学习活动的作业有助于学生体会数学知识与其他学科的关联，更能驱动学生全面参与，提升合作交流的能力，也更能全面提升学生的核心素养。

案例导入

探究七巧板的奥秘（第三学段）

1. 收集七巧板相关资料，按一定的标准进行分类整理（可以以历史资料、造型图案、数学问题、游戏等为分类标准）。要求以小组为单位合作完成，收集的信息在小组内及小组间交流，时间为2天。

2. 选用合适的材料，按一定的标准，尝试自己动手制作一副七巧板。要求制作的七巧板要规范、美观，时间为2天。

3. 根据找到的七巧板拼图案，尝试模仿拼出三至四个图案，自己创作出一至两个图案，拍照收集备用。要求在小组之间分享拼出的图案及拼图体会，时间为1天。

4. 探究七巧板中的数学问题。（1）把你制作的这副七巧板中的七个图形进行分类，说出这样分类的理由。（2）测量并计算这副七巧板中每一块小图形的周长，并比较它们的大小。（3）测量并计算你所制作的这副七巧板中每一块小图形的面积，并比较它们的大小。（4）思考：用这副七巧板拼出的这些图案，与用这副七巧板拼成的正方形面积相比，它们之间有什么关系？请说明理由。要求小组合作探究，时间为2天。

5. 请你将这次七巧板奥秘的探究过程记录下来，可以尝试做成课件或思维导图，修正完善后，在班级汇报；也可以尝试将研究过程写成数学日记或研究小论文。

上面的内容是福建省教育科学"十三五"规划课题"小学数学学习活动中学生财经素养培养策略研究"的阶段性研究成果中的题目，对于小学生而言，抽象几何思维还比较薄弱，但借助七巧板的活动，使学生在实物模型的帮助下，将学生的作业进行充分的综合性考量，从综合应用知识与技能、解决实际问题的角度出发，设计学科之间相互融合的探究实践、项目式学习等综合实践类的作业。①

第 1 个问题属于收集资料类作业，第 2 个问题属于动手实践类作业，第 3 个问题属于创造类作业，第 4 个问题属于实践探究类作业，第 5 个问题是反思总结类作业。学生在完成第 1 个问题和第 2 个问题时，是从对七巧板的认识出发，借助第 3 个问题和第 4 个问题，在激发学生学习兴趣的基础上，通过用简单的归纳和类比，进行猜想、发现、验证等数学活动，得到一些初步的结论，再通过完成第 5 个问题，记录数学实践活动学习的完成过程，为后续学习积累丰富的活动经验，体会学习数学乐趣。

《义务教育数学课程标准（2022 年版）》指出，综合与实践以培养学生综合运用所学知识和方法解决实际问题的能力为目标，根据不同段学生特点，以跨学科主题学习为主，适当采用主题式学习和项目式学习的方式，设计情境真实、较为复杂的问题，引导学生综合运用数学学科和跨学科的知识与方法解决问题。

本章实践与综合作业设计与实施，从主题活动和项目式学习设计与实施两个方面，践行新版课程标准理念，尝试通过主题化、项目式学习等综合性作业设计与实施的过程，加强知识间的内在关联，帮助学生形成和发展核心素养。

---

① 吴伟华.“双减”背景下小学数学作业设计探析 [J]. 小学教学，2022（2）：33-35.

第一节
主题活动作业的
设计与实施

《义务教育数学课程标准（2022 年版）》指出："综合与实践是小学数学学习的重要领域。学生将在实际情境和真实问题中，运用数学和其他学科的知识和方法，经历发现问题、提出问题、分析问题、解决问题的过程，感悟数学知识之间、数学与其他学科知识之间、数学与科学技术和社会生活之间的联系，积累活动经验，感悟思想方法，形成和发展模型意识、创新意识，提高解决实际问题的能力，形成和发展核心素养。"

一、对主题实践活动的理解和认识

主题活动是"综合与实践"的一种教学形式，主要分为两类：一类是融入数学知识学习的主题活动，另一类是运用数学知识及其他学科知识的主题活动。"综合与实践"主题活动是以追求数学知识的整体性和现实性为价值取向的以学生为主的实践类活动，教师在教学中组织开展主题活动，可以让学生更好地将数学应用到实践中，体会数学与生活及其他学科的联系，在活动中延伸数学学习,助推数学素养的发展。[①]

小学数学"综合与实践"是以问题为载体和以学生自主参与为主的活动形式,着重综合运用知识经验来解决实际问题。从中不难解析,这是一种学生积累经验的必要途径和方式,"问题引领""学生参与""完整实践"则是它的基本要素。

综合实践活动与其他教学形式最大的区别在于其活动形式、活动主题等具有极强的实践性,将课堂从教室延伸到了室外甚至校外,同时在内容设计上也从单一的数学理论知识转变为多学科知识综合运用。从学科知识的应用上讲,它综合了多学科的内容,在活动中,做到了与其他学科知识的有机结合。小学数学"综合与实践"是有明确目标、有针对性的主题实践活动,在活动中突出了主题性。所谓主题,就是在数学实践活动开展过程中的主要话题与问题。在数学教育中,提出问题是引导学生进行思考的首要步骤,所以教师在设计小学数学综合实践活动主题的过程中也要将数学问题作为主题选择之一。[②]

所以从主题设计上讲,教师首先要抓住开展实践活动中的主题,设计几个核心关键的问题,朝着生活化、问题化方向设计,努力让学生利用已经学习过的知识和技能,让生活中的实际问题成为实践的主线,解决和生活中密切相关的一些有难度、有高度、有挑战的实际问题,帮助学生构建数学知识的完整框架,培养学生的发散性思维,用小组探究的模式不断地进行自我突破。将枯燥的数学知识应用到解决问题当中,并且学会将主题实践活动中所思所想迁移应用到其他数学活动中,解决更多的实践问题。

二、主题实践活动作业设计现存的问题

近些年来很多一线教师已经开始关注主题实践活动作业设计,但当前教学实践中依然存在以下三个方面的问题。

---

① 何飞跃. 小学数学开展"综合与实践"主题活动的实践探索 [J]. 现代教学,2022(21):44-45.
② 张振. 探讨如何设计小学数学综合实践活动主题 [J]. 华夏教师,2022(25):82-83.

（一）认识上存在偏差

有些教师认为主题实践活动作业是发展型和拓展型作业的替代，作业设计内容与实施方式只是稍做调整，换"汤"不换"药"的主题活动作业层出不穷；也有的教师认为课本上的"主题实践活动"考试不考，可以忽略，不如多做点可以"拿分"的练习；还有些教师认为主题活动作业设计由活动组成，是校外课程和 STEM 活动的变身，是活动的另一种代名词。

（二）实践活动作业形式单一、模式化

一提到实践活动作业，有些教师就联想到单纯的"做小报"作业和单纯的"制作"类作业等。一方面作业形式单一，无法用活动引发学生思考，无法以问题的提出、探究和解决为主线，使学生发现生活中的数学问题。另一方面，主题实践活动作业的模式化也是如今很多实践活动作业存在的问题。模式化的作业使学生感到索然无味，无法在实践中获得良好的体验与感悟。

（三）缺少整体性、进阶性的设计思路

一方面，教师在设计主题实践活动作业时，只是将一个主题活动作业单独看待，没有将其与数学的其他知识或者其他学科的知识进行整体的构建，缺乏整体性的构思。另一方面，教师没能将某一个主题活动与其他单元、年级或其他学段的活动联结起来，没有进行进阶性的设计，很容易使学生产生消极的情绪。

教师要设计出更加科学、合理、有效、进阶的实践作业，就需要先联系生活，还需要考虑到学生的心理特点和实际发展需求，以便灵活、自如地设计数学实践作业。小学数学综合实践作业中常常包含一些形象直观的数学知识，这切合小学生的兴趣点，能快速吸引学生的注意力。在实践活动中与学生互动，有助于更好地向学生传递学习数学知识的意义和价值，从学生的长远发展来看，有利于学生树立正确的数学学习观念。

三、三个学段围绕主题活动而展开的作业进阶设计与分类

主题实践活动作业一般是教师根据合适的主题，制定该主题实践活动的目标，以真实情境中生成的问题为核心，开展的有计划、有目的、有层次，发展学生核心素养的开放性作业。设计主题类作业除了要遵循一般作业的设计流程外，还应该将重点落在选取恰当的主题与切入点、创设生活化的情境和各子作业的设计上。教师应以情境为逻辑起点，沿着知识习惯、思维发展、能力提升和素养培育的路径统筹规划子作业的排布。[①]

现如今，小学数学教材已经很好地考虑到了学生的成长，安排了螺旋上升式的知识点，并关注了不同年级学生的层次和差异。从作业设计上讲，把一个个零散的知识点，转变为核心素养的过程需要将解决问题的实践活动作业作为桥梁。

《义务教育数学课程标准（2022 年版）》根据不同学段学生特点，将主题活动分成了两类：第一类是融入数学知识学习的主题活动；第二类是教师比较熟悉的综合运用数学知识及其他学科知识解决问题的主题活动。新版课程标准给出了如表 6-1-1 所示的活动建议。

表 6-1-1

	第一学段	第二学段	第三学段
主题活动或项目学习	1. 数学游戏分享 2. 欢乐购物街 3. 时间在哪里 4. 我的教室 5. 身体上的尺子 6. 数学连环画	1. 年、月、日的秘密 2. 曹冲称象的故事 3. 寻找"宝藏" 4. 度量衡的故事	1. 表达具有相反意义的量 2. 校园平面图 3. 体育中的数学 4. 营养午餐（项目学习） 5. 水是生命之源（项目学习）

主题实践活动的开展和推进是具有阶段性的。根据表 6-1-1 可知，在设计主题实践活动作业时，教师要根据学生的年龄特点，选取和呈现适合学生

[①] 马燕婷，胡靓瑛.核心素养导向下的作业设计 [M].上海：华东师范大学出版社，2022：64.

的主题和关键问题，进阶性地发展学生的核心素养。依据新版课程标准中对学段目标的阐述，设计框架如表6-1-2所示。

表6-1-2

学段	课程内容	作业预期目标
第一学段	通过实践活动，感受数学与日常生活的联系，了解要解决的问题和解决问题的方法	在经历主题实践活动的过程中，运用所学数学知识解决简单的实际问题，知道要解决问题与所学知识、方法之间的联系。能利用数学概念和方法解释现实世界的现象，解决简单的问题
第二学段	经历实践操作的过程，进一步理解所学内容，通过小组合作，讨论要解决的问题，进一步引导学生通过回顾、反思解决问题的过程与方法，鼓励学生从不同角度思考问题，并学会提出新问题	在具体的实际问题情境中，发展学生综合运用不同学科知识分析问题和解决问题的能力，通过交流和评价，学生从不同角度思考问题，获得分析问题和解决问题的基本方法，并学会有条理地表达自己的想法
第三学段	进行有目的、有设计、有步骤、有合作的实践活动，通过应用和反思，进一步理解所用知识和方法，了解所学知识方法之间的联系；学会提出设计思路、制订简单方案、解决问题的过程，获得数学活动经验	通过组织讨论要解决的关键问题，能将多种信息联系起来，体验解决问题方法的多样性。学会制定综合运用知识方法解决问题的方案，反思解决问题的过程与方法。能自觉进行评价和反思，能分享、欣赏他人观点，善于通过归纳和概括，提出自己的猜想

（一）凸显游戏化的主题活动作业

不同年龄阶段的儿童具有不同的认知水平，我们在设计主题活动作业时应根据学生不同阶段的年龄特点因材施教，以下三个例子属于融入数学知识的主题活动作业。

1. 熟练操作，遵循"适应"原则

对于刚刚步入小学的学生来讲，最重要的一件事就是适应小学的学习生活，建立小学与幼儿园教育的衔接，遵循"适应"的原则，转变传统的作业模式，用游戏化作业激发学生的学习兴趣。

《义务教育数学课程标准（2022年版）》在综合与实践领域第一学段"教学提示"中明确指出："为使学生更好地完成从幼儿园阶段到小学阶段的过渡，在学生入学的第 1 ~ 2 周安排'数学游戏分享'主题活动。""数学游戏分享"的学业要求指出，能比较清晰地描述幼儿园和学前生活中的数学活动内容，比较准确地表达自己对数量、图形、方位等数学知识的理解，能说明或演示自己玩过的数学游戏内容和规则，在教师的协助下，能带领同伴一起玩这些数学游戏。

喜爱游戏活动是儿童的天性，依据学业要求，我们可以从三个阶段布置活动作业。

第一阶段，课前布置"回顾游戏"。先回忆自己在幼儿园玩过的数学游戏，将游戏名称、游戏规则叙述清楚，第二天和同学进行分享。

这份作业可以借助学生原有的生活经验、认知基础，锻炼学生的语言表达能力。

第二阶段，课上"学习游戏"。课上通过师生交流、生生交流，参与其他同学的游戏。

唤醒学生对数、图形、方位等数学知识的理解，同时为学生的合作和交流提供了很好的平台。

第三阶段，课后"创造游戏"。课下可以根据所学到的数学知识、游戏的规则，自己设计创造新的数学游戏，分享给别人。

通过数学游戏的分享，建立学习数学的自信心。

2. 观察发现，遵循"感悟"原则

引导学生在形成与发展基础知识、基本技能、基本思想、基本活动经验的过程中，激发学习数学的兴趣。

第二学段，可以设计有关"智慧红黄蓝"的数学游戏活动作业，让学生了解游戏的规则，在游戏过程中寻找解决策略，积累活动经验，感悟取胜原则，培养数学核心素养。

"智慧红黄蓝" 游戏简介①

游戏材料：1本游戏关卡册，9个不同的棋子（红色的圆形、正方形、三角形棋子各1个，黄色的圆形、正方形、三角形棋子各1个，蓝色的圆形、正方形、三角形棋子各1个），1个九宫格棋盘。

游戏要求：根据关卡中提供的信息，将9个棋子摆在九宫格内正确的位置上。

玩法：

1. 理解肯定信息。

出示关卡15（见图6-1-1）

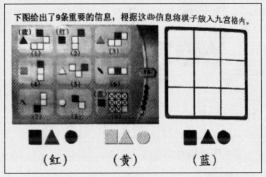

图 6-1-1

你们知道关卡中阴影方块表示什么意思吗？（肯定信息，棋子必须放在阴影位置）你能根据信息确定棋子的位置吗？你是怎样想的？相互交流一下。

学生得出如图6-1-2所示的结论。

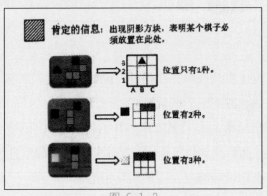

图 6-1-2

① 雷昌超.利用游戏发展核心素养：以思维扩展课"智慧红黄蓝"教学为例 [J].小学教学（数学版），2023（3）：54-55.

2. 理解否定信息。

你们知道信息中"×"表示什么意思吗?(否定信息,棋子不能摆放在此位置)蓝色正方形棋子有几种位置可以摆放?(只有一种)根据否定信息会不会出现可放位置不只 1 种的情况?(会)

学生很快举出例子(见图 6-1-3)。

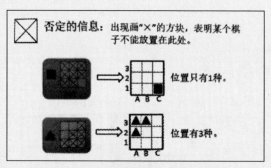

图 6-1-3

3. 理解组合信息。加大难度,既有肯定又有否定(见图 6-1-4)。

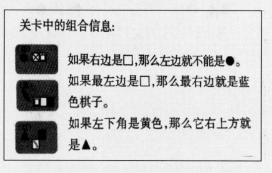

图 6-1-4

第一阶段:读懂游戏规则,互相说一说如何游戏。(1 天)

第二阶段:熟悉游戏,尝试玩游戏。(3 天)

第三阶段:出示新关卡。无法从一开始就确定棋子位置,要先观察、收集、思考和分析,然后找到切入点(能确定棋子位置的信息)。

第四阶段:合作设计游戏,同学间互相出题。

探寻游戏背后的奥秘是本次游戏活动的目标之一,让学生通过游戏过程,学会用数学的思维思考现实世界,积累数学活动经验,在交流中逐渐发现游戏背后蕴含的规律,构建游戏中的数学模型,提升迁移能力。

3. 策略感悟，遵循"亲力亲为"原则

第三学段，五年级学完《可能性》之后的实践活动是"掷一掷"，看似简单的掷骰子游戏背后蕴含着丰富的数学知识，在学习这样的数学知识时，如果只是告知学生背后的数学知识，学生很快就会忘记，抑或只是指派几名同学上前演示，更多的学生没有亲身经历，就更谈不上深刻地思考。因此，只有每个学生都"亲力亲为"的经历掷骰子的过程，才会让学生有机会"恍然大悟"，通过"实践"发现游戏中的奥秘，感悟"真理"，这个过程体现了主题实践活动作业的真正价值。因此，我们可以设计前置作业，用游戏经历发现问题、分析问题和解决问题的过程，将学到的知识加以运用，让学生体会游戏背后的数学奥秘。

可以设计这样的活动作业，如图 6-1-5 所示。

活动任务一：

    同时掷两个骰子，会得到两个朝上的数；这两个数的和可能有哪些？请用你喜欢的方式把你的想法记录在方框中。

活动任务二：

    游戏：掷两个骰子，和是几，就在图中几的上面涂一格，涂满其中一列，游戏结束。

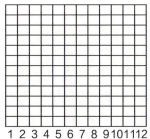

1 2 3 4 5 6 7 8 9 10 11 12

从图中你发现了什么？

我发现：＿＿＿＿＿＿＿＿＿＿＿＿＿＿＿＿＿＿＿＿＿

＿＿＿＿＿＿＿＿＿＿＿＿＿＿＿＿＿＿＿＿＿

图 6-1-5

学生作品，如图 6-1-6、图 6-1-7、图 6-1-8 所示。

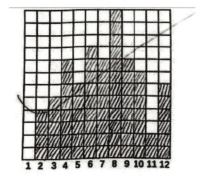

图 6-1-6

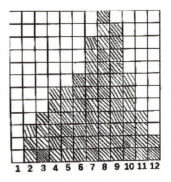

图 6-1-7

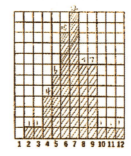

图 6-1-8

这样的作业设计将数学与游戏相结合，为后面课上数据汇总，感悟"真理"做足了准备。教师的作用是组织引领学生开展一个个真实有效的综合实践活动，使学生在完整参与的全过程中，长见识、增本领、拓思路、悟道理、发展核心素养。

（二）增强动手实践能力的主题活动作业

《义务教育课程方案（2022年版）》提出"强化学科实践，注重'做中学'，引导学生参与学科探究活动，经历发现问题、解决问题、构建知识、运用知识的过程，体会学科思想方法。加强知识学习与数学经验、现实生活、社会实践之间的联系，注重真实情境的创设，增强学生认识真实世界、解决真实问题的能力。"因此，动手实践操作远比"刷题"的体验要丰富得多，更容易调动学生的多种感官，提升内驱力和执行力，实践作业使学生产生真实的"代入感"，让他们在实践活动中有所感，有所悟，有所获。

根据数学学科的教学内容和日常教学重难点，设计适合各个学段、符合学生年龄特点的动手实践的活动作业，可以是让学生通过动手操作的实践过程，感知数学概念，建立知识之间的联系。用主题实践活动作业辅助传统作业，突破课堂上难以解决的教学难点，用实践作业调动学生学习积极性，展开自主研究。

1. 动手制作，感知概念

一年级上册"认识图形"单元，设计了"泥巴变变变"的动手实践任务，让学生初识图形后，初步感知立体图形的特征。

泥巴变变变

借助模具用泥巴或橡皮泥做出长方体、正方体和圆柱，再任选两个图形，比一比谁用的泥巴多。

2. 动手操作，辨析概念

四年级上册"角的度量"单元，设计"角度画画画"的动手实践作业。在灵活选择多种方法画指定度数角的活动中，进一步巩固、拓展画角方法，关注方法的适度提炼，发展学生多样化策略，形成操作技能，同时培养学生的度量意识，积累数学活动经验。

角度画画画

画一个 135° 的角，你能想到几种画法？用你喜欢的方式表示出你的想法。

方法 1，用量角器量角，如图 6-1-9 所示；方法 2，用三角尺量角，如图 6-1-10、图 6-1-11、图 6-1-12 所示；方法 3，用折的方法量角画角，如图 6-1-13、图 6-1-14、图 6-1-15 所示。

学生作品：

图 6-1-9

图 6-1-10   图 6-1-11

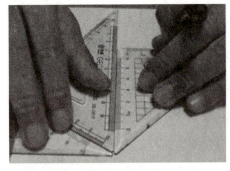
图 6-1-12

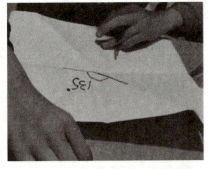
图 6-1-13

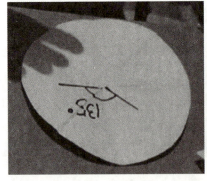
图 6-1-14

图 6-1-15

3. 实践操作，理解应用

第三学段，五年级下册学习"长方体和正方体"单元时，学生对于长方体的表面积和体积的综合问题，总是十分困惑，教师可以引导学生将目光投向生活，走进超市，关注超市中的包装问题。设计有关超市中包装问题的主题实践活动作业，让学生综合运用数学知识及其他学科知识解决问题，这样可以了解学生的基础知识掌握情况以及丰富学生关于商品包装的生活经验。

超市中的包装问题（一）

同学们，我们已经学过了"长方体和正方体"这个单元，让我们走进超市，用数学的眼光看待超市中的包装问题。请你把超市中的包装用你喜欢的方式记录下来吧！

我找到的包装1：

我找到的包装2：

我发现：

教师收集了孩子们的资料，认真分析了他们的调查结果，发现学生虽去过超市，但从来没有留意过商品的包装。这次走进超市，感觉是一次新的体验，他们用照片和画笔记录下很多不同商品的包装方案，汇报自己的调查情况，并选出三种包装方式不同的商品。（见图6-1-16、图6-1-17、图6-1-18）

图 6-1-16　　图 6-1-17　　　　　图 6-1-18

课后，教师又设置了让学生设计四个糖果盒的包装方案的环节，放手让学生去画、摆、计算、验证、思考，让学生在不断发现中得到新的认识。

超市中的包装问题（二）

超市中的糖果销量很好，现在要回馈消费者。超市经理要求："买三赠一，把 4 盒糖果包装在一起，定价 24 元。"怎么设计一个长方体的包装盒能节约成本呢？

请你 4 人一个小组进行研究，把你们的思考写一写、画一画。

在学生明确自己要设计的是 4 个糖果盒，并且要表面积最小后，让每个小组成为一个设计团队，并把想法在纸上画一画、写一写，通过讨论再得出结论（见图 6-1-19 ）。

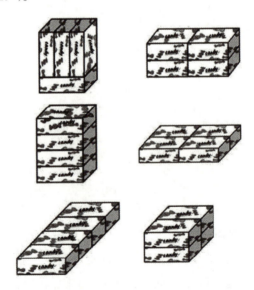

图 6-1-19

四、主题活动作业设计的策略

（一）设计长期的实践体验类主题活动作业

只有让数学走近学生、贴近生活，才能便于学生应用数学的思维方式去解决生活中的数学问题，从而激发学生浓厚的学习兴趣，产生"数学有用"的思想。长期的主题实践活动作业可以贯穿于一个单元、一个学期甚至一个学年或学段学习过程中，在"任务驱动"的引领下，帮助学生学习知识，在解决问题的过程中提升数学素养。

当今社会购买物品通常用手机支付就能完成，因此学生对于人民币的认识几乎是空白的，因此，在一年级学习"认识人民币"时，让学生走进超市，在生活中认识人民币，显得尤为重要。新版课程标准中对"欢乐购物街"的学业要求是这样描述的："在实际情况中认识人民币，能进行简单的单位换算，了解货币的意义，具有勤俭节约的意识，形成初步的金融素养。"基于以上要求，可以设计"走进超市"的实践体验活动作业，将这部分内容通过四项实践作业分散到整个学期，让学生在丰富多样的实践中，认识人民币的面值，学习人民币单位之间的进率，并初步体会数学与生活的紧密联系，将数学知识与生活有机联系，在体验中学习。如表 6-1-3 所示，在主题活动中不断强化和实践有关人民币的相关知识点。

表 6-1-3

实践作业名称和时长	实践作业内容	设计意图说明
人民币知识大挑战（3 周）	1. 关于人民币，你都了解哪些内容？ 2. 将你调查的内容进行整理，用喜欢的方式表示出来 3. 试着介绍你了解到的人民币知识	针对一年级学生年龄小的特点，在经历"提出感兴趣的问题→选择喜欢的方式调查→记录、整理信息→展示交流"的过程中，老师可以给予一定的提示和帮助，目的是使学生认识、了解人民币的面值和进率，初步培养学生提出和解决问题的意识与能力
和家人去超市（2 周）	1. 和家人去超市购物，了解如何购物 2. 记录商品的标价并理解其含义 3. 用自己喜欢的方式制作一份购物小票"说明书"	在实践的过程中对商品的标价含义以及购物小票中蕴含的信息有更深入的了解

续表

实践作业名称和时长	实践作业内容	设计意图说明
超市购物大作战（3周）	1. 使用人民币独立完成一次购物任务，也可以和小伙伴一起完成 2. 购物结束后，说说你买了什么商品？商品的总价是多少？怎么付钱？找回了多少钱？ 3. 用你喜欢的方式记录你的购物过程（可以写一写，画一画或者拍摄小视频）	学生在体验购物的过程中，对于人民币的面值、进率以及计算有了进一步认识和理解，同时帮助学生养成勤俭节约的习惯。在解决问题的过程中，体验数学与生活的紧密联系[①]
设计班级"大富翁"游戏（8周）	1. 利用所学知识，与小伙伴或家人一起商量游戏棋的主题 2. 制定游戏的规则 3. 制作绘制游戏棋 4. 尝试与小伙伴进行游戏，看看有哪些地方需要修改 5. 与大家交流你设计的游戏	学习之后的实践，用自己所学的知识设计一款自己喜欢的游戏棋，在尝试设计的过程中，可以寻求同学、老师和家人的帮助。在设计的过程中，更深入地理解人民币的面值、进率等。让学生在完成任务的过程中积累活动经验，初步培养发现问题、解决问题的能力

这一活动贯穿于整个学期，一年级学生第一次接触人民币，"面值""进率"等概念对于学生来说，既"熟悉"又"陌生"。在长期实践活动作业的布置中，抓住学生的兴趣点，充分调动学生学习的积极性，在完成作业任务的过程中，充分将知识构建在实践活动中[①]。

（二）设计归纳总结类的主题活动作业

四年级学习完"小数的加法和减法"后，布置寻找生活中的小数，并用所学的知识解决实际问题的实践作业。如图 6-1-20 所示，学生选择了对买来物品的重量进行逐一称量来验证是否和商家所标称的重量一致。

---

① 董爱华，崔燕岭，张丽芳. 实践出真知，让数学学习更有趣："认识人民币"长期实践作业设计实践 [J]. 小学数学教师，2022（12）：17-20.

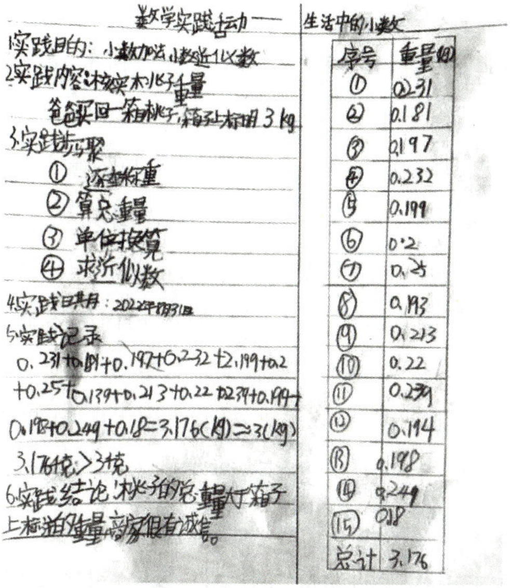

图 6-1-20

学生不仅在实践活动中学会了使用卷尺、电子秤等工具测量或称量，还利用自己所学的小数的意义和性质以及平均数的知识来验证书本上的知识或者是商家所标称的重量是否正确，真正做到了学以致用。

（三）关注学段融合与学科整合中的"连"与"通"

数学实践活动的开展是真实的活动，要让学生经历一个"真实而完整"的过程，整合课内外知识和活动，鼓励学生大胆提出真实情境下的问题，通过交流再实施方案。在实施的过程中，放慢脚步，遇到问题再交流，教师给予指导和支持，合理设计学习任务和作业。通过"沉浸式"的学习，体会实践中的苦与乐，培养学生的应用意识。

新版义务教育课程方案指出："加强课程内容与学生经验、社会生活的联系，强化学科内知识整合，统筹设计综合课程和跨学科主题学习。加强综合课程建设，完善综合课程科目设置，注重培养学生在真实情境中综合运用知识解决问题的能力。"我们在设计主题综合实践作业时，应该从主题内容的选择和设计开始，体现多学科的交叉和综合，以丰富主题活动的内涵和形式，激发学生的兴趣，提升学生的综合素养。

1.打通知识脉络，发展学生量感，纵看学段之间的"连"

布鲁纳（Jerome Seymour Bruner）认为，获得的知识如果没有完整的结构把它们连在一起，那是一种多半会被遗忘的知识。

纵观人教版教材，数学学段之间、单元之间教学具有整体性、关联性、层级性，每个知识之间存在着螺旋式上升的逻辑关系，具有严密的结构体系。在设计作业时，要明确教学目的，准确把握好知识的系统性和综合性，帮助学生构建起知识的内在联系，做到将前后知识内容逐步深化，将新知纳入已有知识体系，借助教材中原有的"整体编排"，使新旧知识融会贯通，将整个学习过程结构化，打破"单元"的界限，以"主题"为单位，全面规划。同时，立足整体思想设计主题活动作业，有助于避免零散的、碎片的和无效的内容重复。从"大单元"整体入手，在作业中以"主题"引领整个教学活动，充分发挥"主题"的功能和作用，逐步对"主题"的"综合实践"加深认识，通过亲自尝试体验，让学生在实践参与的过程中逐步积累经验，进而逐步提升认识和能力。这有助于整体把握数学思想，有利于学生将学到的知识系统归纳、综合应用，从而更好地培养学生的数学核心素养。

新版课程标准新增了核心词量感，这是核心素养的重要部分。按照新版课程标准的要求，质量、时间和人民币等度量内容将以"综合与实践"主题活动的形式呈现，开展过程性、体验式、综合性、跨学科、合作式、校内外结合、课外结合的方式学习，培养学生的"四能"和"三会"。[1]

有关"时间"的学习，以人教版教材为例，仅从数学角度纵向看，在小学阶段，是分四次进行学习的。一年级上册学习"认识钟表"，二年级上册学习"认识时间"，三年级上册学习"时、分、秒"，三年级下册学习"年、月、日"。还可以从新版课程标准中的时间活动建议中看到，第一学段有"时间在哪里"，第二学段有"年、月、日的秘密"，如表 6-1-4 所示。

---

[1] 王永春.小学数学核心素养教学论（第二版）[M].上海：华东师范大学出版社，2021：33.

表 6-1-4　第一学段、第二学段有关"时间"的主题实践活动任务或作业安排

学段	年级	学习内容	实践活动任务、游戏或作业	预期目标
第一学段	一年级上册	认识钟表	你说我拨	初步认识时间，认识理解整时、半时，通过游戏增加趣味性
	二年级上册	认识时间	介绍《我的一天》制作时间沙漏 研究日晷的制作	利用各种活动调动学生的积极性和主动性，感受时间是可以度量的，积累对时间单位的理解
	实践活动	时间在哪里	一天时间巧安排	了解时间的意义，感悟时间与过程之间的关系，形成时间长短的量感，懂得遵守时间
第二学段	三年级上册	时、分、秒	1 分钟能做什么？	加深对时间的理解，发展学生量感，学会知识的迁移，懂得珍惜时间
	三年级下册	年、月、日	制作日历活动	在制作活动日历的过程中，探究解决问题的思路和方法，进一步理解年、月、日之间的关系。积累活动经验，感受数学在生活中的应用
	实践活动	年、月、日的秘密		

　　由此可以看出，发现相互关联的数学主题，将知识、经验和方法与学习者的体验循序渐进地结合在一起。从多元的角度出发，结合课上开展的活动，给学生安排课前、课后的有关"时间"的主题实践活动作业，让学生在动态的、渐进的学习中体会数学在生活中的巨大价值。

　　例如，在第一学段学习"认识时间"时，北京市西城区三里河三小的李明荃老师结合教学难点，用实践作业调动学生的积极性和主动性，突破教学难点。

　　第一阶段，介绍"我的一天"，可以用画图的方式介绍我的一天。

　　既调动了学生学习的积极性，又赋予了实践活动珍惜时间的教育意义。学生在互动交流中，认识到合理安排时间有益于身心健康，充分认识到时间在人们生活中的重要意义。

> 第二阶段，制作时间沙漏的实践作业。

　　感受时间是可以度量的，加深对 1 分钟这个时间单位的理解。

> 第三阶段，研究日晷的制作（见图 6-1-21）。

　　运用观察 、比较的方法，研究日晷的制作，自己设计时间单位，积累对时间单位的理解。

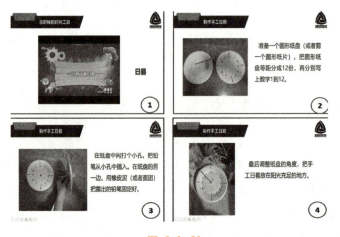

图 6-1-21

2. 打破学科壁垒，横看学科之间的"通"

　　学生在学习知识时，各学科的知识是相对独立教学的，但是在应用知识时，各学科的知识要融合应用才可以解决实践中的问题，做到学科间的"通"，有利于学生综合素养的提升。

　　为了实现真正的"通"，教师间要加强交流，针对本学段学生的成长需求以及各学科的教学需求，以数学学科为主，实现多学科为辅的主题活动的整合，设计出立体的、多维度的综合性主题实践活动作业，在统一的主题下，从各自的角度生发出系列实践活动，实现对学生的立体综合培养。

例如，新版课程标准中提供的案例"校园平面图"，要求在实际情境中，综合应用比例尺、方向、位置、测量等知识，绘制校园平面简图。在实际的活动组织中，也不一定都要画"校园平面图"。笔者所在学校的数学组和科学组联合组织毕业生畅想未来的校园，并将这作为他们为母校留下的建议和礼物。其中，有一个小组专门研究"改造传达室"，还画出了传达室的效果图。这样的成果，同样体现了数学知识的应用价值，还融入了对母校的眷恋和祝福。

再例如，新版课程标准中第二学段综合与实践中"度量衡的故事"，创设了系列测量活动，体验度量意义。数学中的综合与实践不能停留在收集和汇报资料上，还需按照新版课程标准中强调的那样"加深对量和计量单位的理解，丰富并发展量感"。为了帮助学生感悟度量单位由多元到统一、由粗略到精细的过程，教师设计了与信息技术学科整合，上网查资料的作业；设计了与语文学科整合，查阅理解成语典故的作业；设计了与美术学科整合，分享自己收获的作业。通过多学科的融合，学生从多角度体验统一度量单位的重要性，以及根据需求细化单位、产生新单位的过程。设计整个主题的框架图如图 6-1-22 所示。

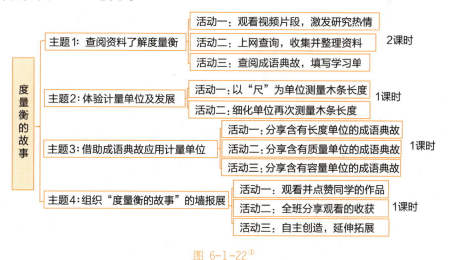

图 6-1-22[①]

① 孙晓天，张丹.义务教育课程标准（2022 年版）课例式解读小学数学 [M].北京：教育科学出版社，2022：200-201.

　　所以，综合与实践作业的设计，要打破学科壁垒，构建各学科的联系，横向看数学知识的学习，纵向看各学科的学习，教师应有意识地融合各个领域的内容，最大限度地体现数学知识的整体，真正地表现出"数学之用"。在统一的主题下，潜移默化中积累了亲身感受，尤其应引导学生透过现象看本质，从而让学生探究数学世界的五彩缤纷。

　　往往在设计综合实践作业时，教师需要考虑各种因素，以保障实践活动作业的可行性。设计综合实践作业既要考虑主题内容，又要考虑各个知识点；既要考虑小组合作的可行性，又要考虑每个学生的个人发展。教师要提前研究数学教学内容，科学地为学生设计合作探究问题，使学生能够主动围绕相关主题进行操作。在小组合作学习中，小组成员既要各司其职，又要与其他成员相互协作。这在很大程度上能够培养学生的集体意识，增强学生的集体合作能力。

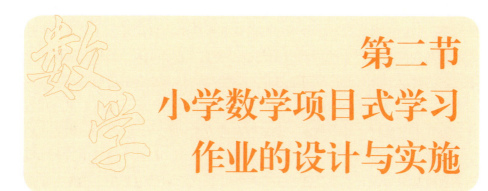

第二节
小学数学项目式学习
作业的设计与实施

"项目式学习"主要是指在充分了解学生的数学知识基础、学习技能、基本核心素养之后，由教师根据教学任务和内容的要求来给学生设定不同的学习情境，并在教师的指导下，基于现实世界的探究活动。以小组合作学习为主要方式，通过解决问题，共同来完成综合实践性的项目学习过程，并以制作最终作品的形式获得更深层次的多元化知识和技能。

一、对项目式学习的认识和理解

项目式学习是一种以任务为载体，让学生在完成任务的过程中去进一步学习、深化相关的知识，提升各方面的综合能力的教学方法。从课堂主体的角度来看，在项目化学习中学生处于主体地位，教师更多的对学生进行适当的引导，以及为需要的学生提供建议和帮助。①

---

① 唐黎明，王纯旗. 数学内容的微项目化设计与实施 [J]. 小学数学教育，2022（1）：12-14.

项目式学习的思维是高阶的思维，项目式学习一开始就用具有挑战性的问题创造高阶思维的情境，激发学生学习的内动力，明确对学生提出带有问题解决、创造、系统推理、分析等高阶认知策略的项目任务，让学生在由强大的驱动性问题所产生的内动力中创造一个真实的作品。[1]因此，项目式学习主题的确定十分重要，尽可能选取小学生身边具有数学价值的题材，如现实生活中的问题、社会的焦点问题以及富有挑战性的问题。可以看出，项目式学习并不是通过"题海战术"来掌握解题方法、技巧，它最大的优势在于学生能够进行真实的、完整的、有挑战的学习活动，在这个过程中，教师虽然不教授基本知识和基本技能，但在进行项目式学习的过程中，学生一定能感受到学习知识和技能的重要性。同时，在一定的时间内，项目式学习的成果远远大于传统作业中学生回答对几个问题所带来的自我肯定。小组合作学习的方式，也大大提升了学生的学习兴趣，使中等学生以及平时不愿意参与学习的学生也能加入其中。除此之外，小学数学项目式学习对于培养学生的数感、符号意识、空间观念等意义深远，同时也有助于加强学生的数据分析观念和模型意识，提升其应用意识和创新意识。[2]

相对来说，项目式学习的要求比主题活动要高一些，以解决现实问题为重点。严格地说，项目式学习要求学生经历事先精心设计的项目或一连串任务，在复杂、真实和充满问题的情境中持续探索和学习。[3]学习方式从本质上来讲，不同于传统的教学方式，它更强调的是在完成项目同时的"学"，是对某一内容的深度理解。项目式学习中的"实践"也不仅是照着任务单完成任务，或者按照要求进行操作，而是要在遇到的真实问题情境中经历比较长时间的持续性的实践任务。项目式学习和主题式学习虽然都带有综合性、实践性和跨学科性等特点，但它们的学习深度并不一样。主题式学习是各个学科围绕某个主题组合学习，而项目式学习是综合两个或两个以上学科共同达到深度理解，以问题为驱动，调动多种感官，利用数学与其他学科的知

---

① 夏雪梅 . 项目化学习设计：学习素养视角下的国际与本土实践 [M]. 北京：教育科学出版社，2019：13.

② 徐斌艳 . 数学素养与数学项目学习 [M]. 上海：华东师范大学出版社，2022：69.

③ 唐彩斌 . 研读新课标之六："综合与实践"领域课程内容的变化 [J]. 小学数学教师，2022（12）：4-6.

识、方法、技能、观念等，参与体验解决问题的全过程，进行持续性深入的探究学习。

二、项目式学习作业设计的现存问题

（一）只限于书本的非"真问题"

有些教师的项目式学习作业还仅仅将目光聚焦到作业本上的知识和概念，反复对数学基础概念、公式法则和解题策略进行操练，忽视了数学思想的渗透，使得学生被动地完成各种学习任务，难以激发学习兴趣，容易使学生产生对数学作业的焦虑情绪。这样的非"真问题"设计不能积极拓展项目式学习的范围，限定了学生的学习内容和思维。

因此，摒弃以前的传统作业模式，引导学生借助真实的现实情境，发现真问题，提出真问题，经历解决真实问题的全过程，通过"讲真事""做真事""真做事"，将对数学及其他相关知识的理解与现实情境结合起来，可以布置多元的、分层的、多角度的实践性作业。

（二）仅靠小组核心成员完成任务

在项目式学习的过程中，教师没有重视小组"合作"的过程，只将任务简单分配给小组成员，这样很容易出现小组只靠核心成员完成任务的现象，这样的"合作"在我们日常教学中比比皆是。

而项目式学习中每个学生都应根据自己的能力做出不同的挑战，在这个过程中，学生应在教师的引导下，进入最优发展区间，即一种"流畅境界"。"流畅境界"是芝加哥大学心理系教授米哈里·希斯赞特米哈伊提出来的。他指出进入"流畅境界"的主要特征就是沉浸到自己所做的事中去，并产生内在激励，充满愉悦地将这种"流畅境界"带给每一位学生，让作业充满挑战，让学生从不同角度理解数学、应用数学，注重学生的综合能力发展，发挥自己的个性从而获得愉悦有效的"沉浸式"学习体验。

（三）作业时长过短

从作业时长来看，项目式学习作业都是长作业，有些教师认为项目式学习耽误时间，将学习内容缩短，只将研究内容简单叙述，学生没有通过动手操作、实践探索和合作交流解决现实世界的问题。也没有对于一个内容有充分的思考时间和空间，这样的学习过程就像走了一个过场，很难建立真实问题和所学数学及其他学科内容的内在联系，无法促进知识的内化、运用和自我构建。只有使学生课前做好项目的前期准备工作，课后有针对性地对研究的内容进行实验或操作，才能顺利地进行项目式学习。可以说项目式学习的过程既是完成项目的过程，也是完成项目式学习成果或者作业的过程。

三、三个学段围绕项目式学习展开的进阶性作业设计原则

荷兰数学教育家弗赖登塔尔认为数学学习是一种活动，这种活动与游泳、骑自行车是一样的，不经过亲身体验，仅仅从看书本、听讲解、观察他人的演示，是学不会的。

（一）真实性

项目式学习一个重要的原则就是对照作业设计中项目的学习内容、学生的认知水平等创设真实情境，或者说寻找现实情境中需要解决的真实问题。项目式学习想要解决的问题不同于我们平时作业中的"解决问题"这类题目，这里的解决问题，解决的是一个真实的大问题。

项目式学习的问题选择，是整个项目实施过程中的关键。数学的项目式作业本身就是要让学生在实际情景和真实问题中进行研究，这种"沉浸式"学习研究的问题来源于学生，是学生的真实问题。通过问题化驱动来激发学生对学习的深度思考，这样更容易激发学生的兴趣和研究的欲望，也更容易帮助学生在项目式学习中认识数学、理解数学，使学生看问题的角度更加多元化、立体化。

"思起于疑"的意思是说思维通常总是开始于疑问或者问题，教师可以

让学生在生活中将自己的问题记录下来，在班级创建"问题本"或者在板报中创设"问题墙"，形成提问题的氛围，让学生在生活中主动寻找问题、发现问题，教师作为引领者将问题收集和汇总，进行筛选，选择合适、有价值的问题进行研究，逐步培养学生的善观察、会提问的意识。项目式学习作业给予了学生探究的路径，让学生在充满问题的活动中挑战自我，获得学习数学的良好情感体验。

1. 生活中常见的问题

在传统作业中，经常会有让学生提问题的题目，学生提出的很多问题都并非学生的真问题，通常是为了提问而提问。新版课程标准中的"三会"把"数学眼光"作为核心素养，打通了数学与真实世界之间本来就有的联系，因此，真实问题在项目式学习作业中显得尤为重要。学生的数学眼光也不是教师"教"出来的，而是在教师的引导下，由学生在真实世界的体验、实践、感受中发现、思考后产生的。

例如第二学段，在三年级学生学习"面积"单元时，设计了"铺地砖的学问"一课，其中有一个问题是这样的：

裁 剪 手 绢

小丽和小亮想把一块长 18 分米、宽 5 分米的布裁剪成边长为 3 分米的正方形小手绢，最多能裁剪出多少块完整的手绢？

两个同学的做法引起了学生的思考和争论（见图 6-2-1、图 6-2-2）。学生提出了很多问题：

小丽是这样想的：

$18 \times 5 = 90$（平方米分米）　　碎花布面积

$3 \times 3 = 9$（平方分米）　　手绢面积

$90 \div 9 = 10$（块）　　大面积里包含多少个小面积

图 6-2-1

小兰的方案：

$18÷5=6$（块）　　　　碎花布长里有 6 个 3dm，可以剪 6 块

$5÷3=1$（块）……2（分米）　碎花布宽里有 1 个 3dm，可以剪 1 块

$6×1=6$（块）

图 6-2-2

1. 到底谁做得对？

2. 为什么会差 4 块？

3. 能剪多少块手绢和什么有关？

4. 为什么刚才的问题用大面积除以小面积就能解决？

……

真实问题就此产生了，根据学生提出的问题，就可以布置一次微型的项目式学习作业，因为四年级孩子年龄小，所以我们在布置时可以适当提示，以小组为单位，展开以"铺地砖"为主题的小型实践研究，具体如下。

同学们，我们利用面积的知识解决了铺砖的实际问题。在我们熟悉的生活中还有很多与铺砖有关的问题，你留心观察过吗？

研究提示：

1. 确定一个你们小组感兴趣的研究主题。

2. 根据你研究的问题，调查或测量所需的信息和数据。

3. 用你喜欢的方式记录研究过程。

4. 遇到不懂的或者想要继续研究的问题可以查阅资料，解决不了的可以记录下来。

5. 将你们的研究成果进行汇报。

期待你的表现！

2. 社会焦点问题

学生最终要成为这个社会的主人，社会是一个大学校，其内容是五彩缤纷、包罗万象的。想让学生感受现实世界，关注生活中的热点、焦点问题，教师首先要有一双发现的眼睛，社会和国家的大事、学校的主题教育等活动都可以作为我们教学的素材。比如在学习统计时，引导学生关注环境问题、人口问题等，让学生用"数学眼光"来观察、思考社会呈现出来的生活现

象，逐渐培养适应社会的能力。

例如第三学段，五年级学生在学习"小数乘法"单元时，学生对于"分段计费"中的问题很感兴趣，教师可以立足生活和社会资源，寻找"真问题"，引导学生以水费为例，解决生活中热点的问题。具体实践过程如下。

第一阶段：（1周）

你看过水费单吗？你了解水费是怎么收的吗？观察家里的水费单，说说你的发现和你的疑问。

第二阶段：（3周）

汇总问题，针对你们提出的问题，查找资料，明确水费的计算方法。

什么是污水处理费？为什么要 ×0.9？

第三阶段：（2周）

把你们的研究成果用喜欢的方式表示出来。形式不限。[①]

好的问题不仅是低门槛、大空间、多层次的，还应该与现实世界中的焦点问题相关联，"真问题"促进学生高阶思维的发展，设计或引导学生提出开放性、有挑战性的问题，让学生在互动交流中探寻和学习。

（二）整体性

从作业内容上讲，项目式学习的作业不同于以往的传统意义上的作业，也不是传统作业的累加。项目式学习更加注重整个项目的整体设计和规划，从整个项目出发的这种形式，正好与我们现在的"单元整体设计"的"大单元"概念不谋而合。项目式学习作业是在学生已经掌握了基础知识和基本技能以后，将数学课内所学知识与其他学科相结合，进行的必要延伸和拓展。

1. 单元整体设计

在以"大单元"为背景的项目式学习中，将单元知识与综合实践活动相关联，在完成项目的过程中，学生不仅加深了对数学知识的理解，还在循序渐进的过程中，随着项目的推进提升了运用数学知识和方法的能力。

---

① 徐玉华. 碰撞中反思 历练中成长 [J]. 小学数学教师，2022（S01）：82-86.

以"长方体和正方体"单元为例，进行单元整体设计，用项目式学习的形式帮助学生展开对于表面积内容的研究，设计有关"校园 2 号楼外立面粉刷工程竞标底价预估"的活动，如表 6-2-1 所示。

表 6-2-1

活动序列	相关内容	备注
活动一	长方体、正方体展开图	初步感知长方体、正方体展开图，并融入长方体侧面展开图
活动二	长方体、正方体表面积	长方体、正方体的表面积概念及一般计算方法，并融入长方体侧面积的计算
活动三	长方体、正方体拼接中表面积的变化	
活动四	长方体、正方体表面积的综合应用	通过测量、调查等方法获取门窗的长度、数量等数据，进而求出实际粉刷的面积
活动五	油漆选择	通过询问家长、市场调查、上网查找资料等方式，寻找性价比较高的油漆，并计算原材料底价

1. 通过测量、收集数据及利用学校现有的资料，完成校园 2 号楼外立面粉刷工程竞标底价预估。（不计人工费用）

2. 四人一组，完成一份报告，要求在报告中展示本组的思考过程，列出所要调查的数据（如粉刷面积、涂料的包装和价格等）及调查方法（如实际测量、向店主询问、查找资料等）。[1]

2. 项目整体设计

如同单元作业整体架构一样，项目式学习不能只从单一的一节课思考，而应该从整体项目进行设计，设计出整个项目的内容以及对应发展的核心素养，从整体思考项目所需要达到的目的和解决的问题，由核心问题设计相应的课内外任务或者作业。

例如，第三学段项目式学习"水是生命之源"，聚焦"节约用水"问题，

---

① 张丽丽，潘莺. 聚焦"真问题"乐享"话作业"：小学数学单元活动作业的设计与实践 [J]. 小学数学教师，2022（S01）：73-76.

不应只局限于"怎么节约用水"，应当为学生创建更立体的课堂，并将更多元化的内容融入其中，让他们学会将自己的生活经验与数学知识相结合，学会利用数学这门课程进行思考与实践，在生活中感受到数学实践活动带来的价值。所以，"节约用水"的真正意义是什么？如何让学生从小树立节水意识？如何让"节水"真正言行一致？是值得我们研究的。

在已有的研究基础上，以学生边喊"节约用水"的口号边"浪费水"的矛盾行为为切入点，在理论视角和批判视角之下，采用访谈调查法、文献研究法、问卷调查法、课中观察法等，通过实例和图片引发学生思考，提出三大核心问题："我们真的缺水吗？我们真的浪费水了吗？我们如何节水？"用问题串引领整个项目进行系统研究和分析，尝试将一节"节约用水"的实践活动课设计改编成了课内外结合的项目式学习"水是生命之源"，共7课时（设计框架见图6-2-3），使每个单独的活动成为系列活动，进而保证项目式作业的整体性。

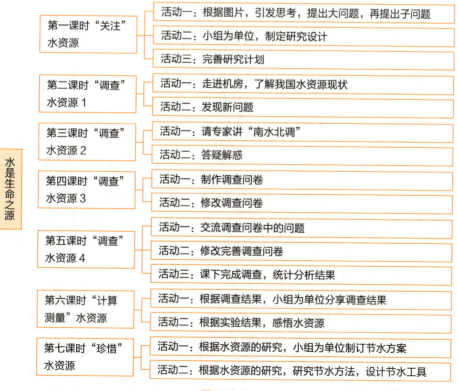

图 6-2-3

从学生的体验感上讲，无论是课上学习还是课下的作业，"沉浸式"项目式学习都注重学生亲历知识和技能的形成发展过程，亲历结合其他学科进行实践研究的全过程，使平时学习中等或学习有困难的学生能有机会切身体验，带给学生更多的乐趣和价值，形成和发展核心素养。

（三）主体探究性

项目式学习作业中，很重要的部分就是探究实践，项目式学习的作业设计注重的是学生学习的过程，并不是单纯判断学生学习结果的对与错，而是不断地提升自我学习能力的过程，探究实践本身就需要学生用自己掌握的知识、学习经验与社会实践相结合，将学到的知识灵活拓展，学以致用，最后学有所获。这需要教师由浅入深、不断地引导学生对核心或关键问题的思考，激发学生的学习潜力。

1. 联系生活，尝试探究

在项目式学习作业完成的过程中，教师为学生提供交流、讨论的平台，从知识的构建与运用、认知策略的完善与学习等多层面对学生在自主探究过程中碎片化的学术探究经验进行收集、梳理和优化，丰富学生的学习体验，提高学科素养，提升综合能力，彰显学生在学习中的主体地位。相对应地，教师也完成了角色的转变，即由教学活动的组织者转变为机动人员，随时为学生的项目式学习与综合实践提供指导性意见。虽然《义务教育数学课程标准（2022年版）》中只安排了两个内容的项目式学习，但教师也可以根据自己教学的需要自主挖掘开发新的内容，可以尝试从第二学段开始，设计"微项目"让学生去研究。如：第二学段设计有关"数字编码"的项目式学习作业[①]。

第一阶段

项目启动：联系生活，了解编码

1. 交流：你在生活中见过哪些由数字、字母或者其他符号按照一定规则排列起来的数字编码？

---

① 梁芳. 如何借助数字编码进行项目化学习 [J]. 小学数学教师，2022（12）：79-80.

2. 讨论：数字编码在生活中有什么作用？

3. 分组：自主搭配并组成研究小组，确定想要研究的编码内容，并在组内进行分工，明确各自的任务。

第二阶段

项目探索：调查访问，破解奥秘

1. 小组讨论，设计方案：小组成员一起商讨研究数字编码的方式，明确可以通过收集资料、调查访问等方式进行。

2. 实地调查，撰写报告：教师指导学生分组开展调查研究，并将研究结果撰写成研究报告。

第三阶段

项目设计：自主创作，设计编码

1. 创设情境，设计编码：教师为了配合每年一次的体质健康测试，需要编写全校学生通用的学号，学号里要包含哪些信息呢？（校区、年级、班级、序号）

2. 尝试编码，体现唯一：如何让编码成为每一位学生独一无二的学号呢？学生想到还可以将入学年份、学校、区域等信息编入学号。

3. 反馈评价，合作交流。

在设计项目式学习作业时，应以学生为主体，引导学生在活动中自主探索数字编码的规律，经历设计编码的过程，培养综合实践能力。

2. 聚焦问题，探究解决

在六年级上学期学习"百分数（一）"单元时，有一个内容是"生活与百分数"。可以让学生通过开展社会调查、查阅资料等方式提前了解储蓄、理财等知识，以及收益的计算方法。在开始实践前，可以让学生先提出一些问题，如什么是利率？如何存款？我的压岁钱如何管理最合算等，带着这些问题开展有关压岁钱的项目式学习研究。

压岁钱使用计划书（安排在春节过后）（六年级）①

1. 以小组为单位，设计每位同学过年压岁钱收入及去年支出情况调查表及调查方案，进行本班同学压岁钱收支情况调查。

---

① 吴伟华 . "双减"背景下小学数学作业设计探析 [J]. 小学教学，2022（2）：33-35.

2. 根据自己今年压岁钱的收入情况，编写个人压岁钱使用计划书（学习单1）。学习单1：（见表6-2-2）。

表6-2-2　压岁钱使用计划书

压岁钱总额		
支出计划		
支出项目	支出金额	备注

3. 观看理财知识微讲座及理财专家根据同学们的调查结果提出合理建议的微课。

4. （1）以小组为单位，根据理财专家的建议，对照小组其他成员的计划书，提出改正建议（学习单2）。（2）结合自己的实际情况，对原来的计划书进行修正（见表6-2-3）。

学习单2：

表6-2-3　同组压岁钱使用计划书评价表

	优点	不合理项目	原因	修改建议
A计划				
B计划				
C计划				

5. 体验银行储蓄，尝试开户、存款等相关业务。

6. 小组交流反思，撰写调研报告。

百分数单元属于第三学段的内容，对于六年级学生来讲，聚焦他们关心的实际问题，从学生的成长需求出发，利用学生的生活资源和社会资源，设计组织以某个主题为中心的系列项目式活动，围绕学生的实际需求展开，是从多个角度对百分数这个单元进行的全方位解读。通过不同角度的实践体验，培养学生的思维能力和具体实践能力，从而实现学生综合素养的提升。

（四）问题引领

1. 问题帮扶做指引

第一学段学生年龄较小，如果做项目式学习比较困难，可以教师提出问题，用问题串的方式引领学生解决问题，在解决问题的过程中，完成项目活动。不仅让"双减"落地，同时让学生在活动中学会用数学的眼光观察现实世界，逐步培养学生爱观察、好提问的学习习惯。

第一学段　校门口的地铁[①]

第一部分：会比较——我是购票小达人

【问题情境】小朋友，坐地铁需要购票，儿童购票有优惠哦！到身高表（图略）这儿来比一比。如果身高超过了红线，需要购买半价票；如果没有超过红线则免票。两人一组看一下，你的好朋友需要买票吗？说说你的理由。

第二部分：爱观察——我是站点信息员

【问题情境】如图1（图略），让我们来了解一下聚宝山站吧。

问题1：从左往右数，聚宝山站是第几站？它的左边有几站，右边有几站？

问题2：图1中一共有几站？你是怎么知道的？

问题3：阳阳每天上学只坐1站地铁就能到聚宝山站，他可能是从哪一站上车的？

问题4：光光到聚宝山站拍照，拍到了下面这些照片（图略），你能按照形状给图片中的物体分分类吗？（如果学生不会分类，可以通过提问照片里的物体是什么形状进行提示）

第三部分：能钻研——我是指示灯研究者

【问题情境】小朋友们太棒了！列车已经进站，我们一起上车吧。坐上地铁啦，我们来了解一下列车"阿紫"。

问题1：这是车厢里展示的路线图的一部分（图略）。红灯（图中的实心圆）表示已经走过的站，绿灯（图中的空心圆）表示还没有走到的站。仔细观察，数一数红灯、绿灯的数量，你能根据数量说出两个加法算式吗？

问题2：地铁每向前行驶1站，指示灯就会发生变化，可以怎样列式呢？

问题3：仔细观察以下几个算式，你有什么发现？为什么四个算式的和一样？

$7+4=11$　　$8+3=11$　　$9+2=11$　　$10+1=11$

[①] 戴越，陈志睿. 一年级表现性综合测评校本方案的实施与分析 [J]. 小学教学，2023（2）：24-27.

问题4：你是怎么计算出 8+3=11 的？能说一说或选择一种学具摆一摆吗？

（教师提供圆片、小棒、计数器）

第四部分：守规则——我是自律小标兵

【问题情境】播放录音：叮咚，南艺二师草场门站到了，请您在地铁前进方向的左侧下车，先下后上，文明乘车。

问题1：小朋友，现在车厢里还剩下 4 人，如果先下车 3 人，后上车 5 人，车厢里还剩多少人？现在车厢里的人变多了还是变少了？请说出计算过程。

问题2：刚刚播放的录音"请您在地铁前进方向的左侧下车"，请你指一指，应该从哪个门出去呢（图略）？

2. 发现问题共讨论

人教版数学教材中的"营养午餐"属于第二学段"设计方案"类的项目式学习。第一学段突出"经历实践操作过程"，而第二学段强调"结合实际情境，体验发现和提出问题、分析和解决问题的过程"。新版课程标准中这一内容的学业要求指出："经历一周营养午餐食谱的设计过程，感悟在实际情境中方案的形成过程；形成重视调查研究、合理设计规划的科学态度。"

在第二学段，以学校食堂的午餐为背景，贴近小学生日常生活，通过让学生观察午餐，引发学生思考："你有什么发现？你能提出哪些你关注或者值得研究的问题？"引导学生提出"怎样减少打饭时间？""怎么合理安排打饭顺序？""什么是有营养的午餐？如何设计有营养的午餐？"这些真实而又同时具有挑战性的问题，让学生最后聚焦问题，在综合运用生活经验与数学知识解决问题的过程中，亲历"午餐方案是否符合营养标准的判断、调整、设计、统计"等实践作业的全过程，旨在使学生体会数据表达的重要性，掌握科学搭配的方法，提升数学思考的能力。

"营养午餐"的第二阶段：综合调查所得数据，分析食谱中的食材营养与人体所需营养之间的关系，各小组之间可进行交流，达成午餐所需的营养标准；根据得出来的标准，设计出家庭周末营养食谱。示例如下：

根据前面的收获和同学们提出来的问题，任选其中一项来研究，可以是一个你感兴趣的新问题，例如你可以调查家庭成员的饮食习惯，了解他们的身体健康情况，依据不同体质给大家制定一套营养美味的菜谱。当然也可以通过查阅资料，为食堂补充一些菜肴品种，设计搭配营养更均衡、更符合同学们饮食习惯的套餐食谱提供给食堂。（3 周）呈现方式可以是统计图表，也可以制作成精美的小报。

作业说明：

根据前面的优选结果进一步设计，可以增加菜品，设计美味又"营养"的午餐，还可以引导学生根据本小组的实际情况来优选方案。比如可以根据自己小组男、女生比例情况进行菜品的选择，或者根据同学的胖瘦情况，以及能不能吃辣等进行调整，在同样符合"营养"午餐的方案中进行投票，选出自己小组的最佳方案。

在项目式学习中，合作方案的规划和目标的设定是学习和作业的关键环节，当小组分组完成后，教师需要引导学生对所关注的问题进行分析，或提出自己小组想要研究的子问题，商量怎样得到优选的研究方案。合作的过程既会有学生的收获、发现，也会有遇到的困难和烦恼，还会有待解决的问题，进行分享讨论交流，从而获得对项目更深层次的学术思考。

3. 自主设计共商议

在第三学段"水是生命之源"的项目式学习中，新版课程标准的学业要求指出："能合作设计生活中用水情况的调查方案，并展开调查，在调查中进一步优化方案。"因此，可以让学生自主设计，小组合作商议讨论作业的内容以及设计活动方案，比如下面作业中自主设计调查问卷再进行统计分析等，切实让学生参与活动的过程，参与项目式活动，全面提高学生学习能力和学习素养。

（1）查找类

学生需要在课下完成调动收集的资料类作业，用已掌握的数学知识和积累的生活经验，以及自身形成的思维能力和实践能力，将抽象化的理论知识应用于实践，使其转化为一种具象化的行动，完成查找类的实践作业。

在研究初期，从干旱土地的图片和学生对不缺水的质疑入手，提出关注水资源的话题，引出第一个大问题"我们真的缺水吗？"，在交流讨论中提出了 20 多个子问题。对于如何解决这些问题，学生讨论的结果是去机房查资料。对于这样的研究方式，学生既新奇又兴奋，他们说："从来没有数学老师和信息技术老师一起给我们上过课。"在上课前，教师布置了"关注水资源"的作业单（见图 6-2-4），让学生带着问题去调查，在调查过程中也可以继续产生新的问题。

关注水资源

"用水告急"。这几年入夏以后，这样的信息不断充斥耳际，节约用水，再次成为各级紧急呼吁的重点和国人必需的选择。虽然社会在进步，时代在发展，当"节水"二字再一次跳入人们的眼前，我们应该从更高层次、更深入内涵上来理解和把握。通过这几天的学习和查阅，你对人资源有了哪些新的了解？

在查阅资料的过程中，你还有哪些疑问没有解决？快把它们记下来吧，明天有神秘嘉宾来为我们解答哟！

问题1：＿＿＿＿＿＿＿＿＿＿＿＿＿＿＿＿＿＿＿＿＿＿＿＿＿

＿＿＿＿＿＿＿＿＿＿＿＿＿＿＿＿＿＿＿＿＿＿＿＿＿＿＿＿＿＿＿

＿＿＿＿＿＿＿＿＿＿＿＿＿＿＿＿＿＿＿＿＿＿＿＿＿＿＿＿＿＿＿

问题2：＿＿＿＿＿＿＿＿＿＿＿＿＿＿＿＿＿＿＿＿＿＿＿＿＿

＿＿＿＿＿＿＿＿＿＿＿＿＿＿＿＿＿＿＿＿＿＿＿＿＿＿＿＿＿＿＿

＿＿＿＿＿＿＿＿＿＿＿＿＿＿＿＿＿＿＿＿＿＿＿＿＿＿＿＿＿＿＿

图 6-2-4

在学生查阅资料、收集问题过程中，更加深入理解了水资源分布状况及不同地区工农业用水、生活用水的情况。针对水资源分布不均、人均用水量不足的情况及原因，学生在探究过程中能够深刻认识到随着我国经济发展、人口较快增长以及极端天气的出现，这些问题将更加突出，从而意识到节约用水、实现资源合理利用的重要性，积极投身到节约用水、保护水资源的活动中去。

方案的规划不可避免地会涉及收集各种教材之外的资料，学生要积极拓展收集渠道，借助其他辅助资源，除了生活观察、图书馆资料查阅等，还可以利用电视、网络等信息化渠道。当全部的资料收集完成后，就需要在教师的指导下进行信息的分析与汇总，从而制订出最佳方案。

（2）调查类

问卷调查是以书面语言或通信形式收集资料，这是我们实践活动中必不可少的调查方式。在"水是生命之源"的项目式学习活动中，谁来设计调查问卷，成了我们研究中期的焦点问题。以往这件事都是由教师代劳，但在实践过程中出现的问题更应由学生自己解决，而且这是第二阶段的最大障碍，如果解决得好，那就意味着向前迈进了一大步。

设计调查问卷

为了调查我们生活中"浪费水"的现象，设计一份调查问卷。

1. 以小组为单元，进行研究。
2. 确定调查的主题以及调查问卷中的引言、问题、选项等。
3. 做好分工和汇总。
4. 可以与其他小组交流学习，再进行修改。

这个过程可以说是整个项目最具挑战的一次活动作业，充分采用了跨学科的作业形式。在语文老师的帮助下，逐步让学生明确设计问题是为了获得信息，获得信息是为了找到问题产生的原因及解决问题的方法，所以要求学生从问题产生的成因和解决问题的方法两方面思考。学生开始是不清楚的，第一次设计调查问卷之后发现有的小组设计的问题是重复的，有的选项不够全面，有的问题过于啰唆，有的引言写的过于简单等（见图 6-2-5）。经过研究学习，学生对自己的假设和收集到的成因和措施进行思考，并围绕它来设

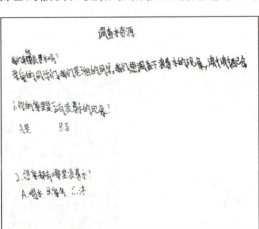

图 6-2-5　学生开始设计的调查问卷

计问卷调查。于是在学生的相互启发中，渐渐明确研究的小主题"我们都在哪些方面浪费水了？""怎么浪费的？""排名第一的浪费现象是什么？"。学生感慨道问卷调查的设计并不是一件简单的事，不能想到什么就列出什么；设计不好就会出现简单的堆砌、不系统、遗漏等现象。

"众人拾柴火焰高"，发挥集体的智慧也是我们这次课的一个目标，学生感受到必须群策群力才能成功。经过班级四人小组讨论研究后修改的问卷调查，已经像模像样了（见图 6-2-6）。

图 6-2-6　学生修改后的调查问卷

在学生设计的过程中，教师的任务就是用理论指导学生设计有关"浪费水"的调查问卷，力求有效、系统、严密。学生的任务是设计有关"浪费水"的问卷调查，修改后，再进行数据的分析整理，方便后面的研究。后续，学生完成自己设计的调查问卷，为统计数据做准备（见图 6-2-7）。

图 6-2-7　学生在填写自己设计的调查问卷

（3）统计分析类

小学的数学教材中从低年级到高年级都涉及了统计这一内容，在学生的印象中统计简单，没什么可学的，即使是在我们的教学中，统计也往往被安排在每个学期的最后一两个单元中，而教学时长也就 3 或 4 课时，是"不被重视"的单元。但事实上统计却是一门非常复杂的学科，在日常生活中起着至关重要的作用，它在项目式学习中也有着不容小觑的意义。

统计分析类作业是调查类作业的延伸，没有统计数据的支撑就无法知道下一步的研究内容，研究就会变得苍白无力。所以，做好统计分析类作业是十分必要的，让学生在强有力的数据面前，感受现实性，进而有了想要做数据分析整理的愿望，使统计类作业变得具有现实意义。

"水是生命之源"调查报告作业让学生以小组为单位，在经历自己设计调查问卷、发放问卷后进行数据的收集、统计与整理、分析的过程。以往我们在教授单一学科中，讲到某种现象时，会直接告知学生我们在某个方面做的成绩很突出，或者在某个方面还存在不足。比起这种直接告知的方式，让学生经历"从头到尾"思考问题的数学活动显然好得多，本次调查报告作业是需要学生运用所学过的统计图表、平均数、众数、中位数等统计知识去完成的，在这个过程中需要学生进行交流、表征、作图、计算、统计、发现、反思等，根据自己的调查做数据的分析和整理，充分体现了用数据说话和用数据解决问题的重要性，积累了数学活动经验，真正经历了统计的全过程，让作业变得更有意义。以下是学生作品（见图 6-2-8）。

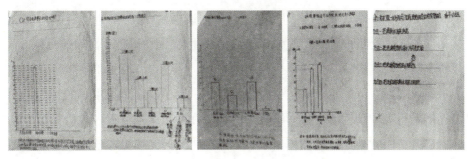

图 6-2-8

调查日常生活中用水最多的是哪几项活动，哪些活动最容易导致水资源的浪费，将分析后的结果制成条形统计图，计算出各项活动的用水占比。统计出排名第一的浪费水现象，以便后期可以进行问题的探讨。

在探究过程中，学生也提升了对数据进行整理和制作统计图的能力，这个统计图是在调查哪种浪费现象最严重的需求下产生的。在这个过程中，针对得出的统计图，再思考可提出哪些问题，并在此基础上探讨人均用水量高低的原因以及可采取的节水方法，从而使学生经历一个完整的研究过程。

项目式学习是培养创新型、复合型、解决未来问题人才的重要学习方式。学生通过团队合作，完整而真切地经历针对问题提出方案、修改方案、解决问题、形成成果、展示交流、评价改进的各阶段。在持续互动中，经历复杂推理、思辨决策、远端迁移等综合性、复杂性的问题解决过程，创生意义，获得知识与技能。项目式学习能够发展学生的批判性思维能力、解决问题能力、团队协作能力、自我管理能力等，形成完善的学科观念、思维方法。[1]

（五）发挥育人功能

学生完成项目式学习作业的过程，同时也是学生成长的过程。学生在独立研究过程中的挫折与失败，与小组同学合作交流解决问题过程中的等待、选择与包容，看到其他同伴成果时的互赏或者质疑，都能使学生不断调整。即使是出现错误产生挫败感，也会经过同伴或者老师的帮扶，重拾信心，再进行挑战这也是学生心智成长、自学能力、探究能力增强的过程。这里的实践作业和长作业的实施调动了学生的多种感官，促进了学生核心能力的发展，凸显了教学模式中的育人功能。

比如，第一学段前面提到的"校门口的地铁"，引导学生通过学习完成活动任务，体会祖国发展给我们带来的便利生活，从而提升幸福感。第二学段研究的"营养午餐"引导学生要节约粮食，不挑食。第三阶段学生在小学即将毕业之际，研究了"水是生命之源"后，有了自觉节约用水的行为，并将这样的行为带到生活中，影响周边的朋友和家人，把节水内化为行为，这样，育人功能就被充分地发挥出来了。这说明我们的项目式学习作业不仅对数学学科学习起到了推动作用，同时达到了培养学生勇于实践的目的，增强

---

① 徐建干.小学数学项目化学习的课堂实践与应用策略研究 [J].华夏教师，2020（8）：70-71.

社会责任感，树立正确人生观、价值观，充分发挥了项目式学习作业中的育人功能。

（六）"数学+其他"的跨学科或者"超学科"作业形式

基于真实情境的作业设计，融合多种学科的学科知识，帮助学生多角度构建知识体系，全方面地发展核心素养。项目式教学主要以"项目为形式，教师为引导，学生为本位"，主张人人参与、打破学科壁垒，融合多元学科作业对问题展开探究，锻炼个体的综合能力。[①]

第一学段：动手拼摆类作业作品（见图6-2-9）。

利用七巧板拼图案，在第一学段开展有关"拼一拼"的活动，结合了美术学科活动，逐步观察图形之间的关系。

图 6-2-9

第二学段：动手实践类作业作品（见图6-2-10）。

图 6-2-10

① 胡国良.项目式教学在小学数学课中的应用[J].安徽教育科研，2020（24）：46-47.

美国著名教育学家杜威提出了"做中学"的理论，将这个理论应用于项目式学习作业设计中就是实践类作业，让学生在"做"的过程中有所思，有所悟。在这个过程中，学生的主体地位得到了进一步彰显。

学习完"年、月、日"后，通过开展实践活动，让学生体会数学与生活之间的联系，在实践中掌握年、月、日之间的关系，在制作过程中感受二月的特殊性，提高发现问题、提出问题和解决问题的能力。

第三学段：发明创造类作业作品（见图6-2-11）。

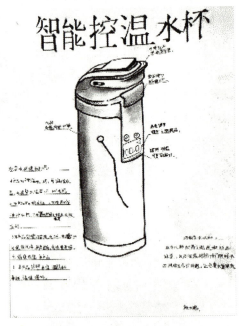

图 6-2-11 "水是生命之源"学生的创造发明

"发明创造"类的作业是"记录收获"作业的"进阶版"，在学生的研究马上接近尾声之时，让学生通过怎样节约用水产生感悟和体会，并用小发明设计图纸进行交流展示。

这类作业同时也属于跨学科作业，极大地调动学生学习的积极性和热情，作业成了综合知识的运用，帮助提升了学生的学科素养。

项目式学习的作业不局限于我们日常作业的形式，不是仅仅判断几个概念，计算几个数据。作业的呈现方式是多元的，可以是数学日记、小报、研究报告，也可以是自己的收获体会，或者是对这个项目的研究感受，对下一步研究的设想等。项目式学习作业的完成不只是一个结果，还是每个学生或小组的研究成果，它记录着学生参与的整个研究过程，它反映了小组合作中的团队协作能力、沟通能力、组织能力。

（七）"师评 + 自评" "生评 + 小组评" 的多元评价方式

传统作业是以数学知识的掌握程度为前提进行评价的，项目式学习是一个较为综合和多元的学习，最后的评价方式也应与传统作业的评价方式有很大不同。对学生的学习成果进行指导、建议和评价，是小学数学项目式学习的最终环节，同时也是收集项目、完善数据和改进的重要途径。在项目式学习成果评价过程中，可采用不同的评价方式，如自我评价，即由学生整合项目式学习过程中出现的问题、自身的应对措施和心理状态以及问题的解决效果等，使学生懂得总结与反思，从而形成对自身的客观认识；也可以小组互评，即由小组内其他成员彼此评价各自的表现，从而以旁观者的视角，看到别人的优势，弥补自身的不足；还可以由教师评价，在这种评价方式中，教师要摒弃单纯以分数来评估学生学习效果的错误观念，尽量做到公正客观、全面多元，既要肯定学生们的学习成果，又要认可学生们在学习过程中的成长与进步，既要反思整个学习过程中不完善和有待提升的部分，又要总结可供借鉴的成功经验。

总之，项目式学习所倡导的自主探究、合作学习、实践操作的教学理念是学校立德树人教育目标的体现。因此，作为一名数学教师，需要做的便是充分挖掘项目式学习教学模式的应用价值，寻找项目式学习与数学之间的联系，将项目式学习充分融入日常数学教学中，将项目式学习作业合理地贯穿于整个学习之中，起到解析、分享等重要作用，更好地凸显项目式学习的教育意义。数学教师要彻底变革传统的数学学习方式，立足学生的终身发展，以课堂为本，将项目式学习融入小学数学教学过程中，全面提升学生的核心素养，让学生切实体会到学习的乐趣。

思考 与 实践

通过本章的介绍相信你对主题实践活动作业和项目式学习作业有了一定认识，请尝试完成下列问题：

1. 从研究现实问题、实践操作等方面出发，设计一份能帮助学生主动经历研究现实问题全过程的主题性实践活动作业。

2. 结合自己所教内容，从跨学科角度出发设计一份项目式学习作业，体现多种作业模式和学习方式。

3. 与其他教研组老师共同研究，选定一个主题实践活动，对不同年段的同一主题实践活动作业进行整体设计，制定具有层级性、合理的作业评价体系。

推荐学习：

【1】雷玲 . 名师作业设计新思维（数学卷）[M]. 上海：华东师范大学出版社，2022：193-228.

【2】教育部基础教育司义务教育高质量基础性作业体系建设项目组 . 学科作业体系设计指引 [M]. 北京：教育科学出版社，2022：37-41.

【3】胡国良 . 项目式教学在小学数学课中的应用 [J]. 安徽教育科研，2020（24）：46-47.

【4】徐斌艳 . 数学素养与数学项目学习 [M]. 上海：华东师范大学出版社，2022：102-112.

第七章

数学作业的批改
与应用

本章概览

1.作业批改是教师教学中的一个重要环节，改变传统作业的批改方式，站在不同的角度来审视作业批改问题，能有效地激发学生的学习积极性，及时查缺补漏，做到以教促学，以学促教。

2.学情诊断不仅可以判断学生对于基本知识的理解和掌握情况，同时还能帮助教师发现教学中需要改进的问题，对教学改革也起着至关重要的作用。

3.通过学情分析，帮助教师科学、有效、精准地把握问题，有效提高教学效果。

案例导入

《义务教育数学课程标准》将关于量感的长度、面积和体积等内容归到"图形的认识与测量"主题，根据 SOLO 分类理论把学生对千米和吨的理解和感悟进行水平层次划分（见表 7-1、表 7-2）。

表 7-1 "千米的认识"评价框架

水平层次		具体描述
0	前结构	不能正确认识基本长度单位米、厘米
1	单一结构	能正确认识 1 米，但不能正确描述几十米、100 米等长度
2	多元结构	能从步数、时间维度完成长度体验，并能正确记录
3	关联结构	能借助单位长度体验和推算走 1000 米所用的时间、步数

表 7-2 "吨的认识"评价框架

水平层次		具体描述
0	前结构	不能正确认识基本质量单位千克、克，不能选择合适的质量单位
1	单一结构	能正确认识 1 千克、1 克，但不明确千克和克之间的关系
2	多元结构	能正确认识 1 千克和 1 克及它们之间的大小关系，但对几十千克或 100 千克等物体的质量没有正确感知
3	关联结构	借助熟悉事物的质量对 1000 千克有正确感知

根据以上水平层次设计体验活动，并对前测进行分析，力图唤醒学生已有感知，找准学生的学习起点并据此设计学习任务。

1.针对千米的前测

针对水平 0 设计填空：（　　）大约是 1 毫米，（　　）大约长 1 厘米，（　　）大约长 1 米。

针对水平 1 和 2 设计活动：选择 40 米、100 米或 300 米的跑道走一走，记录走的时间和步数，完成体验单。这个活动在学校完成，便于统一对单位长度的认识，必要时可以访谈。

针对水平3设计推算：估一估你走1000米大概需要多长时间，大概走多少步。

2. 针对吨的前测

针对水平0和1设计活动：写一写、画一画生活中哪些物体的质量是1千克、哪些物体的质量是1克，说一说1千克和1克之间有什么关系。

针对水平2设计填空，包括小学生的体重，狗的体重，苹果、草莓、小轿车、飞机的质量。这里要求学生不称量，不查资料，重在考查学生对生活中物体质量的感觉。

针对水平3设计猜一猜活动：1个普通人可以拿起1000千克重的物体吗？你是怎么想的？

针对千米的前测为体验式，由教师带着学生在学校完成；针对吨的前测是练习单，授课前一天由学生回家完成。

1. 关于千米的前测分析

水平0和水平1的学生占比将近50%，主要表现为对基本单位的认知不准确。不少学生认为自己的1步始终是1米，约30%的学生不会数步数，或者不能合理记录走的时间。处于这两个水平层次的学生，还没有形成对千米的感悟。

水平2的学生约占28.9%，主要表现为能正确记录时间或步数，但不会推算。体验后获得的数据对学生来说只是一个数，其合理性、准确性学生并未思考。对于这部分学生，需要引导他们结合数据思考和讨论"用哪个数表示走 100 米需要的步数（时间）是合理的"。

水平 3 的学生约占 17.8%，主要表现是具有初步的推理意识，能根据步数或时间推算，但过程的理论依据不强，一个班只有一两个学生可以合理推断走 1000 米所需的时间和步数。

有个学生利用走 40 米的经验进行推测后，又用走 100 米的经验进行验证，这就超越了评价框架中的关联结构，所以评价框架不仅要细化，还要增加水平 4——扩展抽象结构。

针对学生出现的问题，查阅苏教版教材关于厘米和米的内容，发现教材中关于米的体验一般不超过 10 米。这表明学生在课堂上基本上没有接触几十米、100 米的机会，用米度量的机会也不多，这对千米的认识十分不利。

2. 关于吨的前测分析

前测结果表明：学生对 1 千克的感悟较为准确，对几十千克重的物体有正确认知的约占 50%，对熟悉的事物（如家用轿车）进行估测的准确率明显高于不熟悉的事物（如飞机）。约 37.5% 的学生能够借助熟悉的事物推断出 1 个普通人拿不起 1 吨重的物体，但没有学生用 100 千克作为基本单位进行推断。分析原因，也许是因为超市里大米的规格多是 10 千克、25 千克，小学生生活经验中也很少遇到 100 千克重的物体，所以教材中借助 100 千克大米认识吨的路径是不可行的，应该选取学生能够体验的单位质量作为认识吨的介质。

基于前测和以上分析，调整的评价框架如表 7-3、表 7-4 所示。

表 7-3

水平层次		具体描述
0	前结构	对 1 厘米、1 米等感知错误，无法描述；没有分和秒的时间观念，不会度量长度，不会计量步数，无法判断自己体验结果的正确性及合理性
1	单一结构	对 1 米有多长的认知不够准确，认为 1 度始终是 1 米；能够记录体验结果，步数或时间其中一项为合理的
2	多元结构	对 1 米或 40 米、100 米、300 米等长度有较为准确的认知，能正确记录体验的结果，步数及时间两个维度均是合理的
3	关联结构	能够正确记录体验的结果，且能合理地推断、描述 1000 米（由长度＋步数推算，或者由长度＋时间推算）
4	扩展抽象结构	能正确记录体验的结果，并能从多个角度合理推断、描述 1 千米或几千米

表 7-4

水平层次		具体描述
0	前结构	对千克和克感知错误，不会称量，无法判断结果的正确性和合理性
1	单一结构	对千克和克的认知基本准确，知道 1 千克 =1000 克
2	多元结构	对 1 千克和 1 克及它们之间的关系认知准确，但对几千克、几十千克或几克的认知不准确，对熟悉的物体的质量感知较为准确，对不熟悉的物体的质量没有感知
3	关联结构	能够合理推断较为熟悉的物体（如卡车）的质量，但是推断不出陌生的大型物体（如飞机）的质量
4	扩展抽象结构	能够有理有据地推断较为熟悉的物体（如卡车）的质量，也能推断陌生的大型物体的质量

以上案例选自常冰冰老师的"评价框架的确定——以'千米和吨'单元为例"。

第一节
作业批改的
要求与建议

对于小学阶段的学生而言，在学习数学的过程中，完成作业是学生学习的一项经常性活动。这个阶段，学生可以巩固自己所学的数学知识。教师通过作业批改，不仅可以了解学生对于某一知识点的掌握情况，同时也是教师和学生进行二次交流的过程，作业的评价也激励着学生不断前行，所以这一过程是必不可少的。因此，通过批改作业，不断矫正学生学习过程中的失误，激发学生学习数学的兴趣和热情。与此同时，作业的批改也能让教师根据作业情况及时反思自己的教学，做到以教促学，以学促教。

随着"双减"背景下作业设计的变革，作业的批改也在悄无声息地随之变化，这一小节我们将从现阶段作业批改存在的问题、原则与要求、策略与建议和作业评价几个方面进行探讨。

一、对作业批改的认识与理解

作业批改是教师在日常工作中了解学生学情的最直接途径，学生完成作业的情况也体现出教师的教学情况。[①]批改作业是教师日常教学中重要的任务之一,在批改作业的过程中,教师不仅可以通过作业了解班级学生对前一天学习知识的掌握情况,还可以了解学生是否真正掌握某一种类型的题目。同时,还可以通过作业完成情况看出某一学生近期的学习态度是否认真,上课是否认真听讲等,从而依据作业的情况制订或者修改相应的教学计划。

"双减"政策聚焦了立德树人的原则,以学生为本,从学生的角度出发,减轻学生的负担,不光要设计好不同类型的作业,还要对作业的设计进行改革,促进学生的全面发展,使学生有健康的身心。对于批改数学作业,教师除了对作业做好传统意义上的批和改,还要加强同类问题面批,做好及时反馈,认真分析学情,做好学生的答疑辅导和后期跟进。此外,还应该从作业的评价上做出改革,把作业批改看作是一次与学生的书面对话和交流,在这个过程中,我们虽面临着前所未有的挑战,但我们坚信数学作业的批改与应用的落实,可以在促进学生进步的同时推动课程改革向更优化的方向发展。

二、传统数学作业批改中存在的问题

(一)教师工作量大

对于教师而言,目前小学数学作业的批改方法多采用"全批全改"的方式,很多数学教师都有两个教学班,学生人数多,作业量大,后批改作业就成了一天中最烦琐、耗时最长的教学任务。对于学生而言,教师如果因教学任务重或其他事情没能在当天及时反馈作业,第二天拿到作业批改的学生就像是吃了一顿"隔夜饭",对于题目本身和自己解答的思路、方法已经有所遗忘,即使老师在课上进行讲解,也需要学生重新看题进行回忆。

(二)作业批改方式单一

数学作业不同于其他学科,如果作业本上只有"√""×"这两种单一的

---

① 马楠.作业批改中如何了解学情 [J].甘肃教育,2020(6):142-143.

符号，那么学生只能知道哪个题错了，教师的批改如同自己对照答案一般，那批改的意义就荡然无存了，这些工作早晚会被人工智能所替代。

对于年龄尚小的小学生而言，订正时要花费大量的时间，只知道这道题错了，但不知道错在哪里，会造成没有耐心从头审题、去抄同学作业等不良后果。由此可见，这种传统的作业批改方式，一般忽视了对学生的评价，使学生完全处于被动地位。

（三）无法和学生进行及时交流与反馈

基于传统作业的批改方式，作业的反馈一般也都用单一的等级制来表示，现在也有一些教师力图改变枯燥的"优秀""良好""及格"和"不及格"，用☆的不同颗数单纯地来反馈学生作业的情况，虽然形式变了，但本质是一样的，都是给予学生作业一个等级的评价，可以说简单的等级制度不利于学生成长，会让学生对数学学习越来越不自信，教师单方面的主观评价使学生处于被动的地位。其实，我们批改一份作业就是面对一个学生，应体现以人为本的教育理念。教师批改作业应视为课堂教学的延续，这也是师生双方获得信息，相互交流沟通的重要通道。

三、作业批改的原则与要求

九年义务教育阶段，小学是学生接受系统性教育的初始阶段，作业是学生学习的基础也是关键。而作业的批改作为教育教学活动中不可或缺的一环，应遵循"通过学生的作业书写、教师的作业批改，帮助学生养成良好的书写习惯、严格认真的处世态度和独立思考、克服困难的精神"原则，结合数学的学科特点和教学目标，通过作业批改的方式进一步加强数学教学管理，完成对学生学习习惯、数学兴趣的培养，提高学生的自主探究能力，锻炼学生的逻辑思维能力，提高学生的数学素养。

（一）实时性原则

对于基础性作业，学生如果能及时看到教师对自己作业情况的评定，可以深化对当天所学内容的理解，快速地修改自己的错误，不留问题，不让问题"过夜"，这样促使学生养成当天的事情（包括作业、改错等）当天要完成的习惯。当学生及时得到学习结果的反馈信息时，他们就能在印象鲜明、记忆犹新的情景中，对自己的学习活动做出调整和矫正。所以作业批改的第一个原则就是及时，这就要求教师需要安排好自己的时间，快速地将学生的作业进行及时的批改。

（二）重过程原则

北京市教育"双减"第三场新闻发布会上，北京市委教工委副书记、市教委新闻发言人李奕谈到，"双减"文件中提到的"发挥作业诊断、巩固、学情分析等功能"给老师们带来了不小的挑战，"我们要求老师在判作业的时候全批全改，老师在判作业的时候不再只是判对错、检查学生是不是做了作业，而是要看出作业背后所反映孩子的思维特点和学习过程当中的问题。"

1. 分析计算错误，提高运算能力

比如，下面这道计算题（见图7-1-1、图7-1-2、图7-1-3）。

$3.4 \div 0.63$（结果保留一位小数）

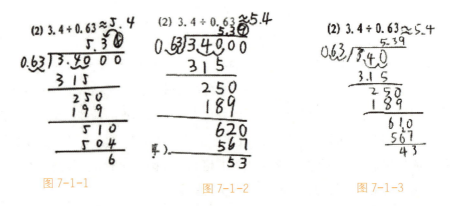

图7-1-1　　　　图7-1-2　　　　图7-1-3

粗略一看，好像三位同学的答案都是对的，但仔细一看，其实不然，只有第三个同学（见图7-1-3）的是正确的，由此可以看出这种"唯结果论"

是错误的思维定式。有时候学生的结果是对的，但中间思路或解题步骤和过程混乱、不明确，所以一定要看计算中的解题过程。不要小看小小的计算题，里面也有很多值得我们研究的内容。第一个同学 3×63 计算错误（见图 7-1-1），导致后面出错，第二个同学是 250-189 余数算错（见图 7-1-2），这些错误也是我们值得研究和分析的素材，应该让学生关注，而不是一味地将错题直接擦掉去改错。

2. 分析解题过程，探究不同思维水平

学生的数学思想和数学方法正是在这个阶段形成的，要重视学生的解题过程和思路，但这些内容往往是我们所容易忽略的，只关注结果一带而过地批改作业就会将这些好的想法埋没，学生的数学素养就不会得到发展，"会用数学的思维思考现实世界"就很难得以实现。

这是一道六年级的几何问题，有的学生先求出三角形面积，也就是半径的平方，再求出圆面积，如图 7-1-4 所示；有的同学利用平行四边形面积底乘高与半径的关系，求出圆面积，如图 7-1-5 所示；有的同学利用直径和半径 2 倍的关系，得出半径的平方，求出圆面积，如图 7-1-6 所示。还有的同学用方程的方法，解出半径，再求圆面积，如图 7-1-7 所示。此题呈现了学生不同的思维水平，用到了不同的方法，虽然得数相同，但过程完全不同。可见过程比结果更重要。面对不同学生的思路，我们教师在批改作业时，更应重视深层次探索学生的解题思路，有针对性地给出恰如其分的评析，从而促使学生在完成作业时思考最优解法，这有利于培养学生解题的合理性和独创性，有助于培养学生思维的灵活性和深刻性。

图 7-1-4

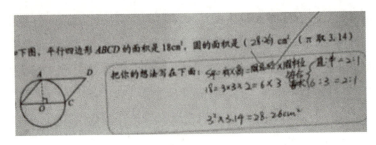

图 7-1-5

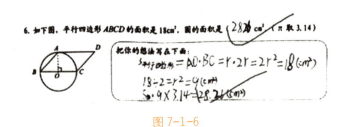

图 7-1-6

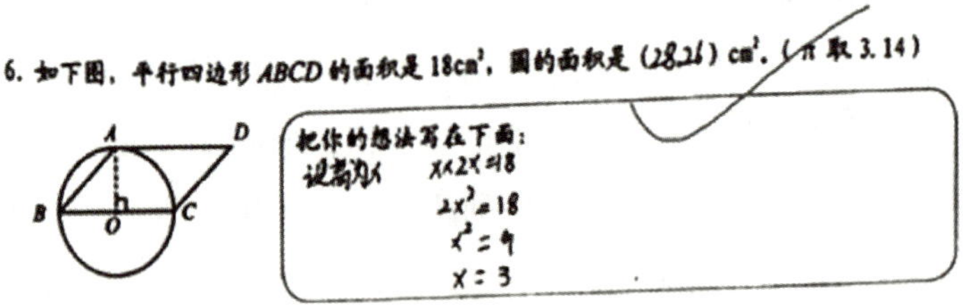

6. 如下图，平行四边形 ABCD 的面积是 18cm²，圆的面积是（28.26）cm²，（π 取 3.14）

设半径为 x   x×2x=18
2x²=18
x²=9
x=3

图 7-1-7

（三）激励性原则

心理学家的实验也表明，经常给予鼓励性评语的学生在学习兴趣和学习成绩上显示出明显的进步。它给我们以这样的启发：教师在批改作业时，要尽可能使用鼓励性手段。

对于学生作业中新颖的解法，无论是否完全正确，教师首先都要热情鼓励这些可贵的思维火花，可以用"赞""真棒"或者是简单的"笑脸"表情表示对学生作业的肯定等，也可以用写评语的方式表示老师激动的心情，如"解法非常好，有创造性！"或者"聪明的解答，老师都没有想到！"等利用批语来激发学生学习数学的积极性和动力。

如图 7-1-8 所示，在四年级学习"角的度量"时，教师在课上介绍了有关角度的小知识后，学生在数学日记里记录了自己收集的资料，教师此时给予了及时回应。如图 7-1-9 所示，教师发现学生在作业中注意了审题和画批，还在相应的选项旁边有了自己一些思考，及时给予了表扬和鼓励。

图 7-1-8

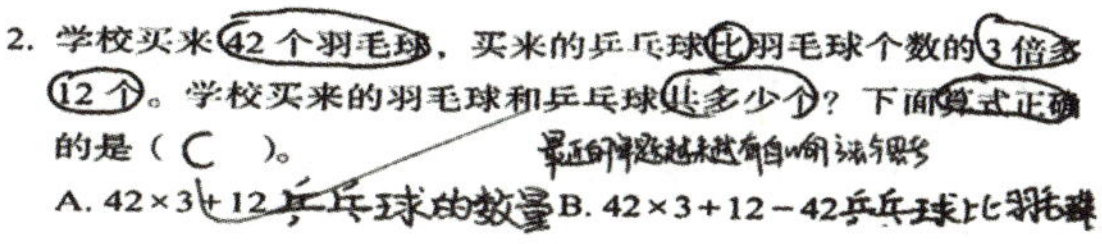

2. 学校买来 42 个羽毛球，买来的乒乓球比羽毛球个数的 3 倍多 12 个。学校买来的羽毛球和乒乓球共多少个？下面算式正确的是（ C ）。
A. 42×3+12 乒乓球的数量 B. 42×3+12−42 乒乓球比羽毛球

图 7-1-9

作业的批改是教师和学生之间的二次交流过程。教师通过作业才能最真实地了解学生在学习过程中的学习状况，对于学习上有困难的同学，鼓励性评价语显得更为重要。鼓励学生进行数学学习的具体做法就是，给每一份作业增加自己的批改结论，就给学生的学习带来正面积极的作用。例如，对于进步比较明显的学生老师可以留下以下评语："老师对你的作业十分满意，加油！"或是"老师看到了你的努力，继续加油！"，学生看到了之后便十分感动，逐渐增加学习数学的兴趣。

四、作业反馈的方式

根据《义务教育数学课程标准（2022 年版）》和"双减"政策中对作业批改的相关要求，我们可以对作业的批改模式进行调整和创新，批改作业，不仅是认真就可以了，随着时代的变革，师生双方同时需要接受不小的挑战，立足课程目标，及时接受正确的信息。为了高效促进学生进步，我们可以尝试做出以下创新。

（一）师生共批——即时学

"双减"政策中第一条的"减"就是减轻学生作业负担，所以在一些新课后，练习作业可当堂完成，采用即时反馈答案、当堂批改的课堂巡批方式。也就是说在学生解决问题时，教师可以采用边巡视、边讲解、边批改的方式，充分发挥课堂中的实时性原则。巡批的一个重要环节是巡批之后对问题进行梳理和矫正，缺了这个环节，巡批的价值就会大打折扣。所以，教师要善于将在巡批中发现的问题变成教学的有效补充，充分发挥学生提问的主动性，将问题转化为他们的智慧生长点。[①]

1. 借"题"发挥

借助学生的典型案例，可以是解题思路清晰明了的例子，也可以是典型的错误案例。在同样的题目下，可以暴露学生的思维过程，当堂让学生进行辨析，在选择、判断、思辨中，加深对概念的深化理解，在课上实现师生共同批改。

（1）借错误资源引思考

当前，化错教育理念广泛应用于小学数学课堂教学中，在一定程度上消除了传统教育理念及教学手段存在的弊端及不足，便于更好地打造更具实效性与生命力的数学课堂教学。因此，小学数学教师要针对学生的错误，抱有容错情怀，同时秉持化错理念，尊重学生及其认知基础，指导学生全身心地投入学习中去，高效培养学生的数学能力及综合素养。[②]

三年级上学期学习"分数的初步认识"后，教师在作业中发现学生在分子是1的异分母分数比大小与同分母分数比大小的判断方法上有所混淆，如图 7-1-10 所示。这说明学生对于分数的理解还不够深入，如果只是浮于表面的机械记忆，很容易出错。

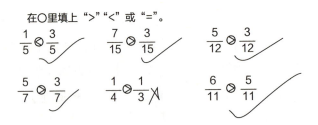

图 7-1-10

---

① 刘春生. 让学生爱上作业 [M]. 北京：中国轻工业出版社，2022（7）：235.

② 钟苑娴. 小学数学容错、化错教育的实践与反思 [J]. 新课程教学（电子版），2021（11）：130-131.

因此，借助学生作业中的"错误"资源，在课上引发学生思考：如何解释分子是 1 的两个分数的大小呢？用你喜欢的方法表示说明这个问题。学生借助面积图和线段图说明了 $\frac{1}{3}$ 和 $\frac{1}{4}$ 的大小，如图 7-1-11、图 7-1-12 所示。

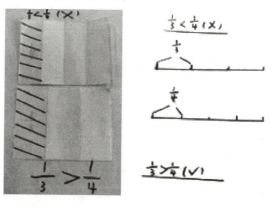

图 7-1-11   图 7-1-12

但仍有同学举出了"反例"，如图 7-1-13 所示。此时，学生针对 $\frac{1}{3}$ 和 $\frac{1}{4}$ 的到底谁大开始了"辩论"，将化错的主动权交给学生，将作业中生成的各种错误转化为宝贵的学习资源，使学生在相互讨论与学习中对分数的大小以及单位"1"有了深刻认识。

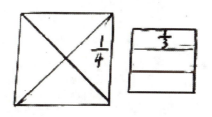

图 7-1-13

正确的答案大多只是复制与模仿，反而出错的是需要思考的地方。教师应恰如其分地运用有效手段将学生的错误转化为教学资源，因势利导，变错误为资源，培育学生的创新思维。[1]

（2）对寻找单元间相关联系的作业的评析与反馈

在四年级上学期学习了"除数是两位数的除法"之后，学生尝试做了单

---

[1] 朱静娟 . 小学数学课堂教学中错误性生成资源的有效利用 [J]. 知识文库，2020，4（16）：39-40.

元知识梳理，如图 7-1-14 所示。在期末复习时，还可以将"三位数乘两位数"和"除数是两位数的除法"这两个单元一起进行复习，让学生找一找两个单元学习内容的相似之处，把两个单元的知识整理在一张图中。课上再次将自己的思维导图拿出来二次利用，思考两个内容之间谁和谁有关系，有什么样的关系，并试着表示它们之间的关系，如图 7-1-15 所示。

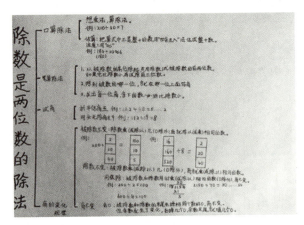

图 7-1-14

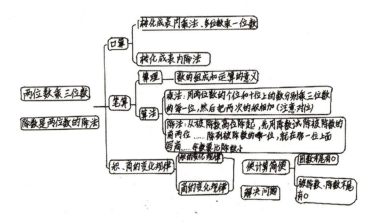

图 7-1-15

在"双减"和新课改的背景下，教师要善于发现学生的优点，多些鼓励，多些信任，在多样的批改方式下，与学生共同成长。

2. 有错不批

看到学生做对的题目，随即批阅，但看到错题时可暂不做批改，只稍稍指出学生的错误，给他们思考的空间。及时的反馈能够帮助老师迅速掌握学生的知识点理解的是否到位，并在下课前进行讲解和补充。

让学生处在不断地思考、讨论中，同时也教会学生正确地看待错误使错误化为对师生有效的资源。在批改过程中，教师要鼓励学生各抒己见，而自己只是引导和参与，允许他们保留意见。分析、探究错误，开拓学生的思维空间，化阻力为动力，提高学生的积极性和创造性，鼓励学生在辨中学，将自己的错误改正过来，获得成功的体验。这个过程大大提高了作业批改效率和再次作业的正确率。

从学生自身来讲，这种即时学习反馈的方式，既可以快速知道自己解题的正误，又可以提高做作业的积极性，特别是对于效率不高的学生，在这种全班共学的环境下，可以大大提高他们的学习效率。从教师层面来讲，既可以及时反馈学生当堂的学习情况，又可以减少课外批改作业的时间，更重要的是可以及时对教学进行反思，在下一次课前可以对学生掌握不好的问题进行讲评或讨论，进而达到对某一知识或技能巩固的目的。

3. 全班共批

思维导图围绕一个中心点向外发散，由不同符号、颜色、图形等组成，可以将比较零散的知识整理成富有色彩、逻辑性的网络图，便于将复杂的知识条理化、可视化、系统化。[①]小学生对于知识的掌握和理解的能力有限，在学完一个单元或者几个相关单元之后，通过表格或绘制思维导图，可以帮助学生对某一内容或者几个相关内容的知识做归纳和整理，帮助学生理清知识之间的脉络，构建完整的知识体系。这样的作业反馈，如果还是教师单独审阅，学生很难看到自己做得好不好，是否全面，也就少了与他人沟通和学习的机会。所以，这样的作业是可以拿到课堂上进行实时反馈和评价的，让学生在交流中相互提出建议，这样的学生互动式随堂批改代替了死板的教师一对一批阅，使学生在相互学习中成长。

---

① 刘善娜. 把数学画出来 小学画数学教学实践手册 [M]. 北京：教学科学出版社，2021：142-144.

（二）生生互批——组中学

一部分学生在解决数学问题时，只重视最后的结果，认为最后结果正确就可以了，从而忽略了在解题过程中体会各种解题思路和方法。所以我们教师在批改作业的过程中，也不应只关注最后的结果，应从学生的作业中寻找他们解题的"蛛丝马迹"，重视学生解题过程和思路，以便做作业分析和讲解时，帮助学生拓宽他们的思路和方法。

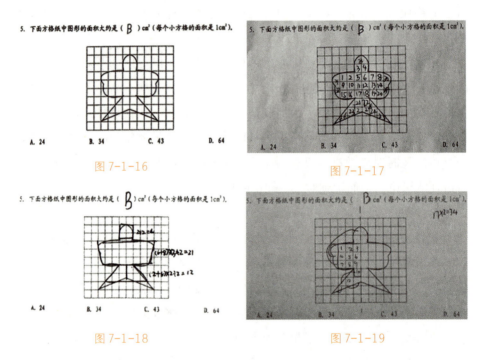

图 7-1-16

图 7-1-17

图 7-1-18

图 7-1-19

例如，从同一小组的 4 名学生的解题过程中，我们看到图 7-1-16 无法体现学生的思路；图 7-1-17 是用一个一个数方格的方法解决问题的；图 7-1-18 中学生发现了这个风筝图是轴对称图形，所以只数了图形的一半的格子，用 $17 \times 2 = 34$ 表示出了整个图形的面积；图 7-1-19 是利用学过的将不规则图形看成规则图形计算面积的方法。4 名学生的答案都是 B，但背后却隐藏着不同的思路，学生对于同样一个问题，解决思路却有所不同，也反映了学生不同的思维水平。

这时我们用小组合作学习中的组内异质、组间同质的特点，即在分组时把不同层次的学生分成四人小组，利用小组内互相批改的模式，可以很好地解决这个问题。在组中互相批改讨论的过程中，引导学生关注解题步骤要严谨、书写按要求、解题方法可以多样等问题，让学生关注"过程"、关注"细节"，学生的相互批改，就是相互学习的过程，从中可以看到其他同学解题思路的闪光点，也可以看到自己解题中的不足并及时改进。使学生认识到解决问题不仅仅看结果，更重要的是看别的同学的解题思路是否正确，也就是要遵循前面说过的重过程原则。

这样一来，不但可以提高学生的分析、判断能力和责任感，还能使学生从别人的作业中进行自我反思，取别人之长，补己之短。并且，在关注解题思路的过程中，学生必定会在小组中进行讨论，在生生交流中，也能使小组间学生就某一个问题，相互启发，共同进步，也就达到了小组间互批的目的。当然，在这个过程中，也需要教师对小组批改后的作业进行抽查，对作业中存在的典型问题进行及时讲评，同时要注意复批。

（三）面批面改——保质量

相信很多老师都用过面批面改的方式，但如果每个学生都面批或者每次作业都面批，其巨大的工作量将会使之难以实现。面批面改通常适用于两种情况，第一种情况是当教师发现作业中有些学生的问题不能用文字或者符号说明，这时就需要采取面批面改的方式。这不仅能够帮助教师及时发现学生做作业时出现的问题，并加以改正，还能提高学生做作业的效率。第二种情况是对于重点讲解后学生还会错的题目，针对这类题目教师应该引导学生当面说明自己的解题思路与思考过程，帮助学生共同分析解题过程中出现错误的地方。这样不仅能够拉近学生与教师的距离，也能及时发现每一名学生在现阶段的学习情况与不足，在与教师交流中，还能保证学生的专注力，有利于教师有针对性地对学生进行辅导。

五、作业评价的方式

（一）在小组互评建议中完善作业

在第三学段，五年级下学期第二单元学习完"因数和倍数"后，学生对所学知识进行整理，构建知识网络图。有些学生在一个单元知识学完后，整理的内容过于简单，如图 7-1-20 所示，有些学生能够在单元结束之后，可以系统地将单元知识进行整理，如图 7-1-21 所示。此时，利用小组合作的方式，推选出小组中整理相对全面的同学作为组长。这位同学带领全组让学生之间互评，此时的评价，并非简单打一个分数，而是需要学生看完其他同学的作品后，对其他同学的作品做出评价，同时逐步提出自己中肯的修改建议，如图 7-1-22 和图 7-1-23 所示。通过同学间的相互学习、交流，对不全面的思维导图不断进行完善和补充。

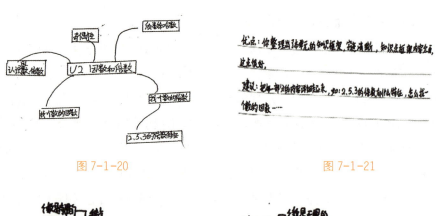

图 7-1-20   图 7-1-21

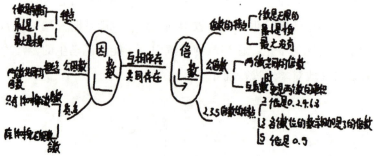

图 7-1-22

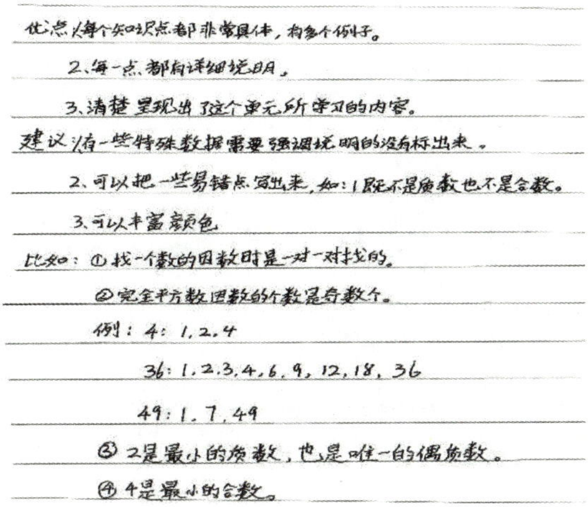

优点：1.每个知识点都非常具体，有多个例子。

　　　2.每一点都有详细说明。

　　　3.清楚里现出了这个单元所学习的内容。

建议：1.有一些特殊数据需要强调说明的没有标出来。

　　　2.可以把一些易错点写出来，如：1既不是质数也不是合数。

　　　3.可以丰富颜色。

比如：①找一个数的因数时是一对一对找的。

　　　②完全平方数因数的个数是奇数个。

　　　例：4：1、2、4

　　　　　36：1、2、3、4、6、9、12、18、36

　　　　　49：1、7、49

　　　③2是最小的质数，也是唯一的偶质数。

　　　④4是最小的合数。

图 7-1-23

（二）改变传统评分标准

改变传统的作业"分级"评价，构建"知识与技能""思维能力""学习习惯与态度"三维评价模式。去除采用"优、良、中"三个等级来反映作业基本情况的现象，用星级评价替代等级，即如果一个学生达到了 5 颗"★"，说明学生在完成作业的过程中，思维十分清晰，逻辑严谨，解题思路中运用了自己独特的方法。如果一个学生达到了 4 颗"★"，则说明学生的书写十分工整，过程和思路基本正确。3 颗"★"表示学生基础知识掌握较好，基本正确。2 颗"★"和 1 颗"★"则表示学生仍需努力。同时，让学生通过"自评""他评"和"师评"对学生作业本身和书写两方面进行评价，从不同角度帮助学生认识自己，共同提升。

与此同时，在评价时，还可以加入和学生说说心里话的环节。"心里话"分为两个方面，"我对老师说"的内容可以是在写作业的过程中，学生遇到的困难，或者订正错误时的新启发等；"老师对我说"的内容可以是回复学生的话，也可以是带有鼓励学生的语言，如图 7-1-24 所示。

作业批改环节对提高学生的数学能力有着十分重要的作用。教师务必结合不同场景，运用合理的作业批改策略，做到引导学生积极思考，通过不同的形式让学生积极踊跃参与进小学数学的学习中来，激发学生对数学的学习

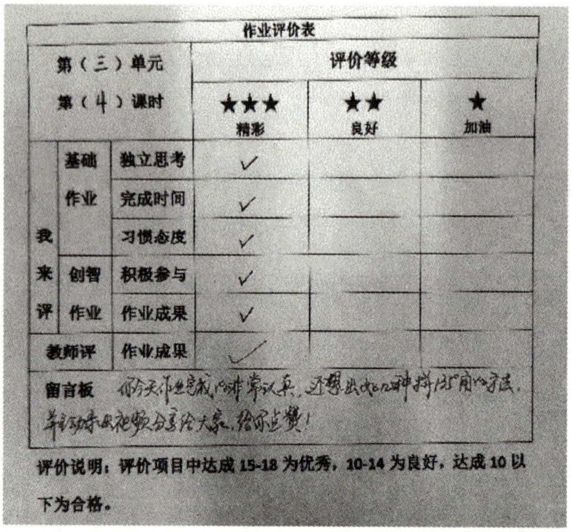

图 7-1-24

兴趣与积极性。只有这样，才能体现作业批改的最大功效，为学生的数学成绩提升提供最大的帮助。

六、作业批改的策略与建议

（一）符号提示策略

前面在启发和鼓励原则中谈到，传统的批改符号只有简单的"√"和"×"，这不利于学生对错误的认识和理解。当学生看到"×"太多时，极有可能影响学生订正的心情和学习数学的兴趣。为了改善这一情况，可以与学生约定不同的文字或符号，如用"（ ）"表示没有写单位，用"抄"字表示抄错数，用波浪线表示某一步做错了，用"☆"表示正确且有创意的想法，学生能熟知每个符号的含义，通过符号或文字的提醒，引导学生自主发现问题，让学生主动去探索自己在解题过程中的错误，发挥学生的主观能动性。这些符号或文字还可以推广到年级或者全校，做到统一。通过因材施教，帮助学生解答疑问的过程就是发现错误、纠正错误的过程，这有助于提高学生解决问题的能力和探究能力，形成认真的学习态度。

（二）"怎样解题"的启发式提示语策略

以往我们在判作业的过程中，常常会碰到有些学生空题或者写上"不会"等字样，表示其对于某一类型的题目或知识点没有掌握，这样的学生往往惧怕困难，不敢挑战自我。此时，教师不要轻易地对其进行责怪或试图通过大量的题海战术强化学生的认知，可以采取刚才提到的小组探究互相启发或者面批面改的方式，也可以采取写启发式评语的方式，以此调动学生的积极性。

教师的作用不只是核对答案，而是当学生作业中出现问题时，注意运用多种手段启发学生，引导学生重拾自信，积极面对困难。用一些简单的评语对学生进行激励和启发，而不只是写上如"再想想"这样的话，应写一些能帮助学生进一步思考、对解题思路有帮助的启发式评语，如在学生解决小数除法的计算出错时，老师可以写下"验算一下，看看有什么发现？"以帮助学生很快找到突破口，如图 7-1-25 所示；当解决长方体、正方体表面积和体积这样较为复杂的图形问题时，容易出现因步骤较多而产生混乱的错误，可以启发学生"试着写写小标题，这样就清楚到底求的是哪条边了"，当学生空着题目，完全没有解题思路时，教师可以根据不同类型的题目鼓励学生将题目进行分解，可以试着启发"问题问的什么？我们需要知道什么条件？自己尝试着分析一下"。或者"从题目中分析一下我们目前能求出什么？尝试着写一写吧！"等等。尝试用"怎样解题"的提示语帮助学生理解题意、弄清问题、找到问题的解决办法。这样学生能根据教师的符号或者提示内容，很快找到解题方向，能够学会用理解题意的提示语解决问题，有了这样的帮扶过程，学生能把提示语逐步内化，最终发展成为自己的思路。

有了这样有启发式的提示语，对于学习数学没有自信的学生不仅获得了某种类型题目的帮助，也获得了学习数学的自信，感受到了教师的关爱。

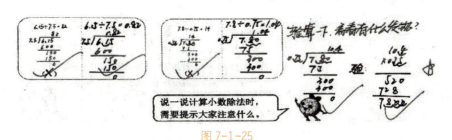

图 7-1-25

（三）"逐步晋级"批改策略

对于同一道数学题目，进行多次反复的批改是非常常见的现象。在学习数学的过程中，部分学生不是一下子就能理解的。所以，体现在作业中就需要多次订正修改才能做正确。在对同一道题目进行多次批改时，可以引导学生逐步理解相应的知识点，并且在每次批改过程中，增加鼓励的话语和要求，使学生实现从低等级到高等级的飞跃，通过"逐步晋级"，逐步提高学生学习数学的自信。例如，教师在布置作业时，有一道这样的题目：$25 \times 99 + 25 = ?$ 有的同学在计算 25×99 的环节上，用了很长的时间，并且计算出错，此时教师给了"合格"的等级，对学生进行面批面改，并纠正其计算过程。第二次，学生通过认真计算，得到了最终的结果 2500，教师就给学生提升到了"良"的等级，并且让学生思考，是否有更简便的计算方法。并启发学生思考，25×99 的意义是什么？加上 25 是加了几个 25？通过这样的启发，学生恍然大悟，最终通过口头计算就能得到答案，也就是 $25 \times 100 = 2500$，学生不仅知道了结果，还明确了算理，就是 99 个 25 加上 1 个 25。最终，教师给了学生最佳等级"优秀"。这样的过程，鼓励了学生，也很好地保护了学生的自尊心，激发了学习数学的自信心，通过这样的启发和鼓励，相信孩子会爱上数学。

（四）"搁置"式批改策略

将错误搁置在一旁，先不着急对之进行评价。看似与实时性原则相矛盾，其实每一位学生都是独立的个体，最优秀的学生在解题过程中，也会犯一些低级错误。因此，这个策略适用于能力较强的学生，给学生空间，允许学生犯错，给学生自省的机会。也就是说如果一位学习能力较强的学生在某次作业的完成中，出现了自己能够解决的错误，此时可以先不给学生一一标明出来。特别是错误较多时，很容易让学生产生较重的心理负担，产生负面影响。

面对此类情况，教师在作业批改的过程中可以先采用"搁置"的策略，鼓励学生通过自查等方式，发现自己作业中存在的错误并进行即时修改，或是鼓励学生复习相应的知识点以后再来重做，也可以让学生换一个角度思考问题，用不同方法解题，利用估算、画图等方法进行验证，通过自我反思的检查方法，提高学生的学习自信。

（五）"留白"式自评策略

近几年，很多教师都意识到了课堂生成资源的重要性，但作业的"生成"资源同样重要。鼓励学生大胆提问、勇于创新、自我反思、自我改进。学生既是学习者又是建构者，长此以往，学生的自主学习能力必然得到提高。[1]

1. 通过批改，引导反思

第一学段，在学习二年级下册"表内除法（二）"时，利用学生乘法除法容易混淆的作业资源，让学生不仅把错误答案改过来，还要学会反思自己的错误，如图 7-1-26 所示，利用错误的列式写出相应的问题，借助生成的错误资源，巧妙地使学生在辨析中明确乘除法的不同。

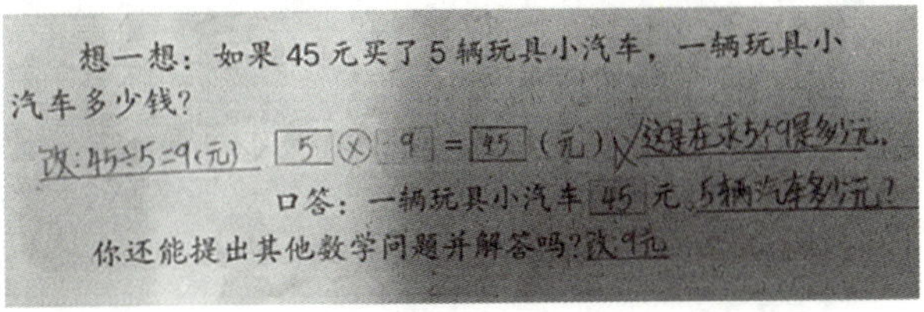

图 7-1-26

2. 自我评价，自主反思

北京市延庆区教育科学研究中心王惠灵老师，在第三学段，不仅让六年级学生局限于订正错误，或者进行口头的反思，还引导学生进行"留白"式自评策略，改错后自己出一道类似的题目，可以是对原题的改编，鼓励用其他方法解答。给予学生更多空间，进行自我评价，自我反思，提高反思能力，全面提升综合素养，如图 7-1-27 和图 7-1-28 所示。

在"双减"背景下，各地学校的探索学习中，新课程标准改革与小学数学教学深度融合的教学模式已有许多的创新与发展，为教师和学生带来了新的教学变革。学习途径的拓展与打开都为学生未来学习建立了良好的基础，便于学生的学习成长。

---

[1] 蒋涛. 课堂因"意外"而美丽：借助动态生成资源提高课堂教学有效性 [J]. 中学数学杂志，2010（1）：24-27.

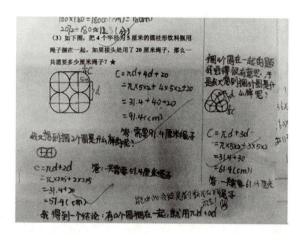

图 7-1-27

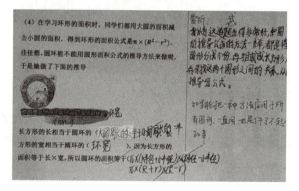

图 7-1-28

第二节
基于作业的
学情诊断

中共中央办公厅、国务院办公厅印发的《关于进一步减轻义务教育阶段学生作业负担和校外培训负担的意见》（以下简称"双减"）指出："提高作业设计质量。发挥作业诊断、巩固、学情分析等功能。"可见，作业除了起到巩固知识、提升能力的作用，还充分发挥着诊断学情、检测教学效果的作用，因此，我们的作业设计和评价要以学情为起点。

小学数学作业作为教学的重要一环，具有诊断、补充、巩固、拓展、促进学生学习和素养提升的多种育人功能。[1]作业是小学数学教学的重要组成部分，在整个小学数学教学实践中起到重要作用，包括了知识巩固性、社会性、个性化发展、习惯塑造性、知识反馈性等功能。[2]数学作业以培养学生数学眼光、数学思维、数学语言为有效载体，让学生更好地获得"四基"、培养"四能"，促进教学目标的全面达成。同时作业也具备有效检测教学目标的完成度，发现与分析教学中存在的问题，改进学与教的活动。

---

① 周达，丁明云，董倩倩，周庆海."双减"政策背景下小学数学的作业设计：特点、过程与案例分析 [J].中小学教师培训，2022（11）：69-74.

② 赵娜娜.浅谈小学数学作业的功能与设计 [J].甘肃教育研究，2021（3）：69-71.

一、作业学情诊断的必要性

"双减"意见第六条特别明确要"提高作业设计质量。发挥作业诊断、巩固、学情分析等功能，将作业设计纳入教研体系，系统设计符合年龄特点和学习规律、体现素质教育导向的基础性作业。"北京市委教育工委副书记、市教委新闻发言人李奕表示，虽然作业的量在减少，但是作业诊断巩固和学情分析的功能实际上是在增加的。

（一）学情的界定

作业是诊断、反馈学情的重要途径。教师通过分析学生的作业完成情况，可以了解学生课后完成作业的主动性、投入性、专注性，分析学生学习的动机和态度。

关于"学情"的定义，应当包含两个方面：一方面指"学习者的情况"；另一方面指"学习者的学习情况"。[①]可以看出，"学情"的概念界定应当包含两个核心要素，即"学生"和"学习"，并在此基础上将学情定义为"影响课堂教学设计与实施并与学生有关的基本特征和基本情况"。[②]

（二）作业学情诊断的必要性

数学作业的设计，既要根据《义务教育数学课程标准（2022年版）》的数学核心素养来分析，也要充分考虑作业的设计是否符合学生的学习能力和是否能更好地为学生的学习服务，是否对新知识的巩固和学习能力的提升起到了加强和培养的作用。由此可见，数学作业学情诊断应针对学生学习情况展开分析，既能通过作业了解学生对知识、技能、方法以及情感态度等方面的情况，又能确切帮助教师了解在教学过程中需要调整的部分，明确学生的学习情况。

---

① 李贝贝，王晓丽."双减"背景下作业的创新设计与批改[M].北京：世界知识出版社，2022：198.

② 郑金洲，程胜.如何分析学情[M].上海：华东师范大学出版社，2016：5.

因此，对学生的充分了解和对学生学习情况的精准把握是好的作业设计的必要前提。但根据访谈调查，很多教师给学生布置作业是为了加强巩固学生对新知识的学习和掌握，起到知识迁移、举一反三的作用，却很少意识到作业的设计应体现学情诊断功能。所以在实际教学中，很多教师的作业批改会占用较长时间，远远超过了设计作业的时间。学生对新知识的理解与掌握达到何种程度，可以通过一定形式的作业加以检验，作业能促进学生自我诊断，并帮助教师诊断学情。作业的学情诊断可以帮助教师改进教学策略，更好地设计下一阶段的教学活动，或者更好进行和改进单元整体作业设计。针对学生作业的情况进行学情分析，进而了解学生的具体学习状态，把握班级整体学习情况，通过分析看到不同层次的学生对于某个知识点或某个领域内容的掌握情况。

通过作业诊断学情，可以帮助分析学生现有的知识结构、学生的兴趣点、学生的思维水平、认知和发展规律，了解学生某个阶段的心理状况、学习动机、学习内容、学习方式、学习时间、学习效果，以及学生某个知识点的最近发展区等。

二、作业学情诊断的途径与策略

（一）课前前置性作业学情诊断

在课堂教学之前，教师可以设计学习型、调查型等不同类型的前置性学习任务作业，让学生通过图片、音频、视频等方式进行预习。

如在苏教版三年级上册"轴对称图形"一课的教学中，教师提出前置学习的任务，让学生用纸折一折，用笔画一画，找到教材中一些图形的对称轴。教师在布置前置作业时，要对学生的理解进行预设，要知道他们掌握了哪些基本图形以及它们分别有几条对称轴。

通过浏览学生的前置性作业，发现学生掌握了这些基本图形对称轴的条数，他们还发现长方形的两条对称轴、正方形的四条对称轴、等边三角形的三条对称轴、圆的无数条对称轴都有一个共同的特征：都交于一点，同时这点也是图形的中心点。甚至还有学生通过连一连、画一画，发现了边数为偶数的正多边形，画对称轴要连接对边中点的连线或对角顶点的连线；边数为奇数的正多边形，画对称轴要连接角的顶点与边的中点。学生在完成前置作业时，会参与讨论交流，会有自己的思考。学生经过自主学习，思路会变得清晰，也会大大节省课堂的时间，让教师有更多的时间进行巩固和练习。如在学习周长的内容时，教师要让学生对周长进行探索，要根据自己测量的数据总结出周长的计算方法，这样既能提升学生的探究能力，也能促进学生对知识的建构。[①]

在正式学习某一知识内容之前，进行前置作业设计，让学生通过前置学习任务，了解学习内容以及学习重难点，并进行探究，将自己的问题或者疑惑记录下来，方便更好地投入课堂探究和学习中。同时，也能通过分析使教师了解本节课设计的教学目标是否能达成，教学设计是否合理。

（二）课中作业学情诊断

数学教师每天都要为学生上课，因此最好的观察点就是课堂，课堂中的作业也是洞察学情必不可少的方式之一。课堂中的教学是动态的，因此学情也是动态的，有的教师认为学情只需要在课前做就可以了，为了上好一节课，了解一下学生的学习基础。其实不然，学生的学习起点固然重要，但课堂中的学情诊断更能了解学生的认知水平、学习方式、学习态度、学习习惯以及学习风格。一节课的时间，学生在相互倾听中学习了多少？是否能在小组合作学习中学有所获？课前不解的问题在课上是否有所启发？学习后是否又有了新的研究方向？这些都需要在课中进行实时的观察，或在课下针对某些想要了解的问题进行问卷调查，通过数据收集整理、科学的数据分析了解学生的学习情况，之后进行有依有据的教学策略的调整，所以说课堂观察学情的诊断是课后作业的有效依据。因此，一节课的教学活动的结束反而应该视作一个开始，是新的研究的开始，是课后诊断作业的起点。

---

① 李菊红 . 设计前置任务，培育自主学力 [J]. 数学大世界（小学三、四年级版），2020（7）：87.

如三年级学习"小数的初步认识"时，课上可以安排这样的课堂作业设计：

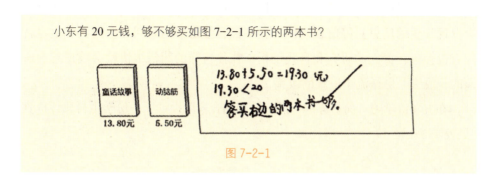

小东有 20 元钱，够不够买如图 7-2-1 所示的两本书？

图 7-2-1

经统计，本题的正确率达 95.3%。[1]通过课堂的实时反馈，可以得知学生的解决思路大多是通过计算得出，但回答"够不够"这个问题，精确计算并非唯一方法，显然，学生对于估算的理解并不到位，没有将实际生活与数学结合到一起。因此，教师需要通过教学渗透解题的多种方法和策略，更好地运用习题，将估算意识渗透到日常教学中。

（三）课后作业学情诊断

教师需要关注和重视学情诊断工作的开展，着重分析和研究如何围绕精确的学情分析与诊断开展数学教学工作。[2]

学生学习过程中形成的书面课后作业与课前的学情调研、课中实时观察的学情以及课后的问卷形成了一套系统的学情诊断，这些书面的资源能够直接反映出学生的学习起点、认知状况、反馈效果，为教师改进教学策略提供重要依据。教师在分析书面的资源时可以了解到学生对于当天或者某一阶段知识的掌握情况；通过解题过程可以了解到不同思维程度的学生对于同一个问题的认知情况和思维的深度、广度；作业整体分析也可以看出学生对于数学学习的态度和学习习惯。教师通过所反映出的学情信息，可以进一步判断自己制定的教学目标是否达成，也有利于掌握学生的学习动态，注意培养学生的核心素养，关注个体差异。

① 周君斌. 发现和改进，从研究命题开始. 小学教学（数学版）[J]. 2022（2）：41-44.
② 王科群. 利用学情诊断开展小学数学教学工作 [J]. 新智慧，2022（33）：88-90.

波利亚说过："如果没有了反思，学生就错过了解题的一次重要而有益的方面。"可见，反思是学习数学过程中重要的学习手段之一。但有些时候，会发现学生的反思只停留在表面，教师没有给足够的时间和空间，学生也就没有机会进行深入的研究和自我剖析，往往这样的纠错很快就会被遗忘，所谓的"改错"也是流于形式的改错。

在五年级学习"简易方程"后，教师结合实际设计了一份学生自我评价表（见表7-2-1）。

表 7-2-1　自我评价表[①]

	要点	错因统计（画正字）	自我评价
知识	用字母表示数		
	方程的意义		
	等式的性质		
	解方程		
	实际问题与方程		
能力	运算能力		
	推理能力		
	解决实际问题能力		
情感态度	审题		
	书写		
	检查		
	态度		

评价表从知识、能力和情感态度三个维度进行设计，将简易方程单元的学习要点用画正字的方式让学生统计数据，从而进行更精准的自我评价，通过从自我感觉的评价到有理有据的评价，学生可以清晰地了解自己知识的掌握情况和数学水平，从而更好地查漏补缺，产生再次学习的欲望。同时，也能让教师更准确地了解学生的整体情况，促进教师对自己教学的反思与改进，从而更好地设计有针对性的分层作业。

---

① 陆静. 小学数学学习任务分层设置的"四链生成"[J]. 小学数学教育，2022（1）：34-35.

（四）长期连续作业学情诊断

在日常教学中，教师和学生处于一种相互合作的关系，这样的教学方式是渐进的，一个教师在担任一个教学班的工作时，需要和学生相互配合相互磨合。因此，更需要教师在教学中了解每个学生的性格、习惯、知识储备情况，甚至是性格、爱好、家庭背景等，对学生情况了解的越全面，把握的越清晰和准确，学生也就越能了解教师在作业中的语言、符号以及表格的意思，形成默契，这样的相互配合有利于教学工作的开展。因此，教师如果能和某些教学班建立长期的合作关系，就能逐渐地形成连续的、循序渐进的观察，从而精准地把握学情，也能更全面、更细微地对学生群体和个体进行多层次、多角度、定期、连续的学情针对，更好落实以人为本的教育理念。

三、基于作业的定性与定量的学习诊断

（一）定性和定量分析的界定

所谓定性分析主要是凭分析者的直觉、经验，对分析对象的性质、特点、发展变化规律做出判断的一种方法；定量分析则是依据统计数据，建立数学模型，并利用数学模型计算出分析对象的各项指标及其数值的一种方法。[1]具体来说，定性分析是对事物质方面的分析与研究，事物的质是由该事物内部或外部所具有的各种矛盾所决定的，并且通过它与其他事物之间的区别表现出来。定性研究正是通过对事物内部或外部所具有的各种矛盾的分析与研究，达到对该事物内在质的规定性的深刻把握。定量研究是对于事物的这些量的规定性的分析与把握。它不仅局限于具体的数学统计和运算，还包括进一步的定量分析，以便从量的关系上认识事物发展变化的规律，做出更为精确的科学的说明[2]。

---

① 高玲玲 . 初中数学概念的定性与定量教学 [J]. 数学学习与研究，2015（22）：144-143.
② 杨桦 . 教育研究中的定性与定量研究的哲学思考 [J]. 江西社会科学，2001（11）：219-220.

（二）综合运用定性与定量的学习诊断的可行性和必要性

"双减"政策的实施对学生作业提出了更高要求，同时我们也要利用好作业的学情，在重视指标量化的同时更加关注不能直接量化的指标在教学中的作用，强调定性分析和定量分析的综合运用。[1]

数学的学习是多元的、开放的和具有差异性的。教师对学生学习情况信息的收集应当是多样、全面和丰富的，从作业中关注学生的差异性，从作业的统计中关注学生个性的发展，从作业情况的分析中凸显数学学科素养。

综合运用定性与定量的学情诊断对于作业分析具有重要作用和意义，无论是没有定性的分析还是缺少定量的分析，都是不完整的。近年来，人们已经开始认识到在以往的教育研究中仅靠定性的经验分析或纯粹的思辨理论分析是不完善的。在教学目的、教材、教学方法、教学媒介等条件确定的情况下，我们并不能以必然性来预言某种教学效果，因为不同学生的心理素质、突然出现的环境干扰，甚至自然环境的变化都可以作为偶然因素影响着教学效果。[2]因此，定性与定量相结合能够在教学过程中帮助教师做到有的放矢，也为下一次作业设计和课堂教学做好准备，从而提高教学的有效性，也有利于教师更好地把握和实施教学过程。

（三）综合运用定性与定量的学习诊断的策略

1. 尊重差异，精准设计

把学生从单纯的机械性、重复性的作业中解放出来，更多地从学生的兴趣入手，尊重学生的个体化差异，创新作业形式。面对不同层次的学生，教师要"差异化"对待。[3]

利用分层突出作业的自主性，对每一个学生的学习能力和学习风格进行分析。分析不同班级和不同学生理解掌握新知识的能力如何、学习新的操作技能的能力如何，据此设计教学任务的深度、难度和广度。由于学习习惯、

① 郝建平.小学数学学习评价要定量和定性相结合 [J].数学学习与研究（教研版），2008（6）：37.

② 杨桦.教育研究中的定性与定量研究的哲学思考 [J].江西社会科学，2001（11）：219-220.

③ 陆丽娟.立足学情，探寻数学作业设计增值路径 [J].小学教学研究，2022（32）：72-73.

学习兴趣、知识基础、学习能力、智力因素和非智力因素等形成了较大的个体差异，因此作业要兼顾各个层次的学生，让作业满足不同类型学生的不同学习需求。

以四年级上册"角的度量"作业设计为例，对本单元划分作业层次，为不同层次的学生提供所需。如表 7-2-2 所示。

表 7-2-2

课时作业	基础作业	
	小试牛刀	大展身手
第一课时作业	第 1、2 题	第 3、4、5、6 题
第二课时作业	第 1 题	第 2、3、4 题
第三课时作业	第 1、2、3 题	第 4、5 题
第四课时作业	第 1、2 题	第 3、4 题

在学习第三课时后，设计了以下题目，如图 7-2-2 所示。

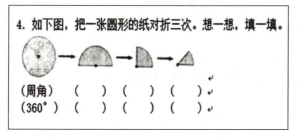

图 7-2-2

根据学生解题情况可分为以下三类。

情况一：用量角器或三角板做工具，协助测量，得到答案。

情况二：通过折一折的方式，尝试得到答案。

情况三：利用周角、平角、直角的关系，进行分析，得到结果。

由此可见，学生的思维水平是不同的，这道题属于理解概念类作业，学生学习结果的表现是：能利用直角、平角和周角的特点解决问题。但这道题是学生初次接触，有些需要学生自己动手折，还要在折的过程中感受这些特殊角的图形并确定它们的大小，考查学生的空间想象能力，因此对于学生而言稍有挑战性。通过观察可以看到，不同层次的学生，对于此类问题，都饶有兴致，说明在这个阶段的学生对于这样富有挑战性的作业还是十分愿意尝试的。

同时，教师通过分析本班学生的作业情况，也可以确定学生的能力水平。如班中学生都能想到以上三种情况，说明学生对于角的分类、量角等知识掌握得不错。能想到用折的方法，说明学生自己去发现问题、分析问题、寻找解决问题的能力已经达到了一定水平。能在新课讲完后，就想到第三种方法的学生，对于角之间的关系十分清晰，这样的作业也使学生的思维具有灵活性和深刻性。这说明在今后的教学和作业设计中，可以根据教学内容设计此类问题。如班中很多学生对于这样的题目解决有困难，说明学生的思维水平没有达到这个高度，我们就在下次设计作业时，给予一定的"帮扶"。

通过作业分析，我们可以很容易地看到学生的个体差异，对此我们应充分尊重。此时，教师应该设计不同类型、不同梯度、不同完成形式和数量的数学作业，从而保证所有学生都能找到适合自己发展水平的作业。如可以设计基础题、提高题和拓展题来满足不同学生的差异化需求。

2. 关注对知识的理解水平

例如，对四年级学生设计有关"解决问题"的作业，促进学生在情境中进行思考，考查学生对数学知识的运用情况。

在上网课期间，由于家里没有无线网络，小明只能拿着爸爸的手机用流量上网课，平均每分钟要消耗流量13MB。小明除了每天要上 3 个小时的网课，还要进行体育锻炼、完成作业，每天过得无比充实。[1]

5 月，小明一共上了 21 天网课，他算了算，自己居然用了 48140MB 流量。他计算得对吗（见图 7-2-3）？你是怎么判断的？把你的想法写下来。

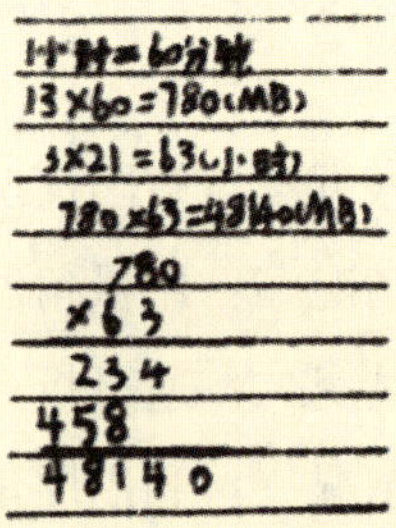

图 7-2-3

---

[1] 马宇，赵慧君，谢艳萍. 在问题情境中发挥评价的育人功能：以"三位数乘两位数"单元命题为例 [J]. 小学教学，2023（2）：28-29.

本组试题重在测评运算能力的第三个层级"能够理解运算的问题，选择合理简洁的运算策略解决问题"。题目基于现实生活，巧妙设计了第二个因数"63"，这样就能促使部分学生利用 3 和 6 倍数关系，不用经历从头算 $78×6$ 的过程，就能直接判断出 $78×6$ 的积是 468 而非 458。

从抽取的 198 份答卷中，发现约 67.7% 的学生是按照解答归一问题的思路来做的，只有约 32.3% 的学生用积的变化规律来解决的。由此看来，还要在笔算中加强"合理选择算法"的教学。

3. 找准学习困难，确定新课的起点

通过教学前的学情分析为教学内容的取舍、教学方法的选择以及教学起点的确定等指明基本方向，从而促使教师全面地了解学生。教学过程中及时的学情分析可以为教师调整和改进当下的教学活动，为促进教学有效生成、提高教学质量提供可能性。通过教学之后的学情分析，教师可以知晓教学达成的效果，促进教后反思，并为后继教学的预设与调整提供重要参考指标。但在日常的教学活动中，不少教师轻视或无视"学情分析"的意义与功能。同时很多教师对常用的学情分析方法，缺乏基本的了解，不懂得如何运用，导致学情分析的教育功能与研究价值未能得到有效地发挥。特别是实施新一轮基础教育课程改革以来，以学生分析作为教学起点，"以学为中心，在做中学"等教学理念格外地受到关注。

如五年级上册"植树问题"，从知识基础上看，学生已经理解了除法的意义，并明确包含除和平均分的不同含义。从学习经验上看，学生能用实物图、线段图、列表等方式表示题目中的信息。在以往的数学学习中，像烙饼、鸡兔同笼等问题，学生有借用数学语言讲述现实世界故事的数学学习经验，能通过一个典型问题的解决，带动相关问题的解决，由一个到一类，并且有了初步模型意识。

为了将学生的学习困难外显，更精准地把握学情，找准学生的学习困难，在正式学习之前，教师综合运用定性与定量的学习诊断，对学生进行了书面调研和访谈。

调研对象：五年级（6）班的 40 名学生

调研内容：

小红家门前有一条 40 米的小路，绿化队要在路的一旁栽一排树。每隔 5 米栽一棵树（两端都栽）。一共要栽多少棵？

1. 上面的题目你理解什么意思吗？写写你对下面信息的理解：每隔 5 米栽一棵树：

两端都栽：

2. 把你解决问题的思考过程写在下面。可以用文字描述、列式解答或画图说明你的想法。

调研结果分析：

从理解题目信息的情况上看，80% 的学生能够用两棵树之间隔 5 米来形容每隔 5 米栽一棵树，这表明学生能够理解题目中信息的含义。45% 的学生能够用"头尾""两头""起点终点"等词语描述他们对"两端都栽"的理解，5% 的学生用画图的方式表示两端都栽的情况，27.5% 的学生将两端都栽理解为小路两边都要栽树。

从解决问题的情况上看，有 21 人解题过程正确，但是有 20 人单位出现错误，占总人数的 50%。有 6 人答案是 8 棵，占总人数的 15%；有 6 人答案是 10 棵，占总人数的 15%；有 7 人答案是 16 棵，占总人数的 17.5%。

从解题方法上看，只用画图方法解决的同学有 4 人，占 10%；只用列式解决的有 26 人，占 65%；列式和画图同时使用的同学有 10 人，占 25%。

对调研出现问题的学生进行访谈。

针对单位出错的学生访谈："40÷5=8 中的 8 表示什么意思？为什么要加 1？"经过和学生访谈以及从算式中的单位名称发现，大多数学生认为 8 是 8 棵树，而不是 8 个间隔，当再次追问为什么加 1 时，一部分学生说通过画图验证后发现是 9 棵树，所以在列算式时就改为 8+1=9。教师让画图的同学讲讲算式各部分在图中的意义，学生能够发现算式求出的 8 是 8 个间隔，不是 8 棵树。

对错误理解两端栽树，在结果后加 2 的学生访谈："为什么加 2？"学生认为求出的结果是中间种树的棵数，因为两端都栽树，所以要加 2。

针对结果是 8 和 16 的学生访谈："算式表示什么意思？"学生认为 40 除以 5 等于 8，就是 8 棵树。16 棵树只是错误理解为两边栽树，解决方法和 8 棵树的相同，所以合并为一类问题。

前测分析：

基于前测结果发现有部分学生不能正确理解"两端都栽"的意思，说明教师要通过多种方式引导学生重点理解"两端都栽"。通过前测发现有 14 人能用画图来理解题意解决问题，说明学生已经具备自觉使用画图解决问题的能力。有 90% 的同学都能列出算式 40÷5=8，说明学生已经明确本题求的是 40 里面有几个 5。但直接把 8 作为结果的学生，没有完全理解"间隔数"和"棵数"的概念以及它们之间的关系。

"我"的思考：

植树问题的本质是棵数与间隔数之间的一一对应关系，本课的重点应是理解在不同情况下，棵数与间隔数之间的关系，建立植树问题模型，感悟一一对应思想。因此在本节课，"我"将着重渗透一一对应思想，引领学生用一一对应的思维方式寻找解决实际问题的策略。同时借助直观图，采用数形结合的方法，帮助学生深刻感悟棵数与间隔数之间的关系，理解、建立植树问题的数学模型。

基于作业的学情分析要对学生的维度进行全面考虑，把握学情才能做到及时调整，因材施教。在大量的作业批改中教师要对学生已有的认知基础和经验进行分析，即学生学习该内容时所具备的与该内容相联系的知识、技能、方法、能力等，以确定新课的起点，做好承上启下、新旧知识的有机衔接工作。针对本节课、本单元或本课程的教学内容，确定学生需要掌握哪些知识、具备哪些生活经验，然后分析学生是否具备这些知识经验。如果发现学生知识经验不足，一方面可以采取必要的补救措施，另一方面可以适当调整教学难度和教学方法。因此，综合运用定性与定量的学习诊断是可行和必要的。

第三节
基于作业学情
诊断的矫正措施

学生作业中容易出现以下几种问题：作业中的"粗心"问题；"计算错"问题；因为"阅读"不仔细出现的错误等。这一小节我们重点说说如何根据学生作业学情进行矫正。

一、矫正的策略与思路

伴随"双减"政策的推行，我国小学数学学科对于学生能力的培养和发展越来越重视。

在小学数学作业的布置上，要注重学情的分析和学生个体间所存在的差异问题。教师依据学生的能力等方面进行科学分层，促使学生在作业完成中及时巩固新知，提高数学综合能力，让一部分学生感到"跳一跳，够得着"，重拾自信，激发学习兴趣。

（一）作业分层，评价分层

1. 作业分层

例如，北京市西城区实验二小的老师们在做"比例"这个单元教学时设计了如图 7-3-1 和图 7-3-2 所示的分层作业。

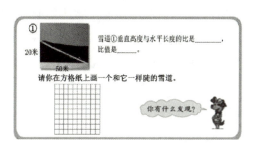

图 7-3-1

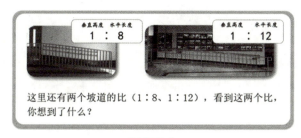

图 7-3-2

工人师傅用两块同样长的木板搭了两个斜坡，分别计算最高点高度与木板长度的比，并计算比值，如图 7-3-3 所示。

图 7-3-3

这道题借助比来比较斜坡的陡与缓，进而发现比值越小，坡度越平缓。科学中对于坡度恰好也是由垂直高度与水平长度的比来界定的。在生活中，各式各样的坡道建筑标准也是用比来规范的，这体现着比像一把尺子，有了它，就可以刻画一类事物。因此，教师开始考虑能不能创设一组真实的情境，让学生在解决问题的过程中再次深入理解比的本质，感受到它是刻画一类事物的模型。"滑雪道"这一情境中，学生首先要能够"数学地思考"，以数学的眼光看待情境中的信息，从雪道的情境中提炼出坡的陡和缓与"垂直高度""水平长度"有关，将滑雪的问题转化成研究坡的陡与缓的数学问题，从而实现由感性层面向理性层面的过渡。进而发现有了这个比就可以建许多和它一样陡的雪道。生活中还有室内坡道和残疾人坡道，这两种坡道中垂直高度与水平长度的比是不一样的，学生会真实感受到比不一样，坡道的陡与缓就不同，比值越小，坡道就越缓。

2. 评价分层

表 7-3-1

内容	水平一	水平二	水平三	水平四
雪道	不能正确计算写出垂直高度与水平长度的比，没有正确计算出比值 不能在方格纸上画出一样陡的雪道 没有发现	能写出垂直高度与水平长度的比，但没有化简，或没有正确计算比值 能在方格纸上画出一个一样陡的雪道 只针对两个雪道进行比较	能写出垂直高度与水平长度的比，并计算出比值 能在方格纸上画出多个一样陡的雪道 能够发现比值一定时，雪道是一样陡的	能写出垂直高度与水平长度的比，并计算出比值 能在方格纸上画出多个一样陡的雪道。但有同乘也有同除的 能够发现比可以刻画一类这样的坡道，比是一把尺子
坡道	没有想法	会求比值	能够发现比值越小，坡就越陡	能够发现比值越小，坡就越缓 将坡道一般化

（二）基于学情，科学进行"大单元"设计

进行单元整体设计时，很多教师是先有一节课，再有某节课的设计思路，再想整个单元的设计，这是不可取的。在进行单元结构化设计时，应从

最上层的"大概念"出发，逐步使问题具体化，这样的设计才能统领束整个单元，如图 7-3-4 所示。

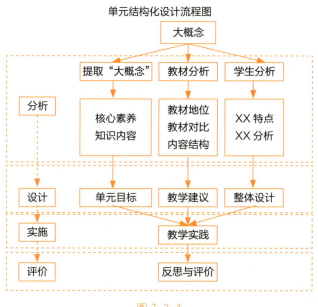

图 7-3-4

下面以"6 ~ 10 的认识和加减法"单元为例。[1]

1. 前测及分析

题目 1：计算，如图 7-3-5 所示。

$$6+2=\square \qquad 7+1=\square \qquad 8-3=\square \qquad 9+1=\square$$

$$7-4=\square \qquad 8+2=\square \qquad 6-5=\square \qquad 9-6=\square$$

$$10-1=\square \qquad 10-7=\square$$

图 7-3-5

① 彭可可 ."大概念"统领下的单元结构化教学实践：以"6 ~ 10 的认识和加减法"单元为例 [J]. 小学数学教育，2022（1）：23-26.

· 361 ·

测试结果：如图 7-3-6 所示。

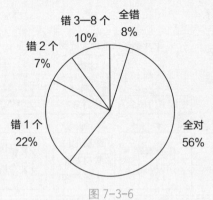

图 7-3-6

题目2：分一分6个苹果，按照给出的例子画一画分法，写一写6的组成形，如图 7-3-7 所示。

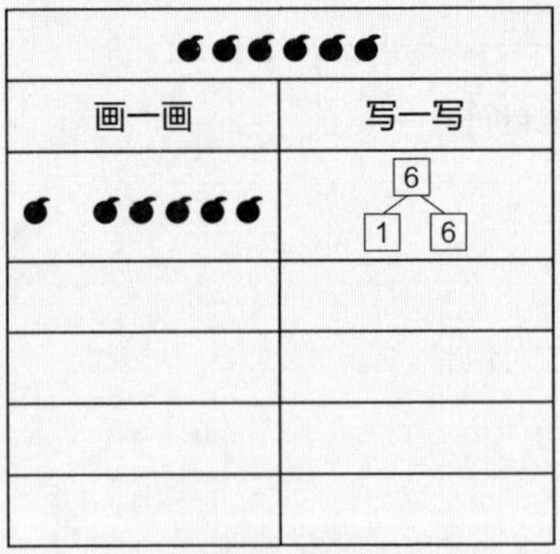

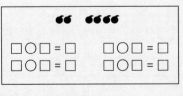

图 7-3-7

图 7-3-8

题目3：看图列式，如图 7-3-9 所示。

测试结果：如图 7-3-10 所示。

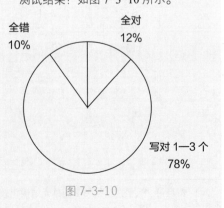

图 7-3-9

图 7-3-10

基于以上测试的结果，我们发现大部分学生具备6～10的加减法口算基础，但并不清楚计算背后的逻辑；大部分学生能看图列出6的组成形式，但缺乏有序整理的意识；在"一图四式"中，能列出一个加法算式，但缺乏交换加数位置得数不变的意识；容易理解从部分到整体的加法运算，但从整体到部分的减法运算能力比较薄弱。

2. 确定单元目标

表7-3-2

目标分类	具体目标列举
知识技能目标	1. 能够正确认、读、写6～10各数，会用这些数表示物体个数或事物的顺序和位置 2. 会区分几个（基数含义）和第几个（序数含义），会比较它们的大小 3. 掌握6～10各数的组成，熟练地口算10以内的加减法、连加、连减和加减混合运算 4. 会用10以内的加减法解决生活中的简单问题
意义理解目标	1. 理解加减法是表征客观事物分与合关系的一种模型 2. 在整体与部分的关系中理解加减法的一种意义 3. 在平衡关系中理解加减法的另一种意义
思维思想目标	1. 在数和运算符号化的过程中培养学生的抽象思维 2. 建立语言表征、操作表征、图式表征和算式表征的结构化思维 3. 基于内容、表征和思维的结构的整体逻辑，发展学生的抽象、类比、数形结合、等价和函数等思想
情感态度目标	1. 感受数学与日常生活的密切联系，体验学数学、用数学的乐趣 2. 学习过程中培养学生的合作能力 3. 课中和课后评价培养学生的反思能力

3.单元结构化实施路径图（见图 7-3-11）

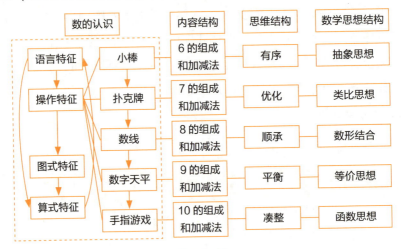

图 7-3-11

4.每节课的教学流程设计

以"6 的组成和加减法"为例，流程图如图 7-3-12 所示。

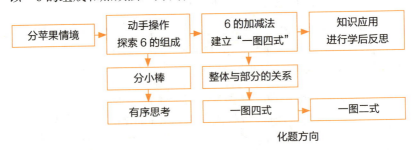

图 7-3-12

5.设计表现性评价

● 写绘：能寻找生活中的 6～10，并画一幅数字开花图
● 课堂作业：能正确、工整地在田字格里写出 6～10 ● 写绘：能用">""<""="描述 10 以内数的大小（画出图形标出数字并比较大小）
● 表达及标记：提供主题图，能够描述数量及数序；能根据几和第几的描述，准确找到对应的物体
● 拍手歌：能利用数的分与合创造拍手歌
● 小视频和写绘：能根据加法或者减法算式讲故事并画下来
● 小游戏：创编 10 以内加减法口算小游戏，能表达算法并准确算出结果

图 7-3-13

以上设计突出了"大概念"统领下的单元教学，强调学情是基础，分析是起点，核心能力是主线，让单元教学一体化。

二、具体问题的矫正及策略

（一）作业中常见的"计算错误"的矫正策略

在小学生的数学学习中"计算错误"是一种非常常见的错误类型，它对学生学习数学形成较大阻碍，同时也会对培养数学学习兴趣起到负面影响。我们根据前面分析出的"注意力不集中，感知不正确""思维定式的消极影响""算理不理解""学习习惯不好"等原因找出有效的矫正策略，帮助小学生提高计算能力。

1. 强化 20 以内口算

口算教学是计算教学的开始阶段，口算是笔算的基础，口算能力是计算能力的重要组成部分。科学地组织口算训练，有助于提高笔算的速度和计算的正确率，因此，口算练习要做到天天练，逐步达到熟能生巧。

20 以内加减法和表内乘法及相应的除法等基本口算是所有计算的基础，要求学生做到正确熟练、脱口而出。有些中、高年级学生因为基础的口算没有过关，导致计算频频出错。所以，要提高学生的口算能力，形成一定的口算技能，关键是要持之以恒坚持训练，每天坚持 3 ~ 5 分钟形式多样的口算训练，同时也可以加强"听算"训练。

2. 加深对计算中常用和特殊数据的认识

计算中的常用数据要让学生在理解的基础上熟记，具体如下。

（1）在中低年级对乘法中的"好朋友数"要有一定敏感度，如：5×2，25×4，125×8 等，这样可以大大提高计算的准确性和速度。

（2）学习圆时记忆 3.14 的倍数，如熟记 3.14×8、3.14×5 等，这样可以提高解决问题的正确率与效率。

（3）常用的分数、小数和百分数的互化值，如 $0.5 = 50\%$，$\dfrac{5}{8} = 0.625$ 等。

（4）小学第一学段和第二学段中有许多既有联系又有区别、容易混淆的算式，如 25×4 和 24×5，15×6 和 16×5 等。

在教学中不应只把错因归纳为"计算错误"，要注意根据学生的实际情况设计一些对比性练习，加深认识，以便排除各种干扰，提高计算的正确率。比如为了排除信息 $25 \times 4 = 100$ 所产生的干扰，教师可设计如下两组对比练习：

第一组：24×5 和 25×4

第二组：$100 \div 25 \times 4$ 和 $100 \div （25 \times 4）$

数学教师也可以开展数学计算比较等丰富多彩的教学活动，把书面上枯燥的数学知识变成趣味性的学习活动，提高学生学习数学的兴趣，加强对知识点的理解。

不同年级段的学生都有一套自己的学习方法，不同的教学内容需要不同的学习方法，教师只有通过作业了解学生对近期学习方法的掌握情况，才能根据不同的教学内容进行相应的学法指导，达到最优的教学效果，对作业进行分层布置。通过作业制定明确教学策略，对学生不同的作业情况以及表现进行汇总进而得出的学情分析能够最大限度地反映学生学习情况。

综上所述，引起小学生计算错误的原因是多方面的，授课教师应该结合教学实际进行深入的分析，并制订切实有效的矫正措施，提高学生的数学能力和教师教学的质量。

（二）加强概念及法则的理解

"数的运算"是小学数学的核心内容，是培养学生核心素养的重要载体。运算教学要做到明理知法。算理是数学抽象性的体现，它的本质是算法背后的原理，它涉及对数的概念、计数单位、数位和运算意义的理解。有的小学生在计算时产生错误，是由于没有悟出计算的道理，只是机械性地记忆，或者仿照例题进行计算，这导致题目稍有变化他们就会出错。因此，就需要学生加强对计算法则的深刻理解，并在深刻理解的基础上进行记忆。

1.简单的"添0"不简单

教师要认真分析教材，钻研教材，精心设计教学过程，正确处理算理和算法关系，使学生不仅知道计算方法，而且知道计算方法背后的算理，让学生不仅知其然，还要知其所以然。比如当学生口算 20×3 时，通常先算 $2 \times 3 = 6$，再在"6"后面添上"0"就得到 60；如果换成 20×30 呢？200×30 呢？到底添几个 0？有些学生对于"添 0"显得有些不知所措，所以教师不能把教学停留在学生的认知水平上，也就是不能机械记忆，要及时引导学生分析算理。在教学时，要让学生理解 20×3 中的"2×3"，因为 2 在十位上，所以实际算的是 2 个十乘 3 得到 6 个十，也就是 60。这样，把学生原有认知水平上的计算方法与新知的算理相结合，能够更好促进学生认知结构的建立、认知水平的发展。

2. 依托情境进行理解

计算这件事看似简单，其实背后有许多算理需要学生理解，仅靠几个数字或几个算式来说明道理显然不够，这就需要情境来帮忙。在小学数学运算教学中，情境教学颇具意义，孙晓天教授把运算能力概括为"理解算理、发现算法"。在具体情境中，算理可以让学生经历猜想、实践、分析、评估、发现、总结的完整过程。因此，在小学数学运算学习中，情境教学需要关注的是让学生真正理解算理，经历完整的思维过程，培养学生的核心素养和高阶认知。

在教学"两、三位数除以一位数的笔算除法 $52 \div 2$"时，教师可以先让学生在展示图上圈一圈，分一分；学生知道 5 筒羽毛球不好平均分成两份，但可以先把其中 4 筒平均分成两份，每份 2 筒；剩下的一筒和额外 2 个羽毛球刚好是 12 个，再平均分成两份，每份 6 个，这样合起来是 26 个；然后让学生用小棒代替羽毛球摆一摆、分一分，并说一说分的过程；最后让学生在计数器上一边拨珠子一边说怎么算的，结合竖式中的算式说一说每一步的意思。这样就通过不同层面的操作，逐步脱离操作表象，抽象成竖式计算的算理，真正实现对算理的理解，避免了"死记硬背"竖式过程的机械记忆。有了这样的学习基础，学生在学习高年级的"小数除法"时，也可以借助如元、角、分、米、分米、厘米，还有直观模型，如小棒、点子图、长方形、计数器等帮助理解算理。

3. "数形结合"理解算理

在"小数乘小数"中计算 3.8 米 $\times 3.2$ 米房间面积时，有的学生借助实物原型进行操作，把它们化成 38 分米和 32 分米，然后运用整数乘法进行计算，最后再根据面积的进率得出结果；有的同学根据积的变化规律进行操作，把它们同时扩大 10 倍后计算出结果，再缩小 100 倍。此时，学生已经能通过"旧知"解决新问题了。

在此，还可以展示图形化的乘法分配律来验证，有的学生想到了数形结合，通过先化单位再将房间分成 30×30、2×8、30×8、30×2 四块小长方形（见图 7-3-14），这样使算理能"看得见"。在不同的操作过程中，让学生体会到化数为形、化抽象为直观的思想，从而有效地积累算理经验。

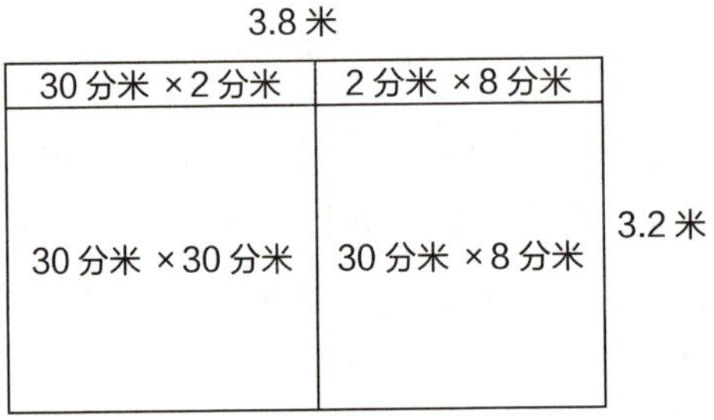

3.8 米

30 分米 ×2 分米	2 分米 ×8 分米
30 分米 ×30 分米	30 分米 ×8 分米

3.2 米

图 7-3-14

算理经验的积累是思维能力与运算技巧的结合，要通过现实情境、直观操作、逻辑推理、建模思想等方式去理解，把单纯的、机械的题量的积累，转变为探明算理经验的积累，发展思维、提升能力。

许多家长和教师总爱把学生的此类过错归结于"粗心"，粗心仿佛成了学生的通病。但仔细分析，"粗心"并不是我们所想的"下次认真就好了"，往往把错误归结为"粗心"，下一次有可能还会再犯类似的错误。其实粗心形成原因多种多样，大体可以分为两类，第一类是对知识理解不透、运用不熟造成解答错误，可称为"假性粗心"；第二类是学生已经理解和掌握了相关的知识，运用所学知识完全可以解题，但由于没有养成良好的学习习惯，做题时读题不细，审题不严，从而造成解答错误，可称为"真性粗心"。这类真性"粗心"看似相关知识点都懂，可就是总出现同样的错误，很难通过短期内的训练就达到良好的效果，分析产生这种"真性粗心"的原因，才能找准矫正的策略。

（三）用错题本找出自己的"病因"

1. 善用个人错题本进行总结

在整理错题的过程中，教师可指导学生选取具有特点的题型，先让学生提前进行个人解题思路与正确解题思路的对比，用不同颜色的笔整理相应的解题思路，再进行分析，接着，可以在教师的指导下将错题分为几种类型，并写出错误原因。由简单的将错题整理到错题本，到将错误"集合"到一起，形成个人的"错误资源库"，再进行整体地分析，通过整理，找到相同类型，归纳相同或类似的错因。通过分析，发现某一个领域的知识存在漏洞，以真正发挥错题本的积极作用。通过这种方式可以增强学生的数学纠错能力，提升小学数学的教学效率。

2. 建立"共享"错题本

教师可将本班学生划分成若干小组。在每个单元学习结束后，教师可辅导各个小组整理本班学生在数学解题中出现的错误，让这些小组在梳理错误的过程中加深对数学知识的理解。教师可定期对各个小组整理的错题进行全局性分析，并组织学生针对相应的错题进行交流，让学生跳出个人的思维定式，从更加多元的角度思考数学问题出现的原因及解决的思路，提升学生的数学学习能力。

教师通过以上方面的指导，让学生在整理错题时更具有方向性和科学性，增强学生的错题整理意识，培养他们的纠错思维，提升学生的数学学习能力。

三、矫正专题课堂教学设计的思路与策略

现阶段，学生的各方面能力都有所提升，但仍然存在诸多问题，其中数学阅读能力逐步引起教师们的注意。是否具有数学阅读能力对学生理解数学问题的含义具有最直接的影响，学生只有理解了数学问题的含义，才能够正确地解答数学问题。学生如果只是依靠聆听教师课堂上的授课，那么他们的数学语言系统就难以得到丰富。只有通过不断强化数学阅读能力，才能让学

生感受到标准化的数学语言，并且还有利于学生不断提升自己的理解能力与表达能力，学生在构建良好的语言体系中也会得到交流技巧方面的提升。[①]

（一）通过课堂前置性作业进行分析研究

通过布置的作业分析学生对本节课或近期学习方法掌握的情况。如图 7-3-15 所示这道题，是某年西城区六年级上册的一道期末考试题。

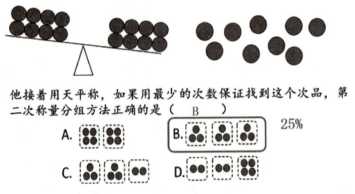

图 7-3-15

全班同学有 36 人，9 人出错，错误率达到 25%，并且错误同学的选项都集中在了 B，我让学生想一想为什么会出错？同学们的错误原因是什么？

学生谈到的错因主要集中在以下几点：一是没审题，没有认真看图，认为要继续称量的是剩下的 9 个（之前解决的大多数问题都是天平平衡，再次称量的都是右边剩下的物品）。二是只看了选项，根本没有数，认为只有 B 是平均成 3 份。三是图、文没有对应地看。

再比如图 7-3-16、图 7-3-17、图 7-3-18、图 7-3-19 所示这些题目，要么文字多、信息量大，要么文字、图、表等信息结合，要么是学生不太熟知的内容。有些学生缺乏阅读理解的耐心和有效的阅读方法，表现在不能准确理解信息；丢落信息；信息提取错误等方面。因而造成解题思路和方法上的错误。

① 林怡谋 . 以读助思 以思促学：基于数学评价的小学中高年级数学阅读能力提升策略 [J]. 试题与研究，2023（2）：182-184.

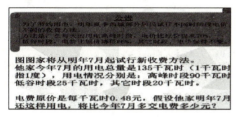

图 7-3-16

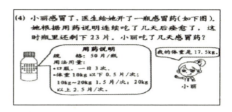

图 7-3-17

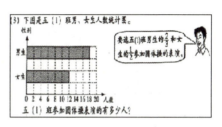

图 7-3-18

图 7-3-19

　　小学生对于文字较多、信息较复杂的问题，阅读起来有一定的困难，对于信息的提取、加工能力，文字语言、符号语言、图形语言的相互转化能力有待提高。基于 SOLO 分类理论，对小学生两种能力的不同表现水平进行了描述，见表 7-3-3、表 7-3-4。

表 7-3-3　小学生信息整合能力的表现[①]

表现行为描述		
过程	获取	加工	利用
要素	完整、主动	分类、关联	筛选、组织
水平 1	只获取部分显性的信息，不能主动搜寻解决问题所需的隐性信息	只对个别信息分类，发现个别信息间的关联	无法筛选有用信息，用筛选、组织的信息解决问题时出现较多错误
水平 2	能获取大部分显性的信息，能主动搜寻解决问题所需的隐性信息，但可能有误	能对大部分信息分类，发现大部分信息间的关联	能准确筛选有用信息，用筛选、组织的信息解决问题时出现部分错误

① 杜宇，刘晓婷．以阅读表现为梯，促小学生数学阅读能力进阶 [J]．小学教学，2022（2）：45-48.

过程	表现行为描述		
	获取	加工	利用
要素	完整、主动	分类、关联	筛选、组织
水平 3	能获取全部显性信息，能主动准确地搜寻解决问题所需的隐性信息	能对全部信息分类，发现全部信息间的关联	能准确筛选有用信息，能用筛选、组织的信息正确解决问题

表 7-3-4　小学生语言互译能力的表现[1]

	表现行为描述
水平 1	无法表述出数学语言转化的过程，或过程表述不清，结果可能有误
水平 2	能根据需要将一种语言转化为另一种语言，过程表述较清晰，但没有转化为最有利于解决问题的语言
水平 3	能根据需要对数学语言灵活转化，过程表述清晰，有利于解决问题

（二）找准学生阅读信息的困难

通过作业的学情分析，我们发现一部分学生在解决问题的时候，阅读能力较低，读不懂题目的数学信息，由于数学语言的符号化、逻辑化及严谨性、抽象性等特点，他们无法及时进行信息识别和展开联系，对数学信息的认识和辨别模糊不清。数学阅读是从数学文本中获取有意义的、积极的认知心理过程。[2]对数学有用信息的筛选和提取、对语言文字的转换等都对学生的数学学习有着重要的影响。美国著名心理学家龙菲尔德说过："数学不过是语言所能达到的最高境界。"让学生提升数学学习能力的方法，不是一味地做题再做题，而是通过阅读来实现，解决学生理解信息困难这一问题是十分有必要的，教师可以根据自己的需要设计有关理解数学信息的课或作业。

在解决问题的过程中，首先就要阅读和理解问题中所呈现出的信息，而学生在阅读和理解信息上还存在差异，部分同学存在阅读理解的困难，从而

---

① 杜宇，刘晓婷. 以阅读表现为梯，促小学生数学阅读能力进阶 [J]. 小学教学，2022（2）：45-48.

② 杨红萍，杨捷. 小学生数学阅读能力结构的因素分析 [J]. 数学教育学报，2019（5）：14-18.

难以对问题进行解答。特别是随着呈现信息形式的多样化和信息量的增大，这种困难也愈加明显。

基于以上分析，制定复习课的教学目标如下：

1. 通过交流解决问题时理解信息的困难，让学生在阅读中，掌握断句、圈画、画图、列表等解读图片信息和文字信息的有效方法。

2. 通过观察、对比、交流、辨析、反思等活动，利用学过的多种方法使学生对题目中的信息进行梳理，学会读懂信息，提高解决问题的能力。

3. 感受数学与生活的密切联系，学会用数学的眼光观察生活，用数学的方法分析和表达，体会学习数学的价值。

（三）获取信息策略进阶设计

1. 调动生活经验，读出相关信息

例如，北师大教材三年上册"买文具"，如图 7-3-20 所示。

图 7-3-20

这一课的教学重点是理解数量关系、掌握运算顺序。教师通过引导学生读取情境中的关键语句，调动生活经验，建立信息之间的联系。

> 师：大家把自己当成淘气或笑笑，身临其境地想一想，这些信息之间有什么联系吗？
>
> 生1：我把自己当成淘气，我跟阿姨说要买 3 本作文本，阿姨就直接告诉我了 3 本作文本一共 18 元。
>
> 生2：我把自己当成笑笑，我跟阿姨说要买 1 本作文本和 1 本英文本后，阿姨还

没来得及告诉我需要多少钱，而我带了 50 元，我想还能找回一些钱。

生 3：我发现他们都没买算术本。

生 4：算术本原来每本 3 元，现在 5 本 10 元，也就是每本 2 元，比之前便宜了 1 元，非常划算，我建议他们买 1 本备用。

2. 通过联想、举例等策略，建立信息间的联系

例如，在学习完五年级上册"小数乘除法"后，可以设计这样的练习：

M 和 N 是两个数，在直线上的位置如图 7-3-21 所示。你能从中获取什么信息？

图 7-3-21

有同学想：M 和 N 都是在 0 和 1 之间的数。还有的同学想：N 大于 M。也有的谈道：M 比 0.5 小，N 比 0.5 大，靠近 1。紧接着让学生进行联想，你还想到了什么？

有的学生想到了：M 和 N 之间的和、差、商、积。还有的学生将 M 和 N 估计出了可能的数值：M 可能是 0.3，N 可能是 0.8。

在学生有了这些分析和联想的信息后，再来解决问题。

出示：

下面描述正确的是（ ）

A. 如果 M×N=P，则 M＜N＜P

B. 如果 M×N=P，则 P＜M＜N

C. 如果 M×N=P，则 M＜P＜N

D. 如果 M×N=P，则 P＜N＜M

解决问题时，我看到学生用手势表示出了不同答案，先叫了一个选 D 的同学，学生在解释的时候，用到了推理的方法，因为 M 和 N 都比 1 小，所

以它们的乘积 P 一定比 M、N 都小。接着说 M 和 N 的大小时，意识到自己的问题，马上又改成了 B。通过追问我发现这个学生是借助分析信息及时发现错误并进行了调整，我对他进行了评价和表扬。

还有的同学用到了设数的方法，将 M 设成 0.3，N 设成 0.5，立刻又有同学举手更正，提出 N 设成 0.5 不合适。追问：你从哪里发现的？学生答：还是刚才我们分析的信息中。这让学生再次感受读懂信息的重要性，看来在解决问题时，我们不仅要关注文字的信息，更要关注、理解图中的信息，并试着从中联想推理出一些新的信息。

（四）搭建转化平台进阶设计

1. 文字转译

比如，在学习四年级上册"三位数乘两位数"时，进行如下设计：

一个两位数与 150 相乘，积的末尾只有三个 0，这个两位数最小是（　　　　），最大是（　　　　）。

表 7-3-5　学生作答情况及典型表现

答案	10 和 90	40 和 60	20 和 80
占比	约 50%	约 15%	约 35%
学生典型表现	看到积的末尾有好多个 0，就肯定得填"几十"，于是就填了（两位数中）最小的 10 和最大的 90	根据 150×40=6000，150×60=9000，就得出"最小数是 40，最大数是 60"的结论	因为 150×20=3000，而 10 虽然比 20 小，但 150×10=1500，积的末尾不够三个 0，所以最小只能到 20。同样的道理，最大填 80
错因分析	忽略"末尾三个 0"	忽略"最小""最大"	

学生出现的问题如表 7-3-5 所示，由于可以判断学生因文字干扰，对于题目本身的理解出现问题。可以采用将文字信息转化为图或符号的方式，

比如读到一个两位数与 150 相乘，引导学生把未知的数用"□"表示，可以表示为：□□×150。当读到积的末尾只有三个 0 时，可以继续写出：□□×150=000。通过文字和符号的转化帮助学生更好地理解题意，沟通信息之间的联系。

2.综合运用多种方法解决阅读困难

信息一：

北京地铁票价计算标准：北京地铁 3 元起步价，单程最高票价目前是 9 元（按公里数计价），将来发展后还会增加，上不封顶。北京地铁新票价规定：6 公里（含）内 3 元；6 ~ 12 公里（含）4 元；12 ~ 22 公里（含）5 元。

信息二：

以一个月为期限，乘客使用同一张一卡通乘坐北京轨道交通累计消费满 100 元后，从下一次乘车开始有八折优惠（八折就是票价×80%）；满 150 元后，从下一次乘车开始有五折优惠（五折就是票价×50%）；支出累计达到 400 元后，就不再享受打折优惠。一卡通轨道交通支出累计记录每自然月月底清零，下自然月重新累计。

首先，让学生认真读一读，把认为重要的词和句以及不懂的信息圈出来或写出来。

汇报之后，问问学生想到了哪些方法来帮我们理解？

（1）做批注，如图 7-3-22 所示

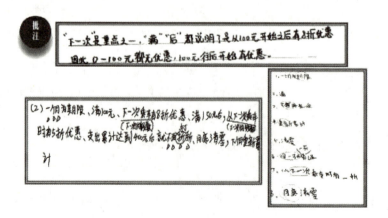

图 7-3-22

（2）画图，如图 7-3-23 所示

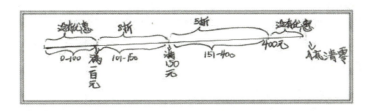

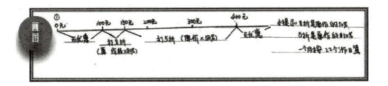

图 7-3-23

（3）整理表格，如图 7-3-24 所示

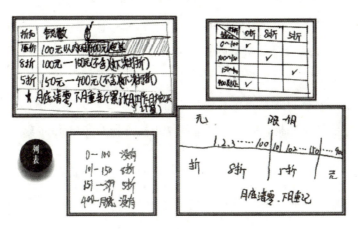

图 7-3-24

（4）举例说明，如图 7-3-25 所示

小学时期是孩子成长发育和学习的关键期，通过作业的设计和批改对学生的学习进行学情分析，克服了原有课堂仅有理论讲述的枯燥模式，让学生能够通过各类学科的交互融合更加高效科学地学习数学，从而引导孩子自发地、自主地去探索和发现学习的必要性和重要性，进而培养学生形成良好的学习习惯及适合自己的学习方法。基于作业的小学数学学情分析诊断，不仅有助于增强学生对新知识的理解接受，更让教师做到心中有数。

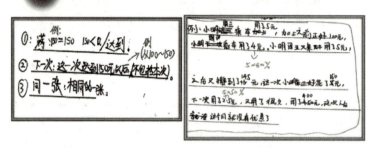

图 7-3-25

思考与实践

通过本章的介绍相信你对数学作业的批改与应用有了一定认识，请尝试完成下列问题：

1. 结合自己所教内容，运用定性和定量分析，设计一份切合实际的学情调研并做出详细分析。

2. 根据学情诊断，找出两个本班学生较为常见的问题并做相应的矫正分析，有重点的帮助学生提高所对应单元的核心素养。

推荐学习：

【1】严润兰 . 新课改背景下数学作业的布置与批改 [J]. 教学与管理，2005（25）：63-64.

【2】刘春生 . 让学生爱上作业 小学作业布置、查收和批改的技巧（第二版）[M]. 北京：中国轻工业出版社，2022：350-360.

【3】袁东波 . 核心素养导向的作业与命题设计 [M]. 天津：天津人民出版社，天津教育出版社，2020：11-18.